U0572972

权威·前沿·原创

皮书系列为
"十二五""十三五"国家重点图书出版规划项目

中国社会科学院创新工程学术出版资助项目

产业蓝皮书

BLUE BOOK OF
INDUSTRY

中国产业竞争力报告(2019)
No.8

ANNUAL REPORT ON INDUSTRIAL COMPETITIVENESS OF
CHINA (2019) No.8

提升新经济的引领力和竞争力

主　编／张其仔
副主编／郭朝先　白　玫　邓　洲　胡文龙　张航燕

社会科学文献出版社
SOCIAL SCIENCES ACADEMIC PRESS (CHINA)

图书在版编目（CIP）数据

中国产业竞争力报告 . No. 8，2019：提升新经济的
引领力和竞争力 / 张其仔主编 . -- 北京：社会科学文
献出版社，2019. 10
（产业蓝皮书）
ISBN 978 - 7 - 5201 - 5750 - 6

Ⅰ. ①中…　Ⅱ. ①张…　Ⅲ. ①产业 - 市场竞争 - 研究
报告 - 中国 - 2019　Ⅳ. ①F269. 24

中国版本图书馆 CIP 数据核字（2019）第 229563 号

产业蓝皮书

中国产业竞争力报告（2019）No. 8
——提升新经济的引领力和竞争力

主　　编/张其仔
副 主 编/郭朝先　白　玫　邓　洲　胡文龙　张航燕

出 版 人/谢寿光
责任编辑/宋　静

出　　版/社会科学文献出版社·皮书出版分社（010）59367127
　　　　　地址：北京市北三环中路甲29号院华龙大厦　邮编：100029
　　　　　网址：www. ssap. com. cn
发　　行/市场营销中心（010）59367081　59367083
印　　装/天津千鹤文化传播有限公司

规　　格/开　本：787mm×1092mm　1/16
　　　　　印　张：19. 25　字　数：288千字
版　　次/2019年10月第1版　2019年10月第1次印刷
书　　号/ISBN 978 - 7 - 5201 - 5750 - 6
定　　价/158. 00元

本书如有印装质量问题，请与读者服务中心（010 - 59367028）联系

▲▲ 版权所有 翻印必究

《中国产业竞争力报告（2019）No. 8》
编 委 会

学术顾问　金　碚

主　　编　张其仔

副 主 编　郭朝先　白　玫　邓　洲　胡文龙　张航燕

撰稿成员　（以姓氏笔画为序）

王　磊　白　玫　邓　洲　伍业君　李　铖

李　蕾　李　赞　张其仔　张建英　张航燕

姚　鹏　胡文龙　胡雨朦　袁惊柱　徐　娟

郭朝先

主要编撰者简介

张其仔 中国社会科学院工业经济研究所副所长，研究员，博士生导师，中国社会科学院中国产业与企业竞争力研究中心主任。主要研究兴趣包括产业经济学、制度经济学、经济社会学。在《中国社会科学》《经济研究》《中国工业经济》等期刊上发表中英文学术论文百余篇，出版专著20余部。

郭朝先 中国社会科学院工业经济研究所研究员，产业组织研究室副主任；中国可持续发展研究会理事。研究兴趣集中在产业经济学、工业化与经济增长、民营经济、可持续发展。迄今已主持国家社科基金课题、中国社会科学院国情调研重点课题、相关部委和地方政府委托课题20余项，发表论文和研究报告100余篇，出版专著（独著、合著）10余部。

白　玫 经济学博士，中国社会科学院工业经济研究所能源经济研究室副主任，研究员，硕士生导师。近年来，主持、参与以"中国能源中长期发展战略研究""'十二五'新兴能源优先发展领域及其战略任务""能源利用效率问题研究"为代表的30多项国家重大（点）、中国社会科学院重大（点）以及有关部委、地方委托和国际合作研究项目，在《中国工业经济》《经济学动态》等期刊上发表中英文学术论文数十篇。

邓　洲 经济学博士，中国社会科学院工业经济研究所工业发展研究室副主任，副研究员。主要从事工业发展、技术创新、产业结构等领域的研究。在《中国工业经济》《科研管理》《中国能源》《国际贸易》等期刊上发表论文数十篇，撰写要报多次获得国家领导人批示。曾获得中国社会科学院对策信息二等奖。

胡文龙　管理学博士，中国社会科学院工业经济研究所副研究员，中国社会科学院研究生院 MBA 讲师。共主持和参与国家级和省部级课题研究 40 余项，单独或合作在《中国工业经济》《经济管理》《中国人口·资源与环境》等期刊上发表论文 30 余篇，合作出版专著 5 部，获得省部级及以上学术奖励 2 项。主要研究领域为财务会计理论、企业竞争力、财务战略、业绩评价、管理会计、环境会计等。

前　言

　　本书是产业蓝皮书系列第八本，鉴于全球正处于深刻的技术与产业变革期，新经济现象不断涌现，2019 年的主题仍是如何提升新经济的引领力和竞争力，本书也是产业蓝皮书系列中关于提升新经济引领力和竞争力的第二本。本书关于新经济竞争力的研究有两个突出特色：一是研究了中美在新经济发展中的相互关系，二是突出了企业层面的分析。

　　全书分为四大部分：总报告对全球 47 个国家的新经济竞争力进行了测算和比较；产业篇对中美新兴产业的竞争力进行了比较，涉及新兴产业包括新能源、新能源汽车、集成电路、大数据、云计算、物联网、5G 和平台经济等产业；区域篇在对中国东中西和东北四大区域的新经济发展状况进行比较的同时，对旧金山湾区和粤港澳大湾区的新经济发展情况，以及部分中美典型城市的新经济发展情况进行了对比；专题篇包括中美上市公司全要素生产率的比较、中国和美国的新经济政策分析等内容。

　　中国产业竞争力的研究，长期以来得到了中国社会科学院创新工程项目的资助，在此，我代表课题组对院创新工程给予的支持表示诚挚的感谢！对院科研局、人事局、创新工程办公室、工业经济研究所学术委员会表示衷心的感谢！

　　产业蓝皮书的编辑与出版，多年来一直得到社会科学文献出版社谢寿光社长和皮书出版分社的大力支持，在此，我谨代表课题组对谢寿光社长和皮书出版分社深致谢忱！在本报告的编辑过程中，皮书出版分社的宋静编辑付出了艰辛的劳动，在此，并致谢忱！

张其仔

中国社会科学院工业经济研究所研究员

中国社会科学院中国产业与企业竞争力研究中心主任

2019 年 9 月 22 日

目　录

Ⅳ　专题篇

皮书数据库阅读 **使用指南**

总 报 告

General Report

B.1
新经济竞争力的测算与国际比较

张其仔 张建英*

摘　要： 基于新经济指标体系测算了 47 国 2015～2017 年的新经济指数
和创新能力指数、全球化指数、绿色化指数、数字化指数、网
络化指数、智能化指数。通过比较，美国的新经济指数约为中
国的 2 倍；在创新能力、绿色化、数字化、网络化和智能化等
领域都领先于中国。中国的新经济面临不平衡发展，中国在数
字化和智能化领域具有较好的基础和竞争力，但创新能力、绿
色化和网络化能力的发展相对滞后。中国传统制造业的基础较
好，就趋势而言，中国新经济发展的潜力和提升空间非常大。

关键词： 新经济竞争力　网络化　数字化　智能化

---

* 张其仔，中国社会科学院工业经济研究所副所长，研究员，中国社会科学院中国产业与企业
竞争力研究中心主任，主要研究兴趣包括产业经济学、制度经济学、经济社会学；张建英，
中国社会科学院大学博士研究生。

一　新经济指数的测算

新经济的概念宽泛，一般是指经济全球化和信息化背景下，由信息技术及其应用产生的新兴经济形态，涉及"互联网＋"、云计算、物联网、智能制造、3D 打印、新能源、智慧物流、跨国商务、绿色经济、大众创业、万众创新等领域。新经济是经济突破既有的发展模式和业态，以新一轮科技革命为支撑的经济。新的科技会不断出现并取代旧的科技，成为经济发展的核心牵引力，因此，新经济是一个具有时代特征的鲜活的"生命体"。当前的新经济竞争力主要是指互联网、大数据、云计算、智能机器人以及节能环保等产业的发展状况和竞争力；此外，科技进步也是每个时代不可或缺的竞争力来源。

（一）指标体系

为了把握中国新经济发展的走势，以及在国际上的位置，采用指数法对各国的新经济竞争力进行了测度。新经济指数的指标体系由课题组于 2018 年构建，包含 6 个一级指标和 38 个二级指标（见表 1）。

创新能力的 7 个二级指标依次为全社会 R&D 投入强度、研发人员数量、专利授权数量、人力资本、企业创新能力的全球竞争力、大学的全球竞争力、科技论文发表数量。

全球化的 6 个二级指标依次为外国直接投资、对外直接投资、货物和服务贸易出口、货物和服务贸易进口、出国留学人数和吸引留学生人数。

绿色化的 5 个二级指标依次为新能源消费占比、能源生产率、碳生产率、环保设备制造企业的竞争力、新能源汽车制造企业的竞争力。

数字化的 5 个二级指标依次为电子商务企业的竞争力、虚拟现实企业的竞争力、大数据公司的竞争力、3D 打印机制造企业的竞争力、软件产业的竞争力。

表1 新经济指数的指标体系

单位：%

一级指标	二级指标	权重	一级指标	二级指标	权重
创新能力	全社会 R&D 投入强度	5	数字化	电子商务企业的竞争力	3
	研发人员数量	4		虚拟现实企业的竞争力	3
	专利授权数量	4		大数据公司的竞争力	3
	人力资本	4		3D 打印机制造企业的竞争力	3
	企业创新能力的全球竞争力	2		软件产业的竞争力	3
	大学的全球竞争力	2	网络化	互联网普及率	3
	科技论文发表数量	2		宽带通信	3
全球化	外国直接投资（FDI）	2		通信卫星的数量	3
	对外直接投资（OFDI）	2		手机网民规模	3
	货物和服务贸易出口	2		互联网企业的竞争力	3
	货物和服务贸易进口	2	智能化	机器人企业的竞争力	2
	出国留学人数	2		无人驾驶企业的竞争力	2
	吸引留学生人数	2		超级计算能力	3
绿色化	新能源消费占比	3		高端芯片制造能力	2
	能源生产率	3		半导体制造能力	2
	碳生产率	2		无人机产业的竞争力	2
	环保设备制造企业的竞争力	2		智能手机生产企业的竞争力	2
	新能源汽车制造企业的竞争力	3		云计算能力	2
				集成电路制造能力	2
				人工智能的专利数	2

网络化的 5 个二级指标依次为互联网普及率、宽带通信、通信卫星的数量、手机网民规模、互联网企业的竞争力。

智能化的 10 个二级指标依次为机器人企业的竞争力、无人驾驶企业的竞争力、超级计算能力、高端芯片制造能力、半导体制造能力、无人机产业的竞争力、智能手机生产企业的竞争力、云计算能力、集成电路制造能力、人工智能的专利数。

（二）数据来源

二级指标的测量数据主要来源于权威官方统计机构、专业统计机构和一

些知名刊物和网站。具体来说，全社会 R&D 投入强度、研发人员数量、外国直接投资、对外直接投资、货物和服务贸易出口、货物和服务贸易进口、新能源消费占比、能源生产率、碳生产率、手机网民规模等二级指标的测量数据来自世界银行；专利授权数量来自世界知识产权组织；人力资本来自联合国开发计划署；企业创新能力的全球竞争力来自 Clarivate Analytics 网站；大学的全球竞争力来自 Times Higher Education 网站；科技论文发表数量来自 Scimago Journal & Country Rank 网站；出国留学人数和吸引留学生人数来自 UNESCO 数据库；环保设备制造企业的竞争力来自 ENR（Engineering News-Recoard）网站；新能源汽车制造企业的竞争力来自中商情报网和电动汽车资源网等网站；电子商务企业的竞争力来自中商情报网和人民网等网站；虚拟现实企业的竞争力来自《福布斯》和《快公司》；大数据公司的竞争力来自 36 大数据网和美国《大数据季刊》；3D 打印机制造企业的竞争力来自硅谷动力和 3D 虎网等网站；软件产业的竞争力来自 PWC 网站；互联网普及率、宽带通信来自国际电信联盟；通信卫星的数量来自美国忧思科学家联盟；互联网企业的竞争力来自景安网和中商情报网等网站；机器人企业的竞争力来自 Robotics Business Review 网站；无人驾驶企业的竞争力来自汽车投诉网和优概念网等网站；超级计算能力来自 TOP 500 网；高端芯片和半导体制造能力来自市场研究机构 IC Insights；无人机产业的竞争力来自高工产研机器人研究所；智能手机生产企业的竞争力和集成电路制造能力来自市场研究公司 TrendForce；云计算能力来自《福布斯》。

（三）缺失数据的处理

根据测量数据的缺失程度不同，整理了 47 个国家 2010～2017 年的数据。由于数据大量缺失，最终只测算了 2015～2017 年的新经济指数。为了保证数据的一致性、完整性和准确性，首先，同一个指标的原始数据从同一个来源获取，且以最新公布的数据为准；其次，当每个样本每项指数的数据不足 1 年时，剔除该样本；最后，比较了估计值与真实值之间的差距，主要采用了加权平均法估值，以增长率的一半为权重。

（1）全社会 R&D 投入强度。澳大利亚和越南缺失 2016 年数据，以 2013 年和 2015 年数据加权法估算；瑞士缺失 2016 年数据，以 2012 年和 2015 年数据加权法估算；土耳其、巴西、马来西亚、泰国和南非缺失 2016 年数据，以 2014 年和 2015 年数据加权法估算；印度缺失 2016 年数据，以 2011 年和 2015 年数据加权法估算；哥斯达黎加、厄瓜多尔、斯里兰卡和新加坡缺失 2015 年和 2016 年数据，依次以 2013 年和 2014 年、2014 年和 2015 年数据加权法估算 2015 年和 2016 年数据；伊朗缺失 2014 年至 2016 年数据，依次以 2012 年和 2013 年、2013 年和 2014 年、2014 年和 2015 年数据加权法估算 2014 年、2015 年、2016 年数据；莫桑比克和塞内加尔缺失 2016 年数据，以 2010 年和 2015 年数据加权法估算；所有国家缺失 2017 年数据，以 2015 年和 2016 年数据加权法估算。

（2）研发人员数量。澳大利亚缺失 2015 年和 2016 年数据，以从澳大利亚统计局获得的 2013 年和 2014 年数据加权法估算 2015 年数据，2016 年以此类推；法国、美国、土耳其、哥伦比亚、马来西亚、波兰、泰国和南非缺失 2016 年数据，以 2014 年和 2015 年数据加权法估算；加拿大、巴西、哥斯达黎加、厄瓜多尔、斯里兰卡和新加坡缺失 2015 年和 2016 年数据，以 2013 年和 2014 年、2014 年和 2015 年数据加权法依次估算；瑞士缺失 2016 年数据，以 2012 年和 2015 年数据加权法估算；以色列缺失 2013～2016 年数据，以 2011 年和 2012 年数据加权法估算 2013 年数据，再类推估算 2014～2016 年数据；印度、莫桑比克和塞内加尔缺失 2016 年数据，以 2010 年和 2015 年数据加权法估算；伊朗和墨西哥缺失 2014～2016 年数据，以 2012 年和 2013 年数据加权法估算 2014 年数据，再类推估算 2015 年和 2016 年数据；越南缺失 2016 年数据，以 2013 年和 2015 年数据加权法估算；所有国家缺失 2017 年数据，以 2015 年和 2016 年数据加权法估算。

（3）专利授权数量。以色列、埃及和莫桑比克缺失 2017 年数据，以 2015 年和 2016 年数据加权法估算；伊朗缺失 2015 年数据，以 2016 年和 2017 年数据加权法估算；哈萨克斯坦缺失 2016 年数据，以 2014 年和 2015 年数据加权法估算；突尼斯缺失 2014 年、2015 年和 2017 年数据，以 2012

年和 2013 年、2013 年和 2014 年数据加权法依次估算 2014 年和 2015 年数据，2017 年数据以 2013 年和 2016 年数据加权法估算。

（4）对外直接投资缺失伊朗 2017 年的数据，以 2015 年和 2016 年数据加权法估算。

（5）货物和服务贸易出口、进口缺失日本、美国和以色列 2017 年的数据，以 2015 年和 2016 年数据加权法估算。

（6）吸引和出国留学生人数。德国、法国、英国、意大利、日本、韩国、美国、比利时、加拿大、瑞士、丹麦、西班牙、以色列、荷兰、瑞典、俄罗斯、土耳其、巴西、厄瓜多尔、埃及、格鲁吉亚、波兰、塞内加尔和南非缺失 2017 年数据，以 2015 年和 2016 年数据加权法估算；哥斯达黎加仅有 2017 年数据，无法计算增长率，因此以 2017 年数据作为 2014～2016 年的估计值；埃及和伊朗缺失 2015 年和 2017 年数据，以 2013 年和 2014 年、2014 年和 2016 年数据加权法依次估算；葡萄牙缺失 2016 年和 2017 年数据，以 2014 年和 2015 年数据加权法估算 2016 年数据，再类推估算 2017 年数据；新加坡和泰国缺失 2015 年和 2017 年数据，以 2012 年和 2016 年数据加权法估算 2017 年数据，再以 2016 年和 2017 年数据估算 2015 年数据。

（7）新能源消费占比和能源生产率。中国、俄罗斯、印度、保加利亚、波黑、巴西、哥伦比亚、哥斯达黎加、厄瓜多尔、埃及、格鲁吉亚、伊朗、哈萨克斯坦、斯里兰卡、莫桑比克、马来西亚、罗马尼亚、塞内加尔、新加坡、塞尔维亚、泰国、突尼斯、乌克兰、越南和南非缺失 2015 年数据，以 2013 年和 2014 年数据加权法依次估算；越南缺失 2014 年数据，以 2012 年和 2013 年数据加权法依次估算；所有国家缺失 2016 年和 2017 年数据，依次以 2014 年和 2015 年数据、2015 年和 2016 年数据加权法估算 2016 年、2017 年数据。

（8）碳生产率缺少所有国家 2015～2017 年的数据，以 2013 年和 2014 年数据加权法估算 2015 年数据，再类推估算 2016 年和 2017 年数据。

（9）软件产业的竞争力缺少所有国家 2015 年的数据，以 2012 年和 2016 年的算术平均值估算。

（四）指数计算方法

指数的计算分为五个步骤：第一步，采用离差标准化方法去除数据量纲的影响；第二步，根据表1中的权重，对38个测量指标加权；第三步，调整指标的方向，用二氧化碳排放量数据与 −1 相乘；第四步，按照指标体系进行分项加总，得到6个一级指数；第五步，将6个一级指数汇总得到新经济指数。

二　新经济竞争力的国际比较

（一）新经济指数的比较

图1为各国2015～2017年新经济指数的算术平均值，以此结果来考察新经济发展的总体情况。如图1所示，美国的新经济竞争力在47国中处于绝对的优势地位，中国的新经济指数位列第二，但新经济的竞争力约为美国的一半。这与两国经济体量的大小关系略为相似，接下来比较一国经济体量与新经济竞争力的关系（见图2）。

如图2所示，美国、中国和日本不仅经济体量全球排名前三，而且新经济竞争力也位列前三。但是英国、印度、法国、巴西、意大利、加拿大、俄罗斯、澳大利亚、西班牙、墨西哥、土耳其、波兰、哥伦比亚、泰国、伊朗、南非、埃及、越南、哈萨克斯坦、厄瓜多尔、斯里兰卡、塞内加尔等国新经济竞争力的国际地位明显低于其经济体量在全球的排名。而韩国、荷兰、瑞士、瑞典、比利时、奥地利、挪威、以色列、丹麦、新加坡、马来西亚、葡萄牙、罗马尼亚、保加利亚、哥斯达黎加等国恰好相反，新经济竞争力的地位高于其经济体量的全球排名；这些国家基本上属于富裕国家。因此，国民财富与新经济竞争力之间可能存在一定关联。

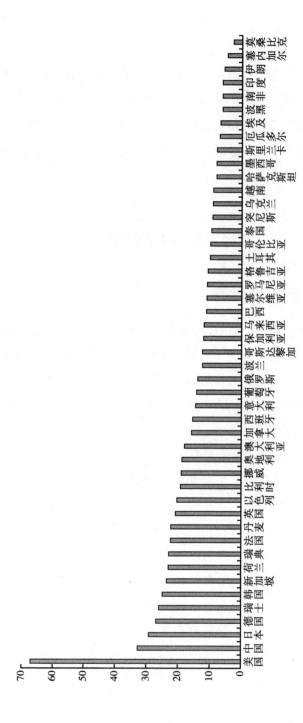

图 1　47 国新经济指数的比较

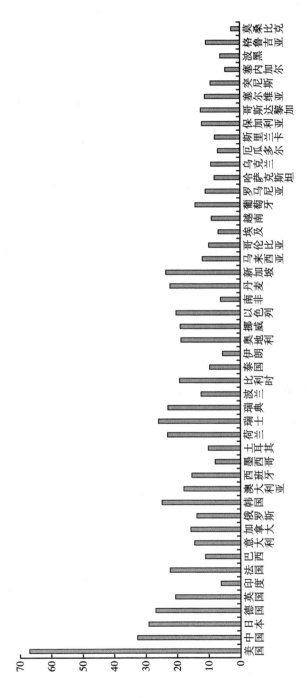

图 2 以 2017 年 GDP（现价美元）排序的新经济指数比较

如图 3 所示，新经济竞争力与一国的经济体量和国民财富之间确实存在一定的关联。图 3（a）显示，新经济指数与 GDP 之间的散点图接近多项式函数关系，拟合程度为 0.81；从拟合曲线来看，大部分国家集中在曲线的前半段，也就是新经济指数在 0~30，GDP 在 0~6 万亿美元的区域范围内。中国和美国的情况比较特殊。中国是高 GDP、低新经济指数，以现有的 GDP 水平，应该有更高的新经济竞争力，这也印证了中国的新经济发展还有很大的进步空间。美国则是高 GDP、高新经济指数，这与美国经济大国、科技强国的国际地位十分契合，在发展新技术、新模式和新业态方面，美国总是走在时代的前端、引领潮流。

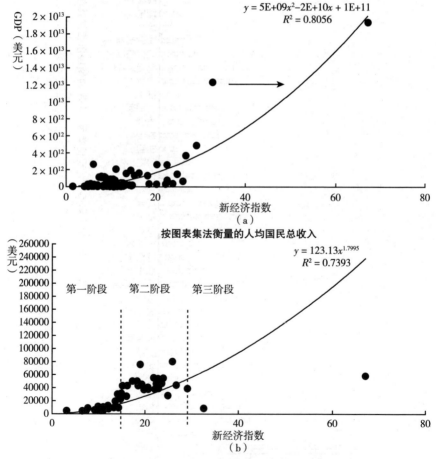

图 3　新经济竞争力与经济体量和国民财富的关系

图 3（b）显示，新经济指数与人均国民总收入之间的散点图接近幂函数关系，拟合程度为 0.74。根据图形的特点，可以将其分成三段。第一阶段，人均收入在拟合曲线上。新经济指数为 0 ~ 15，其人均国民总收入不超过 2 万美元，有 57.45% 的国家处于这一阶段。第二阶段，人均收入高于拟合曲线。新经济指数为 15 ~ 30，其人均国民收入为 2 万 ~ 8 万美元，有 31.91% 的国家属于这一阶段。第三阶段，人均收入低于拟合曲线。新经济指数在大于 30 范围内，只有中国和美国处在这一阶段。与同等富裕程度的国家相比，中国和美国的新经济发展都超前。

（二）分项指数的比较

为了减小数据缺失和偶然因素带来的影响，图 4 至图 9 的各项指数均采用 2015 ~ 2017 年指数数据的算术平均值表示。由图 4 ~ 9 可见，美国囊括了创新能力、绿色化、数字化、网络化和智能化共 5 项指数的第 1，全球化指数位列第 7。反观中国的新经济竞争力：数字化和智能化位居第 2，全球化位居第 4，创新能力位居第 6，绿色化位居第 15，网络化位居第 16。与美国相比，中国的新经济发展存在失衡现象，绿色化和网络化方面的竞争力是经济发展的短板；值得提出的是，中国在数字化和智能化等高新技术方面的发展势头较好。

三 政策建议

（一）准确认识当前新技术和产业革命所处阶段及特点和规律，通过推动"新经济 +"，实现传统产业升级和新经济发展双赢

中国正处于新旧动能转换期，产业发展的总体态势是：传统的优势有所弱化，新的优势正在形成和聚集。在全球处于新的产业和技术变革的时代，提升新经济在国民经济中的地位和份额，是引领中国新旧动能转换的核心力量。新经济是一种以全球化和创新为核心驱动力量的经济，是一种以新的产业与技术革命为支撑的经济。

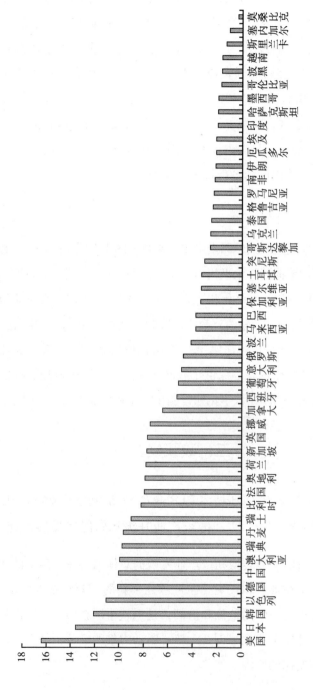

图 4 47 国创新能力指数的比较

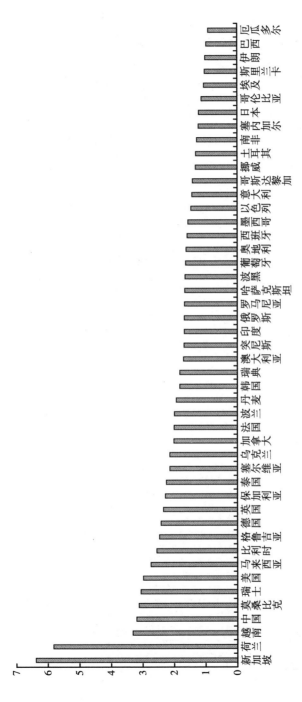

图5 47国全球化指数的比较

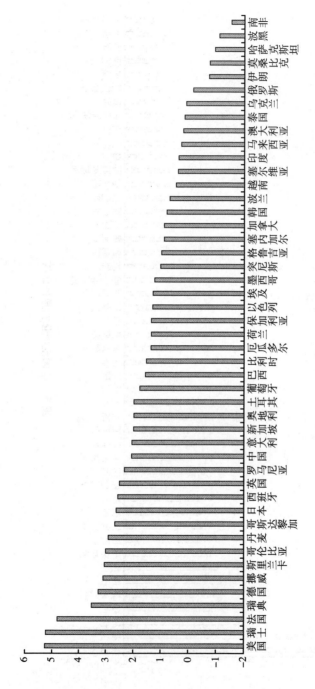

图 6　47 国绿色化指数的比较

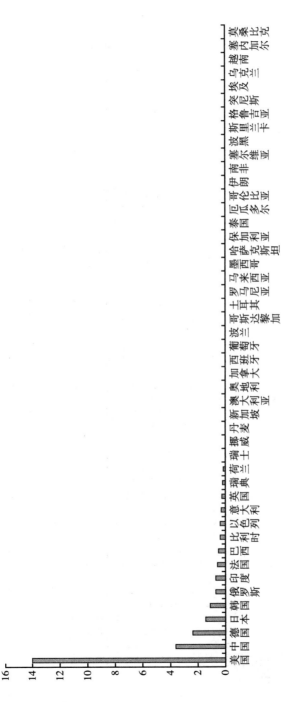

图 7　47 国数字化指数的比较

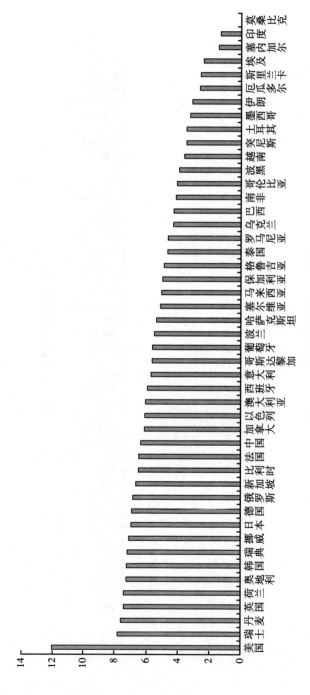

图 8　47 国网络化指数的比较

图 9 47 国智能化指数的比较

此次新工业革命仍处于孕育期，对其方向有着不同的解读，新的概念、新的技术层出不穷，国内学者在借鉴外国学者研究的基础上，也提出了不同的概念和新的技术。但从各种纷纭复杂的概念中提炼第四次工业革命的核心要素，则不难发现，第四次工业革命就是一场多个新趋势融合的突破性式创新。新经济也是融合多种新趋势的以突破性式技术创新为支撑的经济，技术突破的总体方向是数字化、网络化、智能化、绿色化。因此，中国在推进新经济发展、新技术革命的过程中，要采取立体式多维战略，不能搞单兵突进。

近年来，中国的新经济发展取得了长足进步，但如以立体化、多维的视角评估中国新经济的发展，则中国对新经济的引领力、竞争力仍然需要加强。中国新经济的竞争力与美国相比仍有很大差距，处于第二方阵。分项来看，中国的发展并不平衡。与美国相比，中国差距最大的三个领域为绿色化、创新能力和网络化。

在推动新经济发展的过程中，中国的优势是传统产业基础较好，新经济虽然与美国相比有一定差距，但已有一定基础，可通过实施"新经济＋"策略，实现推动传统产业升级和促进新经济发展的双赢。

（二）以"新经济＋"推进国内产业链重塑和促进公平竞争为着力点，打破发达国家在关键领域的控制力和引领力

当前全球产业分工格局的总体特征是，发达国家的地位总体上在下降，但在一些关键领域、产业链的关键环节，发达国家仍占支配地位。从分行业的增加值看，中国有很多行业的增加值在全球的占比并不高；在中美贸易中，以增加值计算的中美贸易顺差，要大大低于以出口额计算的顺差，其原因即在于美国在产业链分工中，占据了优势地位，可替代性弱。这样的分工格局不仅不利于中国产业升级，而且对中国的产业安全构成了威胁。在全球产业分工这个大格局上，中国不可能生产所有产品，但关键的领域和环节、关系到国家经济安全的领域和环节，必须掌握在中国人自己的手里。我国可从两个方面解决关键领域、关键环节可能被"卡脖子"的问题：一是通过推动"新经济＋"，推动传统制造企业与新兴经济企业的合作、并购，培育世界一流的

"新经济＋"企业，带动国内价值链的升级，实现国内产业链的重构；二是完善反垄断制度建设，加大对跨国公司利用技术优势进行垄断的处罚力度。

（三）推动发展中国家积极参与国际经贸规则改革进程，提出建立更具包容性的贸易规则与机制、更有利于新经济潜力发挥和惠及全世界的发展中国家方案

美国力图推动有利于其自身的规则的重建，无论其他发达国家持何种态度，美国这一意愿都会造成国际经贸规则的重大变化。对此，中国要提出更具包容性的中国方案。在推动经贸规则的谈判中，可借鉴全球气候变化谈判的经验，提出共同而有区别的责任原则，在坚持自由贸易和多边贸易体制的大前提下，把人类命运共同体的理念具体落实到国际经贸规则的变革中，坚定地站在发展中国家的立场，坚持建立包容性国际贸易机制与规则，像全球气候变化治理一样，坚持共同而有差别的责任，就是发达国家与发展中国家有共同的责任维护全球自由贸易，但可以自主选择其经济发展模式，发展中国家与发达国家承担的责任也应有所差别。

以第四次工业革命为支撑的新经济，由于其创新逻辑发生了重大变化，为全世界做大蛋糕提供了可能性，为人类命运共同体的建设提供了可能性，而要使这种潜力得到充分发挥，则必须推动开放式创新。第四次工业革命的重要特点是重组式创新，提高全社会的学习与创新能力，是充分发挥其潜力的关键，而这又建立在更大的知识池的基础之上。实施开放式创新策略则是扩大"知识池"资源的加速器。建立全球创新网络，实行开放式创新战略，对于合作推动第四次工业革命至关重要。贸易保护主义会严重妨碍开放式创新合作，从而会成为全球新经济发展的绊脚石，严重削弱全球经济稳定增长。

参考文献

戚聿东、李颖：《新经济与规制改革》，《中国工业经济》2018 年第 3 期，第 5～23 页。

张其仔：《加快新经济发展的核心能力构建研究》，《财经问题研究》2019 年第 2 期，第 3 ~ 11 页。

张其仔等：《中国产业竞争力报告（2018）No. 7——提升中国新经济的竞争力与引领力》，社会科学文献出版社，2018，第 7 ~ 8 页。

产业篇

Industry Reports

B.2

中美新能源产业竞争力比较

袁惊柱*

摘　要：　中美两国的新能源产业在全球市场中均占有一席之地，其产业竞争力体现在不同的细分行业及产业链环节上。在氢能产业上，与中国相比，美国在全国市场上处于绝对领先地位，无论是技术、价格、规模都具有很强的竞争力；在风能产业上，与中国相比，美国在运行效率上具有优势，但在规模和价格上不具有竞争力；在太阳能产业上，与中国相比，美国在太阳能薄膜电池等方面仍具有技术优势，运行效率高，但在规模和价格上不具有竞争力；在生物质能产业上，美国和中国均在固体生物质能利用方面具有较强的国际竞争力，但在液体生物质能和生物质气方面，美国相比中国具有更强的

＊　袁惊柱，博士，中国社会科学院工业经济研究所助理研究员。

竞争力；在页岩气、页岩油及地热能产业上，美国相比中国在开采技术、开采条件等方面具有更强的竞争力。在上市公司层面，中美两国在新能源产业细分行业中的竞争力存在明显差异，中国主要是在光伏行业和风电行业中具有较强的全球竞争力，而在其他细分行业中，相关的中国上市公司相比美国，竞争力不足。中美新能源产业进出口关系受贸易摩擦影响较大，中国除了在全球市场重新布局之外，应该在核心技术研发和体制改革上着力，增强我国新能源产业的国际竞争力。

关键词： 新能源 产业竞争力 中国 美国

关于新能源的定义，国际上还没有形成一个标准的概念内容，主要原因是"新"的中心词还存在争议，主要存在两种：新的能源使用方式和新的能源技术。一些研究将新能源等同于可再生能源，这是不对的。严格地说，新能源与可再生能源是按照两种不同标准的能源分类。可再生能源是一次能源的子类，[①] 一次能源按照能源资源是否可以循环再生分为不可再生能源和可再生能源。不可再生能源包括原煤、原油（含页岩油）、天然气（含页岩气）、油页岩、核能等；可再生能源则包括太阳能、水能、风能、波浪能、潮汐能、地热、生物质能和海洋能等。可再生能源与不可再生能源分类是能源的常规分类方法。进入 21 世纪，在能源技术革命背景下，出现了一种新的能源划分方式，根据能源利用技术状况将能源分为常规能源和新能源两

---

① 能源有一次能源和二次能源之分。所谓一次能源是指直接取自自然界没有经过加工转换的各种能量和资源，它包括原煤、原油、天然气、油页岩、核能、太阳能、水能、风能、波浪能、潮汐能、地热、生物质能和海洋温差能等。由一次能源经过加工转换以后得到的能源产品，称为二次能源，例如：电力、蒸汽、煤气、汽油、柴油、重油、液化石油气、酒精、沼气、氢气和焦炭等。

类。新能源是指在新技术基础上加以开发利用的能源，而常规能源是在"常规技术"基础上大规模利用的能源，包括煤炭、石油、天然气、核能、汽油、焦炭等。基本上，一次能源中的可再生能源除了水能外，都属于新能源范畴。需要注意的是，与可再生能源不同，新能源的范畴不仅限于一次能源，也不仅限于可再生能源。[①] 新能源既包括用新技术开发的不可再生的"页岩气""页岩油"等非常规化石能源（一次能源），也包括光伏发电、生物液体燃料、沼气、氢能等可再生能源（二次能源）。

一 中美新能源产业发展现状

由于技术差异和资源禀赋不同，中国和美国在新能源行业的发展上存在一些差异。中国的新能源行业主要包括风能、太阳能、生物质能、页岩气、氢能等，美国的新能源行业主要包括页岩气、页岩油、风能、太阳能、地热能、生物质能等。目前新能源产业发展现状表现为如下几方面。

1. 在氢能产业发展方面

氢能产业主要集中于氢气生产和储运、燃料电池乘用车和叉车以及加氢站建设三个方面。在液氢方面，美国在液氢生产规模、液氢产量和价格上都具有绝对优势；美国拥有世界最大的燃料电池叉车企业 Plug Power，已拥有超过 2 万辆燃料电池叉车；已建设 71 座加氢站。我国 2016 年才首次提出了氢能产业发展路线图。在制氢和储运方面还处于起步阶段，液氢还处于航空用阶段，车载储氢罐技术也处于研发阶段；在燃料电池汽车的发展方面，我国主要用于商用车，目前已实现量产，乘用车还处于示范运行阶段，燃料电池叉车也处于初步布局发展阶段；在加氢站建设方面，目前已经建设 15 座加氢站。

---

① 有人把新能源定义为在新技术基础上开发利用的"可再生能源"是有问题的。因为"新的能源开发利用技术"并不仅限于可再生能源，否则就没有所谓的"页岩油气革命"之说了。

2. 在页岩气产业发展方面

据我国自然资源部 2018 年 7 月的信息，我国页岩气可采资源量达到 21.8 万亿立方米，但探明率仅 4.79%，2018 年产量达到 103 亿立方米。而美国早在 2011 年页岩气产量就达到了 2223 亿立方米。同时，在页岩油的生产上，美国的产量也快速飙升，2012 年已达到 200 万桶，2015 年达到 17 亿桶。

3. 在风能产业发展方面

2018 年，世界风能产业并网装机容量为 563726MW，其中，中国大陆装机容量为 184696MW，美国装机容量为 94295MW。在陆上风电装机容量中，全球、中国大陆和美国的装机容量分别为 540370MW、180108MW 和 94266MW。在海上风电装机容量中，全球、中国大陆和美国的装机容量分别为 23356MW、4588MW 和 29MW。

4. 在太阳能产业发展方面

2018 年，世界、中国大陆和美国的太阳能产业并网装机容量分别为 485826MW、175032MW 和 51450MW，其中，光伏产业并网装机容量分别为 480357MW、175018MW 和 49692MW，太阳能集中发电并网装机容量分别为 5469MW、14MW 和 1758MW。

5. 在生物质能产业发展方面

2018 年，世界生物质能并网装机容量为 115731MW，其中，固体与废弃物、城市废弃物、其他固体生物质、液体生物质和生物质气装机容量分别为 95687MW、12624MW、64529MW、2352MW 和 17692MW。中美两国均在固体生物质能产业发展方面具有一定规模，在液体生物质和生物质气的利用上规模都很小。

6. 在地热能产业发展方面

2018 年，世界地热能并网装机容量为 13329MW，其中，中国地热能并网装机容量为 26MW，美国地热能并网装机容量为 2546MW。

表1　新能源产业并网装机容量发展现状（2018年）

单位：MW

区域	风能			太阳能			生物质能						地热能
	合计	陆上	海上	合计	光伏	太阳能集中发电	合计	固体与废弃物	城市废弃物	其他固体	液体	生物质气	
世界	563726	540370	23356	485826	480357	5469	115731	95687	12624	64529	2352	17692	13329
中国大陆	184696	180108	4588	175032	175018	14	13235	12605	4575	8030		630	26
美国	94295	94266	29	51450	49692	1758	12948	10431	1117	9314	155	2362	2546

资料来源：IRENA RE Capacity Statistics 2019。

二　中美新能源产业竞争力对比分析

随着中美贸易摩擦的不断升级，中美两国将在新能源产业层面进行不同程度的竞争，抢占全球市场份额，布局全球产业链和价值链。

1. 产业全球竞争力对比分析

从产业整体情况来看，中美新能源行业都处于产业生命周期的快速发展期，而在发展规模、速度、市场份额和生产成本方面，中国相比美国具有一定的优势；在岗位提供上，新能源行业给中国提供了更多的就业岗位；在发展效率上，美国比中国具有较高的效率；在进出口方面，中国出口到美国和从美国进口的规模都呈现下降的趋势；在产业政策方面，中美两国共同的特征是，在产业发展初期，使用财政政策和税收优惠等政策大力扶持，而后逐渐减小政策扶持力度和补贴幅度（袁惊柱，2019）。目前，我国已初步形成了以环渤海、长三角、西南、西北等为核心的新能源产业集聚区。其中，长三角区域是我国新能源产业发展的高地，聚集了全国约1/3的新能源产能；环渤海区域是我国新能源产业重要的研发和装备制造基地；西北区域是我国重要的新能源项目建设基地；西南区域是我国重要的硅材料基地和核电装备制造基地（刘满平，2018）。从产业整体情况看，我国新能源产业在全球市场中优势如下。

（1）规模优势

我国风能、太阳能及固体生物质能产业规模在全球范围内名列前茅，相比美国具有明显的优势。据 IRENA 数据，在风能方面，中国从 2011 年开始，风电装机容量超过美国。2017 年，中国的风电装机容量达到 164061MW，远高于美国的 87544MW。但在发电量方面，中国从 2016 年开始才首次超过美国。其中，在陆上风电方面，中国也是从 2016 年开始才首次超过美国；在海上风电方面，中国的发电量一直高于美国。在太阳能方面，2013 年，中国的太阳能装机和光伏装机容量增长迅速，超过美国，特别是十八大以来，经过"十二五"时期的增加，中国的太阳能装机容量和光伏装机容量已经远远超过美国。在发电量上，中国的太阳能发电量在 2015 年首次超过美国，光伏发电量在 2014 年首次超过美国。

（2）成本优势

随着我国新能源产业链国产化，设备技术水平和可靠性都得到了大步提高，产业规模不断扩大，使新能源度电成本持续降低，已在全球市场具有一定的优势。如根据 REN21 发布的 2018 年版可再生能源现状报告，中国光伏加权平准化成本和投资成本分别为 0.08 美元/千瓦时和 1058 美元/千瓦，明显低于全球平均水平，同期美国的两个成本分别为 0.11 美元/千瓦时和 1869 美元/千瓦；中国陆上风电加权平准化成本（美元/千瓦时）、投资成本（美元/千瓦）分别为 0.06 和 1197，在全球具有一定竞争力，同期美国的两个成本分别为 0.06 和 1648；在海上风电成本上，中国的竞争优势明显，风电加权平准化成本（美元/千瓦）和投资成本（美元/千瓦）分别为 0.15 和 3249，低于欧洲和美国，美国同期成本为 0.24 和 9667；中国生物质发电加权平准化成本（美元/千瓦时）、投资成本（美元/千瓦）分别为 0.06 和 1527，低于全球平均水平，同期美国成本为 0.09 和 4400。

（3）新经济优势

在 5G 技术、大数据、能源互联网、智慧能源、人工智能、区块链技术等相关的能源科技飞速发展的背景下，我国能源行业改革将得到不断深化，新能源新业态、新模式不断涌出。另外，跨界企业也大量进军新能源行业，各公司在氢燃料及储能技术、太阳能、风能、生物质能等方面的布局各有侧重，取得了不同程度的竞争优势，能源行业也出现了由单一能源企业向综合性能源企业的转变。

（4）共建"一带一路"国家间的国际产能合作机会优势

新时代国际能源合作的方向已经开始从以偏重传统化石能源向以低碳、清洁化为导向的能源经济产业链转变，与美国的"美国优先的能源计划"的单边主义相比，我国以"一带一路"倡议为载体的共建人类命运共同体的包容性发展更能获得国际社会的共识。共建"一带一路"国家为发展中国家，普遍存在能源普及率低、人均能源消耗量少的问题，但同时拥有丰富的新能源资源，开发潜力巨大。而我国新能源技术在全球来讲具有很强竞争力，能够更有优势"走出去"与共建"一带一路"国家加强新能源产业合作。

除此以外，我国新能源行业还具有以下劣势。

（1）市场不足劣势

在我国经济发展进入新常态阶段，能源消费增长换挡减速，新能源产业与传统化石能源的竞争会更加激烈。我国目前还处于后工业化时期，未来一段时间内传统化石能源仍将是我国能源消费的主体能源。新能源产业在没有补贴的情况下，成本较传统化石能源仍然偏高，竞争力有限，新能源产业国内市场有限。而在国际市场上，随着国际市场对新能源补贴政策的调整，贸易保护主义抬头趋势明显，我国的新能源行业受贸易摩擦影响严重。

（2）产能过剩与新能源并网消纳难并存的体制劣势

价格、财政补贴政策和税收优惠政策等经济激励政策，虽然对解决新能源产能成本过高、市场需求薄弱等问题发挥了巨大的作用，但也导致了产能过剩、骗补等问题。很多地方和企业为了获取政策利益，大规模投资新能源产业，导致"一哄而上、混乱发展"的局面。相对于市场需求，新能源行业的整体产能利用处于比较低的水平。同时，因为电网环节的垄断，新能源电力并入电网难度大，导致严重的弃风弃光问题。IRENA数据显示，中国无论是在光伏发电、风力发电方面，还是在生物质能发电方面，与美国相比，运行容量系数都较低，新能源行业的产能利用率较低。如2017年，中国与美国的光伏发

电运行容量系数分别为0.17和0.20，中国与美国的陆上风电运行容量系数分别为0.25和0.41，中国和美国的海上风电运行容量系数分别是0.28和0.48，中国和美国的生物质能发电运行容量系数分别是0.64和0.94。

（3）核心技术劣势

虽然中国等新兴经济体在价格和规模方面具有一定的优势，但发达国家在新能源产业国际分工中仍处于主导地位，掌控着行业的核心技术，如美国在薄膜电池和硅材料制备方面具有技术优势，仍处于垄断地位。

表2　中美新能源产业优劣势比较

新能源行业	中国		美国	
	优势	劣势	优势	劣势
产业政策	财政、税收等激励政策	缺乏法律保障和长远的规划，不能促进市场机制的完善	完善的法律保障、管理类政策和激励计划，有限范围内的服务功能	化石能源优先计划，取消新能源补贴
氢能	政策大力支持	起步晚，技术研发仍不成熟，仍处于示范阶段	起步早，技术成熟，已经具有一定规模	特朗普政府重新重视传统化石能源，没有特别重视氢能
页岩气、页岩油	储量大	探明可开采量相对小，开采条件较复杂，开采技术仍不成熟	储量及探明可开采量丰富，开采件较好，技术成熟	对煤炭的重新重视，会有竞争性替代，市场对外依赖强
风能	资源丰富，产业规模大，技术成熟，具有较强的竞争力	国内并网标准缺乏，风电上网消纳难	资源丰富	政策不再重视
太阳能	资源丰富，产业规模很大，技术较成熟，具有一定的成本和规模优势	国内并网标准缺乏，光伏发电上网消纳难，市场对外依赖度较高	资源丰富，在薄膜电池和硅材料制备方面具有核心技术	政策不再重视
生物质能	生物质原材料丰富，在固体生物质能利用方面具有一定的产业基础，政策环境逐渐优化	商业化利用成本仍较高，产业规模仍较小	技术领先，利用效率国际领先	规模较小，政策不再重视
地热能	地热资源较丰富，有利于城市供暖清洁化改造	政策环境较不足，勘探技术较落后	专门的法律支持，政策激励，科技创新	规模较小，政策不再重视

2. 企业竞争力对比分析

在上市公司层面，中美两国在新能源产业细分行业中的竞争力存在明显差异，中国主要是在光伏行业和风电行业中具有较强的全球竞争力，而在其他细分行业中，相关的中国上市公司相比美国，竞争力不足。如在 2018 年全球风电整机制造商前十排名中，美国仅有通用电气一家企业进入，中国企业占据 5 席。在最新的全球光伏企业排名前 20 中，美国企业只有 2 家，中国企业达到 16 家（见表 3）。而在氢能行业中，中国尚没有较强竞争力的代表性企业，美国则在氢能产业链上、中、下游都已拥有出色的企业代表，如提供氢基础设施解决方案的 Air Product；以叉车燃料电池为主的 Plug Power，以固定式燃料电池为主的 Fuel Cell Energy、Bloom Energy 等大型燃料电池生产企业；以通用为代表的主机厂等。

表3 2019 年全球光伏企业排名前 20（综合类）名单

单位：百万美元

排序	公司名称	所属国家	营业收入
1	协鑫（集团）有限公司	中国	4913
2	阿特斯阳光电力有限公司	中国	3740
3	天合光能股份有限公司	中国	3644
4	晶科能源有限公司	中国	3640
5	隆基绿能科技股份有限公司	中国	3197
6	晶澳太阳能有限公司	中国	2846
7	FIRST SOLAR, INC.	美国	2244
8	Hanwha Group	韩国	2120
9	天津中环半导体股份有限公司	中国	1807
10	SunPower Corp.	美国	1726
11	信息产业电子第十一设计研究院科技工程股份有限公司	中国	1556
12	特变电工股份有限公司	中国	1525
13	浙江正泰新能源开发有限公司	中国	1509
14	通威股份有限公司	中国	1483
15	东方日升新能源股份有限公司	中国	1443
16	阳光电源股份有限公司	中国	1403
17	苏州腾晖光伏技术有限公司	中国	1279
18	SMA Solar Technology	德国	847
19	山东力诺太阳能电力工程有限公司	中国	842
20	东旭蓝天新能源股份有限公司	中国	733

资料来源：365 光伏。

近年来，中国风电和光伏上市公司凭借价格和规模优势，以及在一些产业链环节的技术进步，在全球市场中获得的份额越来越大，国际竞争力大幅提升。以光伏企业为例，从2011年到2017年，全球多晶硅产量由原先的24万吨递增至44.2万吨，中国企业的产量占比也由35.0%逐步增加至54.8%。协鑫旗下的江苏中能从2013年开始便领跑全球，其产能在7.4万吨左右。全球生产规模前十的企业，中国大陆从4家增长到6家，美国从3家减少到仅有1家。相比于多晶硅来说，2011～2017年，原先存在于榜单前十的国外硅片企业全部被国内企业代替，我国硅片的产能也从56GW在7年时间里跃升到122.3GW。全球生产规模前十的中国企业数目从2011年的6家增长到2017年的10家，而美国从2家减少到0家。2011～2017年，全球电池片产量从35GW逐渐增加至104.3GW，中国大陆的产能占比高达67.2%。全球生产规模前十的中国企业数目从2011年的4家增长到2017年的8家，美国从2家减少到0家。2011～2017年，组件产能由原先的35GW逐步增长到105.5GW，中国大陆占据了72%左右的产能。以FirstSolar、Sunpower为代表的一部分国外企业无缘最新榜单前十，天合光能、晶澳、晶科、阿特斯基本牢牢占据了榜单前四名，这四家组件企业的大陆产能总计高达26GW。全球生产规模前十的中国企业数目从2011年的4家增长到2017年的7家，而美国则从2家减少到0家。2019年，全球排名前20的光伏企业中，美国仅有2家，老牌光伏企业第一太阳能仍是美国在全球市场中最具竞争力的企业。

表4　2011～2017年中美企业全球生产规模排名前十企业数

单位：家

年份	多晶硅生产		硅片生产		电池片生产		组件生产	
	中国	美国	中国	美国	中国	美国	中国	美国
2011	4	3	6	2	4	2	4	2
2012	4	3	7	1	5	2	5	2
2013	4	3	8	0	4	1	4	2
2014	4	2	8	0	5	0	4	2

续表

年份	多晶硅生产		硅片生产		电池片生产		组件生产	
	中国	美国	中国	美国	中国	美国	中国	美国
2015	4	2	9	0	5	0	7	1
2016	6	1	9	0	7	0	7	1
2017	6	1	10	0	8	0	7	0
规模最大	江苏中能	美国Hemlock	保利协鑫		天合光能		晶科能源	

注：中国统计口径只包括中国大陆企业。

在风电企业方面，2018 年 36 家中国风电上市公司实现营业总收入合计 2232.02 亿元，同比增长 10.61%。其中，金风科技以 287.31 亿元高居榜首。75% 的风电上市公司营业收入实现了正增长，其中，增幅最大的是华锐风电，达 305.08%。66.67% 的风电上市公司实现归属母公司净利润正增长，其中，增幅最大的是国电科环，达 161.05%。盈利能力最强的三家风电企业分别是龙源电力、金风科技和华能新能源，2018 年的净利润都突破 30 亿元。产品盈利能力（毛利率）多出现不同程度的下滑，毛利率最高的是协合新能源，为 61.27%。2018 年，36 家上市公司累计对外净投资规模为 552.4 亿元，其中，投资规模最大的为龙源电力，达 86.33 亿元。总资产规模最大的也为龙源电力，资产规模达到 1465.04 亿元[①]。美国知名的风电企业只有通用电气，2018 年的全球市场份额为 11.2%，位居全球排名第四。在全球排名前 10 风机整机企业中，中国占据了 5 家，市场份额达到了 31.7%。其中，金风科技市场份额为 14.2%。

3. 进出口关系

中美两国的新能源产业进出口关系主要体现在光伏、风电和生物质能行业上。

---

① https：//www.jiemian.com/article/3093527.html.

（1）光伏行业

在一定程度上，我国光伏行业仍然还面临着原材料、市场"两头在外"的局面，目前我国光伏电池及组件主要以加工贸易方式出口，出口占比达到了52%，这极易引发外部贸易摩擦案件。2014年，我国太阳能光伏电池进出口总额182.8亿美元，同比增长15.09%。其中，出口额144.1亿美元，同比增长17.27%，出口数量同比增长8.05%；进口额38.7亿美元，同比增长7.62%，进口数量同比增长6.25%。这表明，我国光伏产品出口依存度依然过高。而从出口结构和市场来看，我国光伏产品出口还明显存在以下主要问题：过于依赖加工贸易，尚未形成自主研发体系，出口市场结构不稳定，新兴市场随时存在贸易摩擦风险等。在出口目的地上，主要出口亚洲、欧洲和北美洲，其中，出口到美国的光伏电池出口额排第2位，占全球出口量的15.04%，出口数量同比下降了12.57%。2016年，我国光伏产品出口额为140亿美元，同比下降10.4%，其中，硅片出口量为34.5亿片，出口额为26.9亿美元，同比增长28.3%；电池片出口量为2.9GW，出口额为8.1亿美元，同比增长11.50%；组件出口量为21.3GW，出口额为105亿美元，同比下降18%。2017年，中国光伏组件出口达到37.9吉瓦，比2016年出口量（21.3吉瓦）大幅增长78%。

从光伏产业链原材料的出口来看，如表5所示，总体来看，除了直径30厘米及以上的单晶硅棒，不论是单晶硅棒、多晶硅，还是光伏组件，中国出口到美国的规模都呈现下降的趋势，如多晶硅出口量占全部出口量的比重从2010年的约3.1%下降到2017年的约0.32%；光伏组件出口量占全部出口量的比重从2013年的17%下降到2017年的6%。从出口金额上看，中国出口到美国的多晶硅金额占全球比重总体上也呈现下降的趋势，从2010年的2.14%下降到2017年的0.48%。

而在光伏产业原材料的出口价格方面，如图1所示，中国出口到美国和全球的光伏组件价都呈现下降的趋势。从市场份额来看，中国出口到美国的光伏组件占全部出口的市场份额自2014年以来出现了明显的降低趋势，尤其是2017年以来，下降到很低的份额。

表 5　中国光伏产业原材料出口到美国的情况

年份	单晶硅棒：美国（千克）		多晶硅：累计值（千克）		单晶硅棒：美国（美元）		多晶硅：累计值（美元）		出口数量：光伏组件（兆瓦）		出口金额：光伏组件（亿美元）	
	直径30厘米及以上	直径在7.5厘米及以上	合计	美国	直径30厘米及以上	其他直径在7.5厘米及以上	合计	美国	合计	美国	美国	合计
2010	237	8955	2226791	68932	79279	961929	135610902	2900166	0	0	0	0
2011	643	75654	1251242	46054	236264	9296965	47508718	1521483	0	0	0	0
2012	136	7865	1743215	60674	54470	552735	42397682	886520	0	0	0	0
2013	880	6239	4720266	40973	361428	609585	84748615	557230	0	0	0	0
2014	2964	3554	2304786	22630	859253	189421	42697498	203232	20216.02	3424.92	20.7115	127.662
2015	0	4811	7541112	45540	0	354626	111191483	367058	19608.48	2627.34	13.2272	106.2504
2016	35814	1621	7209633	23699	6505717	503873	87455790	239499	20061.42	2764.62	12.5271	92.5871
2017	50112	443	6280770	19798	9378868	46558	86136651	412884	26134.47	1499.07	5.3513	93.9923

资料来源：Wind 资讯。

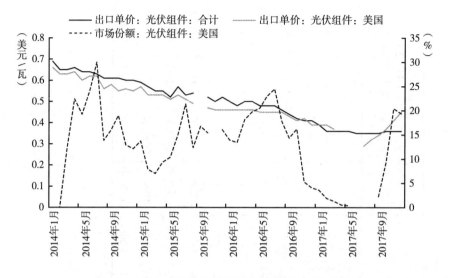

图1　中国出口到美国的光伏组件价格与市场份额

资料来源：Wind 资讯。

从光伏产业链原材料的进口来看，如表6所示，从2010年到2017年，中国从美国进口的金属硅数量快速减少，2017年，仅进口1832千克；多晶硅进口数量也有所减少，但仍保持有较大的规模量，占全球进口量的比例也从2010年的38.41%下降到2017年的5.49%。从不同的进口种类来看，一般贸易类型仍呈现增长的趋势；特殊监管区域物流货物也有所抬头，且保持较大体量；来料加工贸易等其他类型的进口规模呈现较大程度的降低。

而对于美国，进口光伏组件的规模不断增加，即从2010年的2GW增长到2016年的13GW；进口来源国从2015年开始逐渐向亚洲转移，2016年有2/3的进口来自马来西亚、中国和韩国。光伏组件的价格从2012年至2017年下降40%左右，具体表现为：2012年的平均价格为1.15美元/瓦，2016年下降为0.72美元/瓦，2017年底已经降为0.45美元/瓦。

（2）风电行业

根据中国风能协会的数据，我国风电机组新增出口和累计出口的情况如图2所示。

表6 中国从美国进口光伏产业原材料的情况

年份	金属硅（工业硅）（千克）	多晶硅:累计值（千克）		多晶硅:美国（千克）					
	美国	合计	美国	一般贸易	进料加工贸易	保税监管场所进出境货物	来料加工装配贸易	特殊监管区域物流货物	其他
2010	2141174	47510326	18248371	0	0	0	0	0	0
2011	1943252	64613864	17476319	0	0	0	0	0	0
2012	1350537	82759648	32679833	0	0	0	0	0	0
2013	240223	80653055	22312911	0	0	0	0	0	0
2014	15556	102176564	21132561	1023406	2612203	1462168	1318446	4686354	0
2015	18612	112220913	12502632	1525123	1828707	73344	497462	9325348	938
2016	176098	141022452	5635423	541546	513407	1	0	4580964	1790
2017	1832	158918322	8726696	2196800	852690	0	0	5676662	542

年份	金属硅（工业硅）（美元）	多晶硅:累计值（美元）		多晶硅:美国（美元）					
	美国	合计	美国	一般贸易	进料加工贸易	保税监管场所进出境货物	来料加工装配贸易	特殊监管区域物流货物	其他
2010		2672223872	991406756						
2011		3800436536	1036857952						
2012		2097860588	701123054						
2013		1512578865	308780532						
2014	42278	2194978222	393597300	37732895	55825263	8031106	22135000	74643668	0
2015	87691	2026990665	235289189	27937088	33497671	513406	13573328	166417905	21430
2016	81427	2230112166	190779098	12940547	6931380	5503	0	170912116	37985
2017	78243	2505862232	157962491	24675066	11115213	0	0	120928469	17665

资料来源：Wind 资讯。

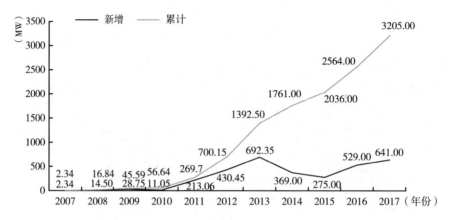

图2　我国2007～2017年风电机组新增出口和累计出口情况

资料来源：中国风能协会。

回溯历史，早在2007年，华仪风能就向智利出口了3台780kW风电机组。当年出口的风电机组容量仅为2.34MW。经历了2008～2010年的低位徘徊之后，2011年，我国风电机组开始真正批量出口，规模为213MW，2013年则达到693.4MW，是到目前为止的最高水平。2013年，我国共有金风、华锐、明阳等7家风电机组制造商向国外出口风电机组，出口容量达692.35MW，同比增长60.8%。截至2013年底，我国已累计出口风电机组1392.5MW，出口国家由2012年的19个扩展到27个。截至2013年底，风电机组制造商中，以金风科技和华锐风电出口数量最多，容量分别达到630MW和345MW，占出口总量的45.2%和24.8%。其中，向美国出口容量最大，为335.75MW，占总出口容量的24.11%。截至2017年底，共有金风科技、联合动力、远景能源、明阳智能、中国海装、东方风电等17家企业向33个国家和地区出口了1707台机组，累计装机3205MW。2017年，中国向国外出口风电机组311台，容量641MW，同比增长21%。其中，金风科技出口量最大，出口到6个国家，合计197台，总容量为399.5MW；其次是远景能源出口两个新型市场国家，共51台，总容量116MW。截至2017年底，中国风电机组累计出口到33个国家，较2016年新增加5个国家（包括墨西哥、黑山共和国、菲律宾、法国和摩洛哥）；其中向美国出口的风电机组容量最多，2017 年新增 157.5MW，累计出口风电机组容量为 552MW，占出口总容量的 17%。其次是巴基斯坦、澳大利亚、南非，出口占比分别为 13%、11% 和 9%。

而对于美国，主要是出口小型风力涡轮机，据资料统计，美国一半的小型风力涡轮机制造商将产品出口到其他国家。2014~2016 年，美国小型风力涡轮机制造商的小型风轮机出口销售额达到 2.4 亿美元以上。

4. 贸易摩擦①

2018 年 1 月 22 日，美国政府宣布对进口光伏产品采取为期 4 年的全球保障措施。虽然是全球性措施，但从数据上看，这一措施更为针对中国。据美国贸易代表办公室（USTR）在其公开文件中提到的数据：中国在 2017 年生产了全世界 60% 的光伏电池和 71% 的光伏组件。这是特朗普上台后第一次动用手中的总统权力采取的贸易措施，也是继 2011 年、2013 年两次贸易救济调查后的第三起涉及光伏产品的贸易措施。美国已经在 2012 年和 2014 年分别对中国光伏产品征收过 35%~65% 的反倾销反补贴税，这意味着，光伏企业面临着美国的重复征税。

美国对进口光伏产品采取为期 4 年的全球保障措施的依据是《1974 年贸易法》第 201 条。"201 条款"是美国政府对由于进口产品造成本国制造业损害的贸易保护条款，其发起不以"是否存在倾销或者补贴"等事实为前提，并且针对全球，更有随意性，杀伤力更大。美国总统可以通过关税、配额等措施来限制进口，保护本国产业。由于这一贸易救济工具具有极强的单边主义色彩，所以，在世界贸易组织成立后，美国很少使用。根据该措施，美国在未来 4 年对进口的电池产品实施关税配额管理，征收的方法为，对每年的首个 2.5 吉瓦内的进口电池免征关税，在此之后的进口将被征收特别关税，税率从第一年的 30% 逐年降低，每年降 5%，最后一年为 15%；

---

① 《美国将对进口光伏产品征重税　中国光伏产业雪上加霜》，《经济观察报》2018 年 1 月 28 日。

对组件实施关税措施，实施的期限为四年，税率从第一年的30%逐年降低，每年降5%，最后一年为15%。

2011年美国对中国的光伏产品发起反倾销和反补贴调查，2012年开始征税；2013年，为了防止中国产品从第三国（地区）转口，美国又发起了对中国台湾的第二轮反倾销和反补贴调查，目的是堵漏洞。2018年的保障措施是第三次调查。据美国贸易代表办公室数据，中国在全球太阳能电池产量中所占的份额从2005年的7%猛增到2012年的61%。中国目前在全球供应链能力中占主导地位，占到2017年上半年宣布的全球产能扩张总量的近70%，中国生产了全球60%的太阳能电池和71%的太阳能电池组件。随着光伏"双反"措施，中国向美国的光伏出口已经大幅下降。据中国机电产品进出口商会法律部主任陈惠清介绍，2017年中国对美国太阳能板出口同比大降41%，此时的全球保障措施更是严重损害了企业的利益，对于中国大陆的光伏产业不啻"雪上加霜"。双反税率与全球保障措施税率叠加的话，大约有50%的税，在中国大陆的企业是无法在这么高的税率下向美国出口的。这意味着，要么放弃美国市场，要么不得不在美国建厂。

此次全球保障措施的提出，与特朗普的"美国优先"倾向不无关系。特朗普在记者发布会上提出了很多理由，包括想要保护美国的工人就业机会、保护美国的贸易环境以及吸引更多的投资回流，但是美国光伏产业下游，包括电力公司、安装商人、用户等大多对此持反对意见。在"201调查"前后，美国就有很多反对的呼声。此前，16名参议员和53个众议院联名反对此次"201调查"。2017年9月21日，美国四州长曾联名上书美国国际贸易委员会（ITC）表示反对，他们认为该调查一旦实施，成倍的价格将使太阳能装置的安装率在2019年下降超过50%，并称该调查将使美国减少8.8万个就业机会，其中包括大量制造业岗位。在中国，一共有38家企业参加机电商会组织的行业抗辩。

美国的光伏市场前景广阔，但是本土光伏企业发展有限，无法满足当地的需求；而一些优秀的中国光伏产业依然在质量、技术上占据很大的优势。那些有海外产能的企业，在泰国、马来西亚等国家有工厂，它们不受"双反"的影响，还是能基本实现向美国出口的。即使有30%的税率，这些光伏企业相比美国当地的本土企业依然具有竞争力。保障措施也可能对全球光伏产业的布局产生影响。一些享受普惠制的国家、发展中国家被排除在措施的范围之外，未来有可能会引起贸易和产业转移，被采取措施的国家可能会将光伏产业的生产基地转移到未采取措施、劳动力成本低的国家。2018年1月25日发布的全球保障措施的附件文件中提到，包括印度、印度尼西亚、巴西等光伏出口小国（总量在3%以下）被排除在保障措施之外。虽然一些企业考虑将这些被排除在外的国家作为转移海外产能的目的地，但是一旦这些国家产能超过3%，就会被美国从名单中移除。

三 结论及建议

上文的分析表明，中美两国的新能源产业在全球市场中均占有一席之地，其产业竞争力体现在不同的细分行业及产业链环节上。

（一）产业层面

在氢能产业上，与中国相比，美国在全国市场上处于绝对领先地位，无论是技术、价格、规模都具有很强的竞争力；在风能产业上，与中国相比，美国在运行效率上具有优势，但在规模和价格上不具有竞争力；在太阳能产业上，与中国相比，美国在太阳能薄膜电池等方面仍具有技术优势，运行效率高，但在规模和价格上不具有竞争力；在生物质能产业上，美国和中国均在固体生物质能利用方面具有较强的国际竞争力，但在液体生物质能和生物质气方面，美国相比中国具有更强的竞争力；在页岩气、页岩油及地热能产业上，美国相比中国在开采技术、开采条件等方面具有更强的竞争力。

（二）企业层面

在氢能产业中，美国涌现出 Air Product、Plug Power、Fuel Cell Energy、Bloom Energy、通用等一批优秀的公司，中国没有与之相匹敌的企业；在风

电产业中，美国代表性的企业为通用电气，中国代表性的企业有金风科技、远景能源、明阳智能、上海电气和联合动力等；在光伏产业中，美国代表性的企业有 FIRST SOLAR，INC. 和 SunPower Corp.，中国代表性的企业有协鑫（集团）有限公司、阿特斯阳光电力有限公司、天合光能股份有限公司、晶科能源有限公司、隆基绿能科技股份有限公司和晶澳太阳能有限公司等。

从进出口关系及贸易摩擦的影响看：在光伏产业原材料的进出口上，中国与美国在多晶硅上为贸易逆差，在电池片上为贸易顺差。总体而言，中国在光伏行业上与美国存在较大的贸易顺差。在风电机组的出口上，中国向美国的出口规模不断增大，2017 年美国成为中国最大的风电机组出口目的地。在贸易摩擦方面，中美两国在新能源产业上的贸易摩擦总共有 3 次，此次中美贸易摩擦升级对中国光伏产业的影响最大，中国可能会将出口到美国的份额转移到欧洲和亚洲、非洲市场，而美国也逐渐将进口来源国调整到亚洲各国，特别是东南亚地区。

（三）产业政策

美国具有专门的法律保障、管理政策及激励政策，能够为新能源行业市场机制的发展和完善营造一个良好的服务环境，且在产业发展的全生命周期中，能够不断调整政府与市场发挥作用的关系。但随着特朗普政府实施"美国能源优先计划"，对化石能源的重视度大力提高，对新能源行业的重视程度不如奥巴马政府。另外，在特朗普政府一意孤行的单边贸易保护主义下，美国的新能源产业也受到了不同程度的影响，如美国的光伏产品出口量、页岩气出口量大幅下降；中国在新能源发展方面没有出台专门的法律，其发展管理主要依托于国家发改委下属的国家能源局，在新能源产业的扶持政策上，没有形成覆盖全产业生命周期的政策系统，虽然积极的经济激励政策能够促使新能源产业形成规模和价格优势，但是不利于新能源行业市场机制的发展和完善，不能自发调整市场供需，容易导致并网难与弃能严重并发的问题。

随着国际市场逐渐向低碳、清洁化能源转型，我国应该调整新能源产业的政策激励方式，明确政府进入和退出产业的具体环节，为新能源行业的市场机制发展和完善提供合理的服务。我国除了在规模和价格方面具有竞争力，还应该在技术和效率方面获得竞争力，因此，现阶段我国新能源产业的补贴更应该集中在节约成本、减少污染、提高效率的技术研发上。同时，解决好新能源电力并网问题也是当务之急。政府应该加强对电网并网输配的监管，明确电网并网的具体标准，对输配电价成本进行有效监管，并考虑环境成本，为不同电源接入电网营造一个公平的竞争环境。

参考文献

袁惊柱：《中美新能源行业产业竞争力比较分析》，《中国能源》2019 年第 3 期。

刘满平：《新能源产业的六大挑战和八大趋势》，《中国石化》2018 年第 8 期。

B.3
中美新能源汽车产业竞争力比较

白 玫*

摘 要： 本报告对全球新能源汽车产业竞争力进行分析，通过对政策
与市场环境、汽车产业基础与新能源汽车产业配套能力、核
心技术创新能力、重点新能源汽车企业的国际化能力等影响
新能源汽车产业竞争力的关键因素和环节进行分析，结论如
下。第一，全球新能源汽车产业在整个汽车产业中所占份额
仍然较小，产业生命周期仍然处于初期发展阶段，但发展迅
速。新能源汽车产业规模不断扩大，全球新能源汽车相对于
传统汽车的竞争能力有所提升，纯电动汽车的市场竞争能力
强于插电式混合动力电动车。第二，在新能源汽车产业链条
中，中美欧洲在终端市场销售上、中美日在新能源汽车生产
制造上、中日韩在新能源汽车配套上具有竞争优势，中国在
新能源汽车公共基础设施方面、挪威在新能源汽车替代传统
汽车方面表现突出。第三，中美两国新能源汽车产业的发展
路径和竞争优势不同，竞争优势差异主要表现在：美国新能
源汽车产业在核心技术创新能力、新能源汽车市场对外开放
程度和单一车型市场占有率等方面具有显著的优势；中国在
政策支持力度、产业规模、市场规模、产业配套、政策综合
效果等方面优势显著。

---

* 白玫，经济学博士，中国社会科学院工业经济研究所能源经济研究室副主任，研究员，主要
研究方向为能源经济、区域经济和产业经济。

关键词： 新能源汽车 插电式电动车 电池电动车 插电式混动车

一 全球新能源汽车产业发展现状

（一）全球新能源汽车产业正在快速发展

2018年，全球新能源汽车①保有量突破500万辆。受政府激励政策、不断改善的公共充电网络、技术成熟引致成本下降、汽车企业积极为消费者提供更多车型选择的影响，全球新能源汽车呈井喷状发展。从保有量来看，2018年全球新能源汽车保有量超过510万辆②，较2017年增加了近200万辆。其中，纯电动汽车保有量329万辆、插电式混合动力汽车保有量183万辆，分别增加了近140万辆和60多万辆，增速分别为69.1%和52.4%。根据IEA分析，到2030年，全球新能源汽车保有量将达到1.3亿辆。新能源汽车保有量的45%在中国。

表1 2005~2018年全球新能源汽车规模及增速

单位：千辆，%

项目		2005年	2010年	2015年	2016年	2017年	2018年
新能源汽车保有量	PEV	1.9	15.0	1254	2005	3147	5122
	增速	—	100.1	76.1	59.8	57.0	62.8
其中:纯电	BEV	1.9	14.6	737	1198	1946	3291
	增速	—	95.1	77.3	62.6	62.4	69.1
	占比		97.5	58.7	59.8	61.8	64.2
插电混合	PHEV	—	0.4	518	806	1202	1832
	增速	—	—	74.5	55.8	49.0	52.4
	占比	—	2.5	41.3	40.2	38.2	35.8

资料来源：根据IEA全球电动汽车统计数据计算。

---

① 本文新能源汽车主要指插电式电动汽车（Plug-In Electric Vehicee，PHEV）。

② 本文中新能源汽车保有量510万辆，是指电动乘用车。2018年，还有近25万辆的电动轻型商用车（LCV）保有量，其中中国全球第一，电动LCV保有量为13.8万辆，占全球LCV保有量的57%；电动LCV的第二大市场是欧洲，占全球电动LCV保有量的38%，为9.2万辆（法国电动LCV保有量4.1万辆，德国电动LCV保有量1.65万辆）。

从新能源汽车销售情况来看，全球新能源汽车产业进入快速发展通道，新能源汽车销售规模不断扩大。2018 年，新能源汽车的销量近 200 万辆，较 2017 年增长 68.2%。2011～2018 年，新能源汽车销售一直保持较高增速，平均增速超过 60%。全球新能源汽车销售量从 2011 年的 4.9 万辆增长至 2018 年的 197.5 万辆，7 年时间销量增长近 40 倍。

未来新能源汽车发展空间巨大。预计 2022 年全球新能源汽车销售将达到 600 万辆，相比 2018 年约增长 2 倍；彭博新能源财经预计，2025 年全球新能源汽车销售将达到 1100 万辆；IEA 分析判断表明，2030 年全球新能源汽车销量达到 2300 万辆；也有权威机构更加积极地估计，到 2030 年全球新能源汽车销售量将达到 4500 万辆。

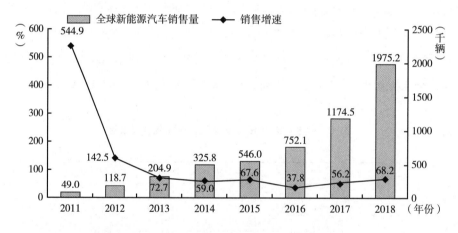

图 1　2011～2018 年全球新能源汽车销售量及增速

资料来源：根据 IEA 全球电动汽车统计数据计算。

2. 新能源汽车的替代效应开始显现

在世界各国对以电动汽车为代表的新能源汽车的支持下，新能源汽车产业市场竞争能力不断提升，消费者的认可度和接受程度不断提升，新车占比不断提升。

新能源汽车对传统汽车的替代作用开始显现，但就全球而言，这种替代作用还不大。从新能源汽车销售量占比来看，新能源汽车产业在整个汽车产业中所占份额仍然较小。2012 年，新能源汽车销售量占比仅为 0.1%；到 2018 年，新能源汽车销售量占比为 1.2%，是 2012 年的 12 倍。尽管新能源汽车销售量占比增长较快，但新能源汽车产业还处于初期发展阶段，对传统汽车的替代不够显著。

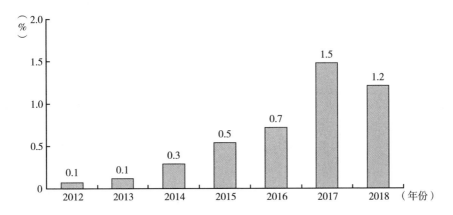

图 2　2012～2018 年全球新能源汽车销售量占比变化

资料来源：hybridcars.com 和 EV Sales。

个别国家的新能源汽车替代效应已十分显著。挪威新能源汽车的渗透率一直处于世界领先地位，2018 年的新能源汽车销售占比为 46.4%，渗透率接近 50%，较 2017 年提高了近 10 个百分点。2018 年新能源汽车渗透率，瑞典、荷兰和芬兰分别为 7.9%、6.6% 和 4.7%；中国、美国、日本分别为 4.5%、2.5% 和 1.1%；德国为 2.0%（见图 3）。

2018 年，新能源汽车保有量占汽车保有量比重高于 1% 的国家只有挪威（10%）、冰岛（3.3%）、荷兰（1.9%）、瑞典（1.6%）和中国（1.1%）。

3. 新能源汽车技术发展趋势

动力电池成本持续下降。动力电池技术进步大幅降低了新能源汽车的生产成本，使新能源汽车有望在价格上与燃油汽车具有竞争力。与燃油汽车相比，当动力电池价格达到每千瓦时 200～250 美元，BEV 就具有成本竞争力。2018 年，安装动力电池成本已从 2010 年的每千瓦时约 1000 美元降至 205～350 美元。动力电池成本下降的关键因素是电池化学技术的发展和动

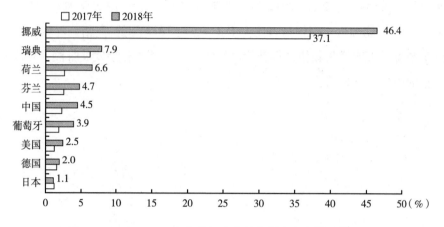

图3 2017年、2018年新能源汽车销售量占汽车销售量比重

力电池生产规模的扩大。

BEV 较 PHEV 更具有市场竞争优势。从全球新能源汽车市场来看，技术路线以纯电动汽车为主、插电式混合动力电动汽车为辅。用 BEV/PHEV 表示纯电动车的市场竞争能力。全球纯电动汽车的竞争力不断提高，观察 2015 年、2016 年、2017 年和 2018 年的 BEV/PHEV 值，分别是 59.2∶40.8、61.6∶38.4、64.2∶35.8 和 68.1∶31.9。

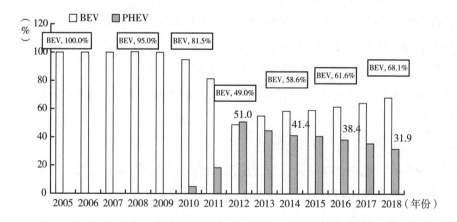

图4 2005～2018年全球新能源汽车市场结构分析

不同国家的技术路线是有差异的。按国别分析 BEV 和 PHEV 市场占有率发现，英国、芬兰和瑞典是以 PHEV 为主的替代路线；其他国家如中国、美国、德国、挪威和荷兰等，则是以 BEV 为主。

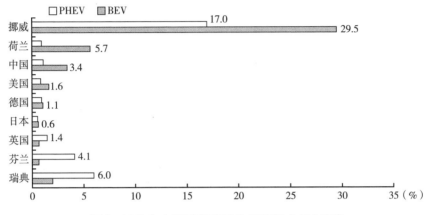

图5 2018 年主要国家 BEV 和 PHEV 市场占有率

4. 公共充电设施条件不断改善

新能源汽车基础设施不断改善。2018 年，世界范围内充电桩总数大约为 180 万个，其中 30% 为公共充电桩。2018 年，世界公共充电桩数量为 53.9 万个，比 2017 年增长 24%。与前几年相比，公共充电桩建设速度有所放缓，2015 年为 70%，2016 年为 81%，2017 年为 31%。

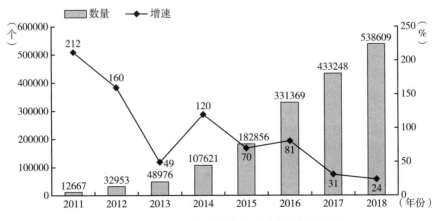

图6 2011～2018 年世界公共充电桩数量及增速

二 全球新能源汽车产业竞争格局

新能源汽车产业链可以分为以下几个部分：新能源汽车服务、新能源汽车生产制造、新能源汽车生产配套和原材料。其中新能源汽车配套又可以分为核心配套环节和传统配套环节，核心配套环节包括动力电池、电机和电控三大核心部。

图7 新能源汽车产业链

1. 中国、美国和欧洲是新能源汽车最重要的市场

从年销售量来看，中国、美国、欧洲是世界最重要的新能源汽车市场，2018年，中国、美国和欧洲新能源汽车销售量分别占全球新能源市场销售量的54.6%、18.3%和15.7%，这三个市场集中销售了全球88.6%的新能源汽车（见图8）。2011年，美国、日本和欧洲是世界三大新能源汽车消费市场，这一格局持续到2013年。2014年，中国超过日本，成为全球三大新能源汽车消费市场之一。从2015年起，中国、欧洲和美国依次列前三大新能源汽车消费市场，这一市场格局持续3年。

从新能源汽车保有量来看，近年来主要集中在中国、美国和欧洲，2018年，中国（45%）、美国（21.9%）和欧洲（20.1%）三个市场的新能源汽车保有量达87%（见图9）。其中，BEV的保有量集中在中国（53.7%）、美国（19.5%）和欧洲（15.8%）（见图10）。

从公共充电桩数量来看，中国仍然是拥有最多公共充电基础设施的国家。2018年，中国公共充电桩数量为275000个，占世界总量的51.1%；欧

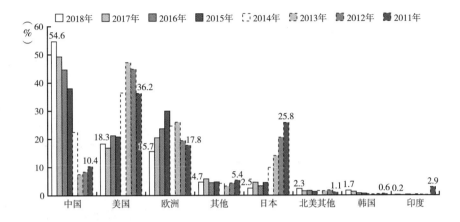

图8　2011～2018年主要市场新能源汽车销售量占全球份额

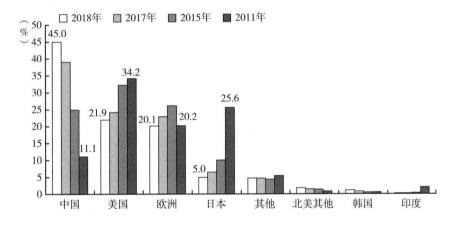

图9　2011～2018年主要市场新能源汽车保有量

洲、美国、日本公共充电桩数量分别为126039个、54500个和29971个，占世界总量比重分别为23.4%、10.1%和5.6%（见图11）。

2. 中国、美国、日本具有新能源汽车生产制造优势

新能源汽车生产制造主要指的是产业链的整车生产制造和电池包生产制造。新能源汽车整车生产制造主要集中在中国、欧洲、美国和日本；电池包生产制造主要集中在中国、日本和韩国（见图12）。中国电动汽车产量最高，占全球产量的50%，其次是欧洲21%，美国17%，日本8%，韩国3%。

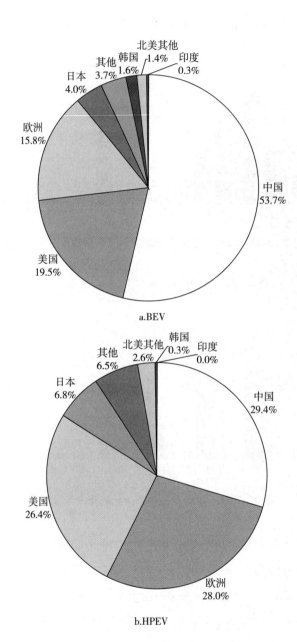

图10 2018年BEV保有量与HPEV保有量的空间分布

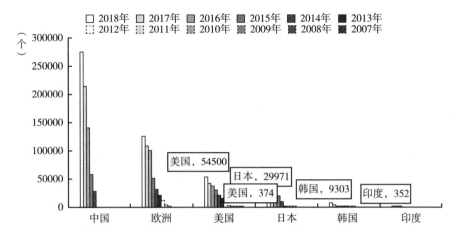

图11 2007～2018年主要新能源汽车市场公共充电桩数量

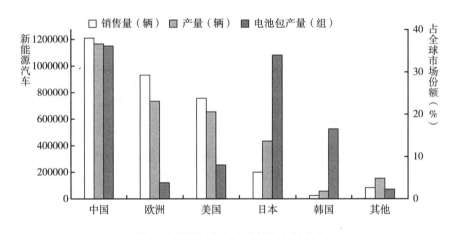

图12 新能源汽车生产制造空间分布

生产的电动汽车超过2万辆的20家领先汽车制造商占电动汽车产量的94%。在前20大电动汽车制造商中，有9家总部设在中国，4家在欧洲，3家在美国，3家在日本，1家在韩国。

3.中国、日本、韩国拥有明显的产业核心配套优势

产业核心配套是指新能源汽车产业链上的动力电池、电机电控，以及核心材料。在新能源汽车成本构成中，动力系统占50%，其中电池成本又占

到76%，占汽车总成本的比重达1/3以上。动力电池产业环节由正极、负极、隔膜以及电解液组成，正极材料种类较多，包括磷酸铁锂、钴酸锂、锰酸锂以及三元锂，三元锂主要指镍钴锰酸锂NCM，也包括小部分的镍钴铝酸锂NCA，对应上游原材料主要为锂矿、钴矿、镍矿以及锰矿等；负极以石墨材料为主，包括人造石墨与天然石墨等；隔膜以聚烯烃材料聚丙烯PP以及聚乙烯PE为主；电解液主要成分为六氟磷酸锂。电机电控环节主要是控制类硬件与线速，电机材料主要是永磁材料与硅钢片，原材料分别为稀土与铁矿石。

在动力电池方面，中、日、韩呈三足鼎立之势。动力电池是新能源汽车的关键配套环节，处于前列的有中国、日本和韩国。2011~2015年，日本是世界上最大的电动汽车电池组生产国。到2016年，中国的电动汽车电池生产量超过韩国和日本。规模最大的前13家动力电池生产企业的产量占据全球动力电池产量的94%，其中7家总部设在中国，3家在日本，3家在韩国。

中国拥有以宁德时代、比亚迪、亿纬、孚能、比克、国轩高科等为代表的100多家动力电池企业，其中，搭载量过100MWh的电池厂商达30家，超过1GWh的电池厂商仅4家——宁德时代新能源（CATL）、比亚迪、国轩高科、沃特玛，产能集中度较高。日本则有松下、日本锂能源等动力电池生产企业，韩国有LG化学、三星SDI、SK Innovation等知名动力电池企业。

在电池材料方面，中国市场竞争充分，具有产能优势。2018年，中国电池材料行业呈结构性产能过剩。正极材料呈现结构性产能过剩。磷酸铁锂材料的产能利用率为14.5%；三元正极材料的产能利用率为33%；负极材料产能利用率为43%；隔膜行业2018年名义产能利用率为33%；电解液行业产能利用率降至42.8%。

中国动力电池及电池材料企业正在积极寻求进入欧系车主流供应链条。宁德、亿纬、孚能等已进入欧系主流供应链，当升科技（正极）、璞泰来（负极）、星源材质、恩捷股份（隔膜）、天赐材料、新宙邦（电解液）、新纶科技（铝塑膜）也在进入欧系车产业链条。

在压铸零部件方面，日本、瑞士和德国居领先地位。目前国际上规模领先的汽车压铸零部件企业包括日本 RYOBI 株式会社、日本 Ahresty 公司、瑞士 GeorgFischer 公司、瑞士 DGS 压铸系统股份公司、德国 PIERBURG 公司、德国 handtmann 公司等。国内压铸行业企业数量众多，龙头企业主要有广东鸿图、派生科技、春兴精工、文灿股份、爱柯迪、旭升股份、重庆渝江压铸有限公司和鸿图制造厂等。从世界范围来看，新能源汽车轻型材料是竞争充分的行业，国外压铸企业数量较少，单个公司规模较大，技术实力较强，客户资源丰富，在市场中占据领先地位。

4. 中国拥有公共充电基础设施的优势

2018 年，世界公共充电桩安装率为 0.11，即每 10 辆电动汽车拥有公共充电桩 1.1 个。与 2017 年的 0.14 相比，公共充电桩安装率有所下降。公共充电桩的安装率，不仅与工作场所是否有公共充电桩、居住环境是否具有安装充电设施的条件、电价政策以及人口密度等因素紧密相关，也与公共充电桩使用效率紧密相连。

充电桩主要分为如下几种："慢速"充电装置（最高 3kW），最适合隔夜 6～8 小时；"快速"充电桩（7～22kW），可在 3～4 小时为某些型号充满电；快速充电装置（43～50kW），能够在 30 分钟内提供 80% 的充电。

中国拥有世界上 50% 的公共充电桩和 75% 快速充电桩。荷兰和丹麦每辆电动汽车的公共充电桩数量相对较多，每 4～8 辆电动汽车约有 1 个充电桩；美国、挪威公共充电桩安装率相对较低，每 20 辆新能源汽车拥有 1 个公共充电桩。

三 中美新能源汽车产业竞争力分析

新能源汽车产业竞争力可以从市场竞争能力、产业链的完整性、公共基本设施保障能力、创新能力、市场开放程度等视角进行研究。研究

表明：目前，中美新能源汽车产业具有高度互补性，合作大于竞争。中美两国新能源汽车产业的发展路径不同，各自的竞争优势也不同，竞争优势差异主要表现在：美国新能源汽车产业在核心技术创新能力、新能源汽车市场对外开放程度和单一车型市场占有率等方面具有显著的优势；中国在政策支持力度、产业规模、市场规模、产业配套、政策综合效果等方面优势显著。

1. 新能源汽车市场：中国较美国具有显著的市场竞争优势

从市场占有率、保有量、市场增速和市场影响力变化等多个角度分析中美两国的市场竞争能力，发现：中国新能源汽车产业较美国具有显著的市场竞争优势。

中美是世界最重要的新能源汽车市场，中国市场的重要性逐年提升。近10年来，两国新能源市场占全球市场的份额始终超过30%，且呈逐年上升的趋势。特别是2012年以来，两国市场规模始终占全球市场规模的50%以上，2018年，两国市场总和占全球新能源汽车销售量的72.8%。美国的新能源汽车市场对全球市场的影响力曾在2013年达到高峰（47.2%），此后开始减弱，2018年美国新能源汽车市场占全球的份额为18.3%。中国新能源汽车市场对全球市场的影响力逐年提高，到2018年达到最高，占全球新能源汽车市场的份额为54.5%。

新能源汽车保有量：中国是美国的2倍。中美两国新能源汽车保有量从2009年的0.31万辆增加到2018年的343万辆；中美两国新能源汽车保有量占有率从2009年40.9%增加到2018年的67.0%，呈持续上升趋势。

中国新能源汽车保有量从2009年的0.05万辆，增加到2018年的231万辆；保有量全球占有率从2009年的6.4%增加到2018年的45.0%。美国新能源汽车保有量从2009年的0.26万辆，增加到2018年的112万辆，持续上升；美国新能源汽车保有量全球占有率从2009年的34.5%下降到2018年的21.9%。

美国新能源汽车保有量从2009年是中国的5.38倍，下降到2018年不足中国的 50% ；中国新能源汽车保有量，从 2009 年只有美国的 19% ，到 2016 年超过美国 15% ，到 2018 年，中国新能源汽车保有量是美国的 2.05 倍。

表2　2009~2018 年中美新能源汽车保有量比较

指标	国家	2009 年	2010 年	2011 年	2012 年	2013 年	2014 年	2015 年	2016 年	2017 年	2018 年
保有量占全球份额（%）	中国	6.4	12.8	11.1	9.2	8.3	14.8	24.9	32.4	39.0	45.0
	美国	34.5	25.2	34.2	40.9	44.3	40.7	32.2	28.1	24.2	21.9
	小计	40.9	37.9	45.2	50.1	52.6	55.5	57.1	60.5	63.2	67.0
新能源汽车保有量（万辆）	中国	0.05	0.19	0.70	1.69	3.22	10.54	31.28	64.88	122.78	230.63
	美国	0.26	0.38	2.15	7.47	17.14	29.02	40.41	56.37	76.21	112.34
	小计	0.31	0.57	2.85	9.16	20.37	39.56	71.69	121.25	198.98	342.97
中国/美国（倍）		0.19	0.51	0.32	0.23	0.19	0.36	0.77	1.15	1.61	2.05
美国/中国（倍）		5.38	1.97	3.08	4.43	5.32	2.75	1.29	0.87	0.62	0.49

资料来源：根据 IEA，Global EV Outlook 2019 统计数据计算。

中美两国新能源汽车市场增长迅速。中美两国新能源汽车市场规模始终以超过 2 位数的增速逐年扩大，2011 年增速为 770% ，2012 年为 177% ，2013 年为 77% ，2018 年为 85% 。2010 年以来，中国新能源汽车市场年均增速为 109% ，高于全球新能源汽车市场年均增速 102% ，美国为 89% ，低于全球市场年均增速。近年中国新能源汽车市场对全球市场贡献大于美国。

近 10 年中美新能源汽车市场影响力对比发生重大变化。2018 年中国新能源汽车市场是美国的 3 倍，2013 年美国新能源汽车市场是中国的 6 倍。2018 年，中国新能源汽车销售量 108 万辆，美国新能源汽车销售量 36 万辆，中国新能源汽车市场规模约是美国市场的 3 倍。2013 年，中国新能源汽车销售量 1.5 万辆，美国新能源汽车销售量 9.7 万辆，美国新能源汽车市场规模约是中国市场的 6 倍。

表3 近10年来中美国新能源汽车市场影响力对比

指标	国家	2009年	2010年	2011年	2012年	2013年	2014年	2015年	2016年	2017年	2018年
占全球市场份额（%）	中国	20.69	18.84	10.36	8.34	7.49	22.46	37.98	44.68	49.30	54.60
	美国	0.0	15.7	36.2	44.9	47.2	36.5	20.9	21.2	16.9	18.3
	小计	20.7	34.5	46.6	53.2	54.7	58.9	58.8	65.9	66.2	72.9
市场规模（万辆）	中国	0.05	0.14	0.51	0.99	1.53	7.32	20.74	33.60	57.90	107.85
	美国	0.00	0.12	1.77	5.32	9.67	11.88	11.39	15.96	19.84	36.13
	小计	0.20	0.26	2.28	6.31	11.20	19.20	32.13	49.56	77.74	143.99
中国市场增速（%）		109*	198	255	95	55	377	183	62	72	86
美国市场增速（%）		89*	—	1390	200	82	23	−4	40	24	82
中美市场增速（%）		102*	446	770	177	77	71	67	54	57	85
中国市场/美国市场（倍）		—	1.20	0.29	0.19	0.16	0.62	1.82	2.10	2.92	2.98
美国市场/中国市场（倍）		—	0.83	3.50	5.38	6.30	1.62	0.55	0.48	0.34	0.34

注：* 为2010年以来的平均增速。

资料来源：根据IEA, Global EV Outlook 2019统计数据计算。

2. 产业链完整性：中国比美国具有竞争优势

中国现已拥有全球最完善的新能源汽车产业链，如下，①原材料供应商，如赣锋锂业、华友钴业、寒锐钴业，中国在关键原料上具有资源垄断性。②动力电池生产制造商，如宁德时代、比亚迪。中国是全球最大的动力电池生产制造国。2017年，中国轻型电动汽车的电池生产量是美国的11倍。③整车制造业，如比亚迪、北汽等。美国新能源汽车产业的相关配套产业在市场上的份额较低，本地配套能力较低，严重制约了产业发展。

中国是全球最大的新能源汽车市场，2018年，新能源汽车销售量突破100万辆。从新能源汽车消费量看，中国新能源汽车销售量继续保持世界第一。2018年，中国新能源汽车销售量107.9万辆，较2017年增加了50万辆，同比增长86.3%。

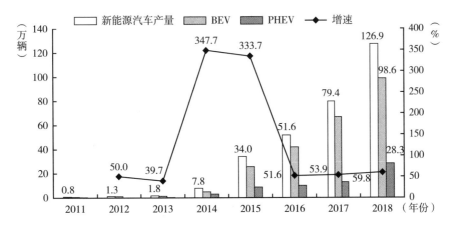

图13　2011～2018年中国新能源汽车产量及增速

3. 公共基础设施保障能力：中国是美国的5倍

公共充电桩数量反映的是新能源汽车公共基础设施的保障能力。分析2011～2018年中美两国新能源汽车公共基础设施保障能力，不难看出：中美两国新能源汽车公共充电桩数量从2011年的542个，增加到2018年的256940个。其中，中国新能源汽车公共充电桩数量从2015年的30000个，增加到2018年的213903个；美国新能源汽车公共充电桩数量从2011年的542个，增加到2018年的43037个。2018年，中国充电桩数量是美国的近5倍，公共基础设施保障能力方面，中国具有明显的优势。

从占全球公共充电桩比重来看，中美两国新能源汽车公共充电桩占全球份额，2011年为34.7%，增加到2018年的61.2%；其中，中国新能源汽车公共充电桩占全球份额，2014年为27.9%，增加到2018年的51.1%；美国新能源汽车公共充电桩占全球份额，2011年为34.7%，减少到2018年的10.1%。

从增长速度看，中美两国新能源汽车公共充电桩数量增速，2011年为710.3%，2018年为28.2%。其中，中国新能源汽车公共充电桩数量增速，2015年为95.9%，2018年为28.6%；美国新能源汽车公共充电桩数量增速，2011年为710.3%，2018年为26.6%。

表4 2011～2018年中美两国公共基础保障能力比较

单位：个，%

指标	国家	2011年	2012年	2013年	2014年	2015年	2016年	2017年	2018年
公共充电桩数量	中国	—	—	—	—	30000	58758	141254	213903
	美国	542	4392	13160	16867	22633	31674	38168	43037
	中美两国	542	4392	13160	16867	52633	90432	179422	256940
增长速度	中国	—	—	—	—	95.9	140.4	51.4	28.6
	美国	710.3	199.6	28.2	34.2	39.9	20.5	12.8	26.6
	中美两国	710.3	199.6	28.2	212.0	71.8	98.4	43.2	28.2
公共充电桩数量占全球比重	中国	0.0	0.0	0.0	27.9	32.1	42.6	49.4	51.1
	美国	34.7	39.9	34.4	21.0	17.3	11.5	9.9	10.1
	中美两国	34.7	39.9	34.4	48.9	49.5	54.1	59.3	61.2

资料来源：根据公开资料整理。

4. 市场开放程度和国际化能力：美国较中国具有更强的竞争优势

美国新能源汽车市场开放程度高于中国。美国的新能源汽车市场是面向世界开放的，我国的新能源汽车市场不仅对外开放不够，还存在严重的地方保护壁垒。美国新能源汽车市场开放程度较高，销售量进入前10名的车型有日本日产Leaf、日本丰田普锐斯、德国宝马i3和宝马330e、德国奥迪e-tron、英国捷豹（Jaguar）I-Pace、德国Smart EQ fortwo等。日本Leaf是第一款在美国上市的新能源汽车，在美国的销量多年排在前列。

中国新能源汽车市场开放度相对较低，大约96%的市场是由国内新能源汽车分享，大约3%市场是特斯拉Model S、特斯拉Model X，特斯拉车的销量进不了前20名。地方政府往往根据本地车企的特点有针对性地制定补贴标准，限制外地车企进入。

表5 中美两国市场开放度与投资开放度

国家	市场开放度（国外车型）	投资开放度（外资）
中国	特斯拉Model S、特斯拉Model X	特斯拉
美国	日本日产Leaf、日本丰田普锐斯、德国宝马i3和宝马330e、德国奥迪e-tron、英国捷豹（Jaguar）I-Pace、德国Smart EQ fortwo	日产Leaf

资料来源：根据公开资料整理。

美国新能源汽车重点企业的国际化能力高于中国。第一，从生产空间布局看，美国车企的全球产业链控制能力高于中国。中国主要新能源汽车厂家生产布局在中国，生产配套也在中国；美国主要新能源汽车厂商的整车生产在美国，动力电池生产在日本和韩国。第二，从市场布局看，美国车企的国际市场开拓能力高于中国。中国生产的新能源汽车，销售市场面向中国；美国生产的新能源汽车，销售市场面向美国本土、加拿大、欧洲和中国。

表6 中美主要新能源汽车车型生产空间布局与销售市场分布

国家	车型	类型	主要销售市场	车辆生产	电池生产
美国	特斯拉 Model S.	BEV	加拿大,中国,欧洲,美国	美国	日本
	特斯拉 Model X.	BEV	加拿大,中国,欧洲,美国	美国	日本
	雪佛兰博尔特	BEV	加拿大,美国	美国	韩国
	雪佛兰 Volt	PHEV	加拿大,美国	美国	韩国
中国	北汽 EC 系列	BEV	中国	中国	中国
	比亚迪宋	BEV,PHEV	中国	中国	中国
	比亚迪 e5	BEV	中国	中国	中国
	比亚迪秦	BEV,PHEV	中国	中国	中国
	荣威 eRX5	BEV	中国	中国	中国
	Zhidou D2	BEV	中国	中国	中国
	奇瑞 eQ	PHEV	中国	中国	中国
	JACiEV	PHEV	中国	中国	中国
	吉利帝国	PHEV	中国	中国	中国

资料来源：根据公开资料整理。

5. 技术创新能力和品牌认知度：美国较中国具有竞争优势

美国新能源汽车具有显著的技术优势。美国在新能源汽车领域继续其技术优先的思想，以创新和改革保证其产品在市场上的差异性，来满足市场上高需求消费者。以美国领先企业特斯拉为代表，其电动汽车在质量、安全和性能方面均达到汽车行业最高标准，具有空中升级服务等尖端技术、最先进的电池管理技术和完备的充电解决方案。以充电技术为例，美国特斯拉超级充电器为最先进的充电技术，它为 Model S 充电的速度远高于大多数充电

站。特斯拉充电技术特点主要表现如下：特斯拉充电站加入太阳能充电技术，可利用清洁能源，减少对电网的依赖与干扰；充电时间短，20分钟充到40%，就能满足续航要求，且不会影响电池寿命。

中国新能源汽车关键技术逐渐实现突破，纯电动汽车技术水平与国际先进水平同步，续驶里程、可靠性、安全性、动力性水平不断提高，经济性和综合效益水平持续优化。

在品牌方面，美国拥有特斯拉等高端品牌。特斯拉品牌已与高端豪华车、电动汽车相关联，品牌认知程度远远高于比亚迪、北汽等。

6. 政策有效性：中国好于美国

政策对电动汽车的发展有重大影响，中美两国都有促进新能源汽车产业发展的政策，如目标类政策、补贴政策、促进投资。美国联邦和州政府采取了一系列政策，旨在推动新能源汽车的发展。例如，纽约电动汽车扩张计划（Evolve NY），美国能源部为先进电动汽车项目提供获得资金的机会，电动汽车充电的退税计划。

中国新能源汽车相关政策如下。①车企双积分政策，限制对新的燃油汽车制造工厂的投资，对原始汽车制造商（OEM）的"新能源汽车"信贷授权。这些政策调动了汽车厂商研发生产新能源汽车的积极性，吸引了外资投资新能源汽车领域。②根据电池特性对车辆采用差异化激励措施，鼓励车企生产高性能新能源汽车。续航在250公里以下的车型无补贴，250~400公里续航的车型享受1.8万元的补贴，400公里以上的车型享受2.5万元的补贴。③市场开放政策，如国务院办公厅发文督促取消限购，支持新能源汽车消费。但政策效果不明朗。④取消地方补贴，转为补贴充电。即买车的时候不补，用车的时候才补，以防止车企骗补。

通过对传统汽车的替代能力的观察，可以比较两国新能源汽车政策的综合效果。我们将新能源汽车对传统汽车的替代能力定义为：新车销售中新能源汽车的市场占有率，简称新能源汽车替代能力，用$CP_{新/传}$表示，即$CP_{新/传}=$新能源汽车销售量/新车销售量×100%。中国新能源汽车替代能力为4.5%，美国为2.4%，中国新能源汽车政策的综合效果好于美国。中美的

BEV 替代能力都高于 PHEV，BEVS 相关政策的综合效果好于 PHEV 的政策效果。

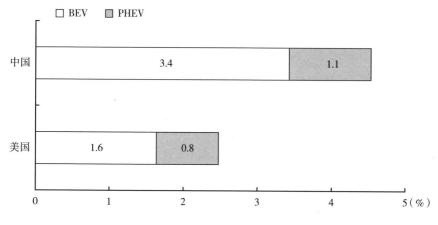

图14　2018 年中美新能源汽车市场替代能力比较

四　政策建议

展望未来，一是新能源汽车发展将从政策驱动型市场逐步向市场驱动型转变：消费重点将转向乘用车电动车，消费主体将逐渐向私人购买；二是面临补贴力度减小、技术门槛提高、外资限制逐步松绑的新的竞争环境；三是新能源补贴政策转向扶优扶强，推动形成优胜劣汰的市场机制；四是中美贸易冲突将对中美新能源产业竞争格局产生深远影响。为此建议如下。

1. 充分研究，提前布局，应对欧美车企联合制定不利于中国的新规则

欧美新能源汽车产业发展受制于动力电池产业配套能力不足，例如，特斯拉的生产规模受电池供应能力的限制，大众也在寻求办法以解决动力电池供应保障问题。随着宝马、戴姆勒和大众等主要汽车制造商向电动汽车转型，动力电池保障、动力电池的供应以及原材料日益成为新能源汽车发展的关键环节。美国、欧洲正在研究如何就原材料和动力电池方面的国际规则提

出要求，制定新规则以保障其电动汽车产业发展的持续性、稳定性和获利能力。例如，欧洲汽车供应商协会（CLEPA）估计，欧洲车企在欧洲生产每辆电动车都需要向中国支付 5000～8000 美元用于购买动力电池。这表明欧美国家对电动汽车产业链生态的担忧和不满。

2. 中美应加强合作，相互借鉴

发展新能源汽车产业是中美两国共同的选择，两国都认识到发展新能源汽车在节能减排、国家能源安全、国家能源转型等方面的重大意义，两国政府对于支持电动汽车产业发展、促进电动汽车产业创新都具有浓厚的兴趣。两国可以在包括初始成本、续航里程、充电基础设施等在内的制约电动汽车产业发展的关键领域进行交流与合作，相互学习，取长补短。

"中国制造"将给美国特斯拉带来成本竞争优势，中国新能源汽车优惠政策将进一步提升特斯拉的全球竞争力。特斯拉上海工厂一期产能为 25 万辆/年，全部投产后产能将达到 50 万辆/年。

美国可以借鉴中国的新能源汽车产业规划的做法，保障新能源汽车政策的稳定性和一致性，以吸引投资；中国可以借鉴美国市场化运作的管理能力，不断开放市场。加强与美国阿岗国家实验室、美国蒙罗等的联系与合作。

3. 苦练内功，不断增强我国新能源企业核心竞争力

随着日产、起亚、特斯拉这些在欧美市场有良好表现的车企进入中国，以及大众、宝马、奔驰等传统车企转型进入新能源汽车领域，激烈竞争将不可避免。在以往的竞争中，中国新能源汽车竞争赢在车型多。例如，比亚迪从轻型乘用车、商务车、SUV，到客车、物流车等一应俱全，就赢在一个"全"字。尽管比亚迪新能源汽车销售量位列世界第一，但就单一车型而言，其销量远远赶不上特斯拉。这种竞争方式，单一车型不具备规模经济。如果说中国车企赢在"全"字，那么美国车企赢在"精"字。以特斯拉为例，特斯拉主要有 Model S/3/X/Y 四个车型，单一车型具有十分显著的规模经济。国内车企应向特斯拉学习，加强技术研发能力的培育，提高国际化运营能力。

参考文献

Dana Lowelland Alissa Huntington, MJB&A, Electric Vehicle Market Status, Manufacturer Commitments to Future Electric Mobility in the U. S. and Worldwide, 2019. 5.

IEA, Global EV Outlook 2019: Scaling-up the Transition to Electric Mobility, 2019. 5.

NicLutsey, Mikhail Grant, Sandra Wappelhorst, Huan Zhou, Power Play: How Governments are Spurring the Electric Vehicle Industry, icct White Paper, 2018. 5.

Paez, D. (2019), The Tesla Semi has Almost Arrived: Launch Date, Pre-orders, and Sightings, Inverse, www. inverse. com/article/50944 – tesla – semi – launch – date – price – features – specs – and – more.

李殷:《美国新能源汽车产业竞争力分析》,吉林大学硕士学位论文,2018。

马建、刘晓东、陈轶嵩等:《中国新能源汽车产业与技术发展现状及对策》,《中国公路学报》2018 年第 8 期。

B.4
中美集成电路产业竞争力比较

邓　洲*

摘　要： 集成电路是电子信息产业中技术含量最高、附加值最高，同时也是最难实现技术赶超的细分领域。从集成电路全产业链看，美国处于全球领先地位，日本、韩国、中国台湾处于第二梯度且与美国差距较大，欧洲在部分细分领域有垄断能力，中国是全球集成电路产业分工的重要参与者。中美两国都是全球重要的集成电路进出口国，中国对美国有巨大逆差，双边贸易近年来呈下降趋势。中美贸易摩擦在三个方面对中国集成电路产业造成冲击。第一，在中国具有比较优势的中低端环节，美国通过贸易保护政策限制中国制造的进口，同时在其他发展中国家扶持相关产业的发展，进一步加剧国际市场竞争压力。第二，美国利用专利、标准，以及其他非正常手段对中国企业的自主技术研发、全球要素布局和全球市场开拓造成阻挠，严重影响我国追赶步伐。第三，美国通过限制技术转让和核心零部件、高端装备的出口，使我国集成电路与美国保持代际差距，严重影响我国集成电路产业的转型升级。

关键词： 集成电路　核心竞争力　技术赶超

---

* 邓洲，博士，中国社会科学院工业经济研究所工业发展研究室副研究员，副主任，主要从事工业发展、技术创新、产业结构等领域研究。

一 集成电路产业链及发展现状

集成电路技术复杂，产业结构高度专业化，分工非常细化。从产业链看，集成电路可以分为 IC 设计、IC 制造和 IC 封装测试三个核心环节，分别位于产业链的上游、中游和下游，其中，设计和制造的技术含量更高。除了三个核心部分，半导体设备制造和半导体材料、化学品，以及芯片设计自动化软件（EDA）和软件包（IP）也是集成电路产业链的重要组成部分，在很多时候，企业或国家集成电路产业的竞争力主要取决于是否能够提供或掌握世界领先 EDA/IP、稀缺半导体材料和化学品及高端装备。

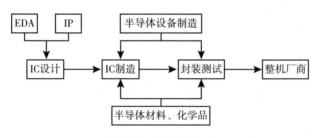

图 1 集成电路产业链

集成电路是电子信息产业价值链的顶端。第一，集成电路的技术进步是电子信息产业技术进步、产品升级最根本的动力。每一次电子信息产品的重大创新和重大升级都离不开集成电路的技术进步，著名的摩尔定律也是针对集成电路的。虽然业态创新和应用创新在近几年创造了巨大的经济利益，但一个国家电子信息产业的核心竞争力还是由该国集成电路产业的发展规模和水平决定的。第二，集成电路占电子信息产业产值比重不断提高。根据市场研究机构 IC Insights 的数据，金融危机之后，受传统产品市场饱和且萎缩影响，全球电子信息产业增长放缓，但集成电路的增长并未受到严重的影响。近年来，全球集成电路产值增速继续保持在两位数以上，是电子信息产业整体增速的 3 倍左右。2000 年以来，集成电路产值占电子系统总产值的比重从 17.3% 上升到 2017 年的 31.4%，且根据预测将保持在 30% 以上。第三，

国家间集成电路产业有巨大的技术鸿沟。自 20 世纪 80 年代以来，全球电子信息产业国际分工格局发生巨变，以中国为代表的发展中国家利用国际产业转移构建了规模巨大的电子信息制造业，在全球分工中的地位不断提高。但是，就集成电路而言，由于其研发的高难度、关键材料的稀缺、制造设备的难以获得、生产工艺的高复杂程度，直到现在，高端集成电路仍然被发达国家极少数企业所垄断。中国作为全球最大的电子信息制造国，自 2014 年起每年进口集成电路总额都超过 2000 亿美元。

技术进步和工艺持续改进不断创造赶超机遇。1965 年，英特尔联合创始人戈登·摩尔提出著名的"摩尔定律"，意指集成电路上可容纳的元器件的数量每隔 18 ~ 24 个月就会增加一倍，性能也将提升一倍。从 20 世纪 70 年代到 21 世纪初，摩尔定律推动集成电路性能不断提高的同时不断降低集成电路的成本，虽然受物理极限的限制，近十年摩尔定律有所失效，但集成电路仍然是近半个世纪技术进步最快、主流产品迭代最频繁的产业部门，这也使集成电路产业不断出现赶超的窗口。在 50 年的发展历程中，日本、韩国、中国台湾和中国大陆地区都先后在全球集成电路分工中从无到有，从弱到强。近期，新的技术窗口还在继续涌现，高通、苹果、华为已经发布了融合更强设计性能和人工智能技术的 7 纳米手机芯片，AMD、英伟达也在大力开发适用于人工智能的 GPU。制造工艺方面，台积电、三星等领先企业已经实现了 7 纳米工艺量产，我国中芯国际也实现了 14 纳米工艺的量产，缩短了与世界领先的差距，其他中国企业也在积极赶超世界先进。以 5G、人工智能为代表的新一代信息技术大规模应用，催生出更多体系架构创新、应用产品创新和异构集成技术创新，集成电路研发、制造的格局也会发生变化，这为赶超者提供了机遇。

传统需求市场饱和萎缩，新兴需求市场正在孕育。随着个人电脑、平板电脑、4G 手机和通信系统等电子信息产品市场饱和，进入替代消费阶段，近年来出货量增长开始放缓甚至为负（见图 2）。例如 2018 年我国传统 PC 和手机出货量分别下滑 1.7% 和 15.3%。传统终端电子产品增长放缓也使对上游集成电路的需求减少，即便是云计算、数据中心、服务器等，也因为前期激增的投资需要一定时间的存量消化。总体上看，成熟下游市场对集成电路的增长驱动力减弱，但是，以5G、工业互联网、物联网、人工智能、无人驾驶等为代表的新一代电子信息技术进入产业化、商业化发展阶段，这将形成新的集成电路增长动力。例如，根据中国工信部的预测，单从基站建设看，中国5G网络投资约是4G的1.5倍，投资总额将达到1.2万亿元，且建设周期将长达8年，如果按照目前制定的5G商业应用时间表，对新的集成电路需求将在2020年开始释放，这对提振应用市场起到积极作用。

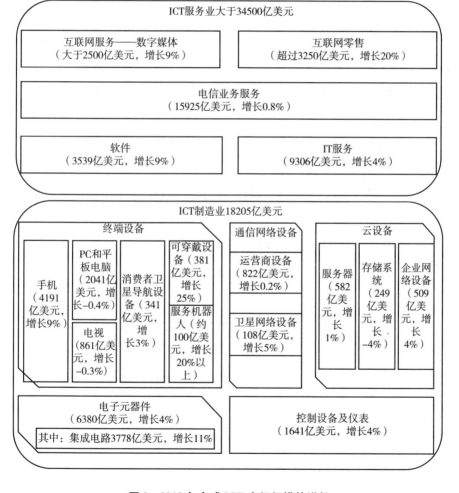

图2　2018年全球ICT市场规模的增长

资料来源：中国信息通信研究院。

二 集成电路产业重点国家和企业

集成电路产业具有链条长、复杂程度高等特点，在产业链不同环节产业组织结构和竞争情况也不相同。表1列举了集成电路产业链各个环节部分领军企业，可以反映全球集成电路产业链的竞争特征。第一，从全产业链看，美国无论是领军企业的数量还是领先水平均在全球领先，日本、韩国和中国台湾处于第二梯队且与美国的差距较大，欧洲在诸如生产设备等个别细分领域有垄断能力，中国发展较快已经成为全球集成电路产业分工重要参与者。第二，产业链的高端仍然被发达国家控制。例如电路设计自动化软件 EDA 被两家美国公司和一家德国公司垄断；半导体基础材料几乎被日本企业垄断。第三，虽然中国企业已经在个别领域进入高端环节，但客观上并不具备垄断力，一方面，仅仅依靠成本优势并不能获得真正的竞争力，近年来，我国集成电路制造工艺快速改进，但每一次技术和工艺突破之后，发达国家都会放松相应等级技术的产品出口和技术转让，使我国集成电路制造业始终徘徊于低价低利润状态；另一方面，关键材料和设备几乎完全依赖进口，例如荷兰阿斯麦是全球唯一高端光刻机供应商，其客户选择几乎决定了全球最高端芯片制造的产业布局，而直到 2018 年中国企业才获得第一台阿斯麦光刻机。除了阿斯麦，全球前十大集成电路设备制造商全部来自美国和日本，出于本国产业保护和发展的需要，这些设备供应商在出口中国高端装备时必定要附加更加苛刻的条件。

表1 集成电路产业链各环节部分领军企业

环节	重点企业	主要产品和市场地位	所属国家或地区
半导体材料	信越	高纯度单晶硅，电路板硅片	日本
	SUMCO	全球第二大硅晶供应商	日本
	环球晶	全球第三大晶圆材料供应商	中国台湾
	JSR	半导体材料和显示材料	日本

续表

环节	重点企业	主要产品和市场地位	所属国家或地区
后端材料	京瓷化学	点火圈、环氧灌封树脂、有机材料、绝缘清漆、塑封材料	日本
	住友电木	酚醛树脂	日本
	贺利氏	贵金属	德国
	日立化成	负极材料、研磨液	日本
	汉高电子	焊接材料、底部填充剂、电路板保护材料、热管理材料	中国
生产装备	应用材料	全球最大半导体设备供应商	美国
	阿斯麦	全球唯一高端光刻机供应商	荷兰
	泛林	封装设备	美国
检测设备	泰瑞达	全球最大自动检测设备供应商	美国
	科磊	工艺管控与良率管理	中国
	Xcerra	自动测试装备	美国
	东京电子	世界第三大 IC 和 PFD 设备制造商	日本
芯片设计	高通	全球技术最领先的芯片设计公司	美国
	博通	计算机网络设备、移动互联网设备芯片设计	美国
	英伟达	全球排名第一的 GPU 设计公司	美国
	华为海思	无线网络、固定网络、数字媒体、智能终端芯片设计	中国
EDA软件	新思科技	全球领先的集成电路设计自动化软件提供商	美国
	铿腾电子	全球最大电子设备技术和程序方案服务商	美国
	西门子明导	电子设计自动化	德国
制造	中芯国际	中国大陆规模最大集成电路晶圆代工企业	中国
	台积电	全球规模最大晶圆代工企业	中国台湾
	英特尔	全球最大计算机零件和 CPU 制造商	美国
	格芯	晶圆代工	美国
	联电	晶圆代工	中国台湾
	三星电子	存储器	韩国
	SK - 海力士	存储器	韩国
	美光	存储器	美国
	气派科技	封测	中国
	风华芯电	封测	中国
	通富微电	封测	中国
	长电科技	封测	中国
	矽品	封测	日本
	艾克半导体	测试	中国
	日月光	封装	中国台湾
工艺	英飞凌	半导体系统解决方案	德国
	意法半导体	多媒体一体化和电源解决方案	意大利、法国

资料来源：根据相关材料整理。

值得一提的是，在 AI 芯片企业的全球排名中，中国企业的数量和排名明显高于传统集成电路行业的世界排名。如表 2 所示，市场研究公司 Compass Intelligence 发布了 2018 年全球 AI 芯片前 24 名企业，中国华为（海思）公司名列第 12 位，在 24 强中中国有 6 家公司入围（包括 1 家中国台湾公司）。美国企业在 AI 芯片产业仍然具有绝对的优势，但中国顶尖 AI 芯片企业的竞争力已经与日本、欧洲企业差距明显缩小。

表 2　全球 AI 芯片企业排名

排名	公司名	指数	所在国家或地区
1	英伟达	85.3	美国
2	英特尔	82.4	美国
3	IBM	80.2	美国
4	谷歌	78.0	美国
5	苹果	75.3	美国
6	AMD	74.7	美国
7	ARM/软银	73.0	英国/日本
8	高通	73.0	美国
9	三星电子	72.1	韩国
10	恩智浦	70.3	荷兰
11	博通	68.2	美国
12	华为（海思）	64.5	中国
13	新思科技	61.0	美国
14	联发科技	59.5	中国台湾
15	想象力	59.0	英国
16	迈威科技	58.5	美国
17	赛灵思	58.0	美国
18	CEVA	54.0	美国
19	铿腾电子	51.5	美国
20	瑞芯微电子	48.0	中国
21	芯原微电子	47.0	日本
22	兆晶土	46.0	中国
23	寒武纪	44.5	中国
24	地平线机器人	38.5	中国

资料来源：Compass Intelligence, LLC。

三 中美集成电路产业比较

中美两国是全球重要的集成电路进出口国，近年来，集成电路产业国际贸易环境出现一些新的特征（见表3和图3）。首先，中美两国集成电路产品进出口呈下滑趋势。其中，中国从美国进口集成电路产品金额近年来有所下降，特别是2016年跌破100亿美元；中国向美国出口集成电路和微电子器件2013~2017年几乎减少了一半。其次，中国对美国有巨大逆差。在集成电路和微电子进出口上，中国的逆差较大，2013年接近122亿美元，受贸易总量影响逆差绝对值有所下降但2017年仍然有90亿美元的逆差。最后，中国集成电路和微电子器件出口额明显下降，进口总额保持稳定增长；美国进出口均保持较为稳定的增长。可以看出，从中国的角度看，集成电路和微电子出口在中美贸易摩擦之前就已经开始下降。

表3 中国和美国集成电路和微电子器件进出口情况

单位：亿美元

年份	中国从美国进口	中国出口美国	中国进口总额	中国出口总额	美国进口总额	美国出口总额
2013	142.03	20.12	2320.78	878.81	294.41	345.45
2014	111.14	24.65	2185.20	612.13	297.18	344.76
2015	113.70	20.75	2306.57	693.62	288.29	334.78
2016	86.96	12.51	2276.17	611.57	307.44	347.72
2017	102.12	11.86	2611.61	672.02	334.56	379.90

资料来源：UN comtrade。

从中美两国集成电路和微电子产品贸易占本国与全球贸易比重可以发现（见图4和图5）：无论是中国从美国进口占总全球进口，还是中国向美国出口占向全球出口的比重都较低，进口比重略高于出口比重。从总量上看，中国对美国企业和市场的依赖性并不强，但中国从美国进口集成电路产品以关键核心芯片为主，虽然金额比重不大，但进口如果受阻对中国集成电路乃至

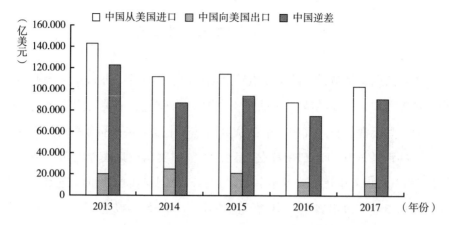

图3 中国对美国集成电路和微电子器件进出口及逆差情况

资料来源：UN comtrade。

整个电子信息产业的影响是深远的。美国集成电路和微电子器件进口总额中，从中国进口的比重并不高，对中国企业的依赖性也不高，但美国出口集成电路和微电子产品中，向中国出口的比重较高，2013年下降明显，2017年仍超过四分之一。

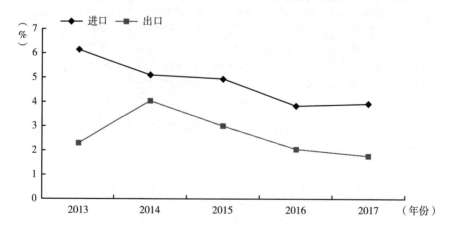

图4 中国对美国集成电路和微电子器件进出口占总额比重

资料来源：UN comtrade。

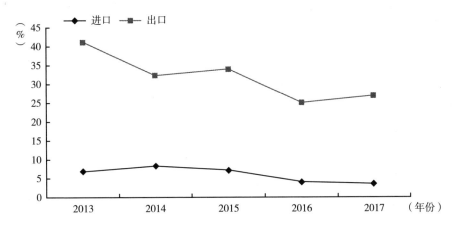

图 5　美国对中国集成电路和微电子器件进出口占总额比重

资料来源：UN comtrade。

中美两国在全球集成电路产业分工中基础和地位不同，作为全球最大制造国和产业体系最完善的国家，中国技术水平的提升有助于全球集成电路产业的加速发展，美国难以保持在已有产品上的技术领先是客观规律，应当通过加强技术研发不断获得新的竞争优势。中国政府坚持开放发展的原则，欢迎各国集成电路企业来中国投资，也支持中国集成电路企业开展国际产能合作，在联合国和世界贸易组织框架下，并不限制集成电路产品的进出口。相比较，美国近年来在国际贸易、产业转移和技术转让中不断采取单边主义，对集成电路产品出口、国际技术转让限制不断增强，这不利于全球集成电路和电子信息产业的发展，也对自身产业发展和主要出口企业产生不利影响。

四　产业面临的主要问题及中美贸易摩擦影响

我国集成电路自给率较低，高端集成电路产品进口依赖性较高，国内企业全球市场占有率低。虽然我国是全球电子信息制造大国，且在某些领域已经表现出强国的特征，但就集成电路而言，不仅离强国还有很大的差距，甚至还谈不上大国。如表 4 所示，在国内集成电路产业规模不断扩大的情况

下，仍不能满足高速增长的国内需求，虽然从自给率看有所提高，但绝对缺口不断扩大，集成电路净进口从 2007 年的 1048 亿美元飙升至 2018 年的 2274 亿美元，进口总额高达 3121 亿美元，是我国进口金额最高的工业产品之一（相比较，原油进口总额为 2403 亿美元，铁矿石及精矿进口额为 756 亿美元）。同时，从全球市场看，即便是在中低端环节，我国集成电路产业的国际市场占有率也不是很高。如表 4 所示，封装测试是我国最具竞争力的集成电路产业环节，但其全球市场占有率也只有 25%，控制全球市场的能力并不强。产业链的其他环节，中国大陆企业的全球市场占有率普遍低于 10%，高端环节多为 1% 左右。

表4 集成电路部分产业链环节中国（大陆）企业市场占有率

单位：%

产业环节	细分方向	全球市场占有率	国内重点企业
设计和IDM	存储芯片	1	长江存储、合肥长鑫、福建晋华
	CPU/MPU	1	龙芯、兆芯、飞腾、申威等
	AP/BP	12	华为海思、紫光展讯
	传感器执行器	1	士兰微
	逻辑芯片	6	兆易创新、中颖电子、炬力、华润微电子、华大半导体等
	模拟芯片	1	圣邦股份、韦尔股份
	FPGA/CPLD	1	京微雅格、高云FPGA、同方国芯、上海安路、西安智多晶等
	分立器件	17	杨杰科技、捷捷微电
制造	28nm 及以下先进工艺	1	中芯国际
	28nm 以上成熟工艺	16	中芯国际、华力微
	8 寸硅基工艺	11	华虹半导体
	化合物半导体	1	三安光电
	特殊模拟工艺	1	
封装测试		25	长电科技等
设备	前端高端设备	0	
	前端成熟设备	2	中微半导体、北方华创、上海微电子
	后端设备	4	长川科技
制造材料		1	江丰电子、上海新阳
设计核心 IP		1	
EDA		1	

资料来源：芯谋研究 IC Wise, 2018。

贸易摩擦和技术封锁对全球集成电路产业分工产生冲击。金融危机之后，全球贸易保护主义抬头，发达国家在刺激本国实体经济发展的同时，采取更加保守的贸易和技术政策，对全球集成电路产业分工格局产生影响。2018年，美国特朗普政府掀起中美贸易摩擦，进一步恶化全球贸易环境，并对全球集成电路分工格局和我国集成电路产业发展产生诸多负面影响。中美集成电路产业差距大，中国集成电路产业乃至整个电子信息产业的发展对美国的技术授权和高端产品出口依赖较大，这使我国集成电路和电子信息产业发展存在巨大风险。首先，我国在集成电路产业链所有环节均不具有不可替代或难以替代的竞争优势，产业链集中于中低端，面临巨大现实竞争压力的同时还存在诸多潜在进入者，因此在与美国的贸易磋商中难以形成有效的谈判筹码。其次，在集成电路中低端环节，美国一方面通过贸易保护政策限制中国制造的进口，另一方面在其他发展中国家扶持相关产业的发展，进一步加剧国际市场竞争压力，这使本来就利润极低的中国集成电路低端产业经营举步维艰。再次，利用专利、标准，以及其他非正常手段对中国企业的自主技术研发、全球要素布局和全球市场开拓不断造成阻挠，严重影响我国集成电路追赶步伐。例如，从2019年开始，在美国影响下，多个国家和国际组织通过各种手段打压我国华为等企业，严重阻挠我国企业的发展壮大。最后，通过限制技术转让和核心零部件、高端装备的出口，使我国集成电路徘徊于产业链的低端，与美国保持代际差距，严重影响我国集成电路产业的转型升级。例如，美国在2018年上半年先后对中兴等44家中国电子信息企业实施了出口管制，随后又将华为列入管制名单，虽然经过努力大多数管制并未真正实施或不断延期，但美国仍然不断制定和完善本国技术政策，包括人工智能、微处理器、机器人、量子计算等在内的多项前沿技术被限制出口，这对于正处于赶超阶段的我国集成电路产业造成巨大压力。

五　做强中国集成电路产业的对策建议

坚持对技术研发的高投入，重点突破短板核心技术，缓解产业发展的

"卡脖子"。政府科研资金要有的放矢，集中投入基础研发、原创研发和前沿研发项目。激活企业研发活力，鼓励集成电路产业链不同环节企业间的合作研发，弥补技术短板，提升集成电路全产业链竞争力。提高技术研发的开放程度，积极开展国际合作研发项目。

加强与下游应用市场对接，巩固我国集成电路优势环节。发挥我国人口规模优势、制造业规模优势，激活集成电路下游应用市场的国内需求。以人工智能、5G、无人驾驶等新一代信息技术的产业化、商业化为依托，推动应用场景创新，带动上游集成电路的技术研发、工艺改进，使我国在国际集成电路产业链分工中占有重要一环。

培育发展集成电路分销和供应链管理产业。自主创新是根本，只有真正掌握核心关键技术才能获得绝对的话语权，但对分销网络的控制也具有必要性。第一，技术赶超虽是基本，但研发特别是基础研发投资大，周期长，风险高，在长期才能见效。相比之下，控制集成电路分销有立竿见影的效果，这在当前要解决现实问题有重要意义。第二，即便实现技术赶超，也不可能在所有环节所有领域掌握自主，再考虑成本的问题，掌握分销是必要的。

B.5
中美大数据产业竞争力比较

王　磊*

摘　要:　大数据是 21 世纪的"钻石矿",中美两国政府高度重视大数据产业发展,都制定了国家大数据发展战略政策体系,为两国大数据产业发展创造良好的政策条件,使两国大数据产业发生深刻变化,使两国成为全球大数据产业发展的引领者。当前美国仍是全球大数据产业的领导者,但中国正处于加紧赶超的状态,在大数据产业发展的部分领域开始具有一定的比较优势。比较中美大数据产业发展政策体系,可以看到我国在政府数据开放、企业主体地位以及部门战略协同方面仍存在改进空间,应借鉴经验,多措并举,不断提升我国大数据产业竞争优势。

关键词:　大数据　竞争力　产业政策

数据资源是取之不尽、用之不竭的资源,已成为数字经济时代关键的生产要素。以数据创新为驱动的新一代信息通信技术,正深刻改变着全球经济形态、社会治理方式以及人民生活方式。自 2009 年大数据这一概念被正式提出以来,中美两国政府均深刻认识到大数据对于促进经济社会发展、增强国家综合实力的基础性、战略性作用,纷纷出台了国家大数据发展战略,以支持大数据产业发展,大数据也成为新时期中美两国数字经济发展的关键领

---

* 王磊,经济学博士,中国宏观经济研究院副研究员,主要研究方向为产业经济、数字经济。

域。鉴于当前中美两国经济和科技大环境的不确定性不断增加，中美两国在大数据等科技产业领域竞争博弈将有可能增加。

本报告聚焦中美大数据产业发展，通过对中美两国大数据产业发展的基础条件和相关政策进行比较分析，识别我国大数据产业发展的短板和瓶颈，以促进我国大数据产业进一步抢占全球产业竞争制高点。

美国仍是全球大数据产业发展领导者，中国正在赶超。伴随中美两国在大数据产业发展方面进行一系列战略部署，两国大数据产业正在发生深刻变化。中国大数据产业及数字经济处于蓬勃发展阶段，在大数据技术研发及应用服务等方面取得显著成效。美国则凭借其强大的大数据基础技术研发创新能力和全球市场上数据资源的获取和利用能力，在大数据领域拥有较强的优势。相比之下，美国在全球大数据行业处于领导者地位，中国正在加速赶超美国，在大数据发展的基础条件及服务应用等方面，甚至超过美国。

一 我国大数据产业实力迅速提升

万物智联时代，我国庞大的人口规模和迅速提升的互联网渗透率，加上云计算、工业互联网、物联网、人工智能等新一代信息通信技术快速推广应用，娱乐平台、智能终端、可穿戴设备、视频监控录像、联网设备等智能产品加速普及，使其数据资源的生成速度处于较高水平，驱动我国数据资源总量和流量均快速膨胀。从互联网渗透率看，2018 年，中国互联网网民规模达到 8.29 亿人，互联网普及率达到 59.6%，全年新增网民 5653 万人，增量规模为全球第一，人均每天上网 5 小时 52 分钟；同时，手机网民规模达 8.17 亿人，网民中使用手机上网的比例为 98.6%①。从数据资源总量增长看，在这种大国网民规模优势驱动下，中国数据资源总量增长最为迅速，年均增速比全球快 3 个百分点，2018 年数据资源总量达到 7.6ZB，占全球数据

---

① 中国互联网络信息中心：第 43 次《中国互联网络发展状况统计报告》，2019 年 2 月。

资源总量的 23%，跃居世界第一位①。

从数据资源流量增长看，我国移动互联网的快速发展也使数据资源流量迅猛增长。2018 年，接入流量消费达 711 亿 GB，比上年增长 189.1%，增速较上年提高 26.9 个百分点。全年移动互联网接入月户均流量达 4.42GB，是上年的 2.6 倍。其中，手机上网流量达到 702 亿 GB，比上年增长 198.7%，在总流量中占 98.7%②。

作为大数据产业发展的重要基础设施，数据中心是数据产生、传输和存储的中心，近年来，我国数据中心增长迅速。截至 2017 年底，我国在用数据中心的机架总规模达到 166 万架，同比增长 33.4%。超大型数据中心共计 36 个，机架规模达到 28.3 万架；大型数据中心共计 166 个，机架规模达到 54.5 万架，大型、超大型数据中心的规模增速达到 68%。市场研究机构 Synergy Research 数据显示，2018 年，中国超大型数据中心数量继续保持稳定，在全球占比为 8%，处于世界第二位。

伴随我国国家大数据战略深入实施、大数据基础设施不断完善、数据技术快速发展，大数据与人工智能、云计算等新一代信息技术深度融合演进，我国大数据产业规模增长势头比较迅猛，产值规模不断膨胀，成为数字经济发展的重要组成部分。根据我国相关部门测算，2018 年，我国数字经济规模达到 4.7 万亿美元，仅次于美国，居世界第二位③。

二 美国大数据产业发展实力雄厚

作为全球头号信息科技强国，美国是全球最早提出"大数据"概念并制定国家大数据发展战略的国家之一。美国庞大的国内市场需求、全球领先的信息科技创新能力、良性竞争的数字产业生态、规模领先的大数据基础设

---

① IDC、Seagate，Data Age 2025，2018 年 12 月。
② 工信部：《2018 年通信业统计公报》，2019 年 1 月。
③ 国家互联网信息办公室：《2018 年我国数字经济规模达 31 万亿元》，http://it.gmw.cn/2019-04/03/content_32711799.htm。根据 2018 年美元兑人民币平均汇率折算。

施以及众多全球化运营的互联网科技巨头，使美国成为全球大数据产业发展的引领者。从互联网普及率看，2018 年，美国互联普及率达到 76.8%，网民规模为 2.52 亿人，人均每天上网 6 小时 31 分钟。从数据资源总量看，2018 年，美国发达的互联网市场与较高的互联网普及率使美国数据资源总量达到 6.9ZB，位居全球第二。从数据资源流量看，2017 年底，美国的移动通信流量为每月 1.2EB，占全部总流量的 22%[①]。从超大规模数据中心看，2018 年，美国占全球超大型数据中心的比重为 40%，连续三年保持全球第一的位置，是第二名中国数量的 5 倍。从大数据产业规模看，2017 年，美国大数据产业规模继续增长，以大数据为重要组成部分的数字经济规模达到 11.5 万亿美元，位居世界第一[②]。

三　中美大数据产业比较

从中美两国比较来看，我国在互联网普及率、超大型数据中心数量以及产业规模方面仍落后于美国，但在网民规模、数据资源总量、流量规模及增速方面均高于美国，整个大数据产业赶超美国的势头比较迅猛。然而，值得注意的是，全球大数据产业发展的底层技术架构，如 Hadoop、TensorFlow 与 Spark 等，主要由美国科技巨头开发，并且这些科技巨头仍在继续引领全球大数据底层技术研发，并在此基础上，形成了比较完整的大数据产业生态体系，在全球市场上运作，利用全球数据资源，继续引领全球大数据产业发展方向。相比之下，我国的大数据企业普遍都在基于 TensorFlow 与 Spark 开发，侧重于大数据应用和服务，对底层技术的开发能力稍显不足，并且全球化运营水平不够，主要依托国内市场，这在一定程度上制约了我国大数据产业竞争力的提升，在关键技术领域和重要环节仍可能受制于人。

---

① Cicso，VNI 指数报告，2019 年。
② 中国信息通信研究院：《G20 数字经济发展报告》，2018 年 12 月。

图1　2010～2018年中美互联网网民规模及普及率

四　中美促进大数据产业发展政策侧重点存在显著差异

整体来看，中美两国对大数据产业的战略重要性认识以及发展前景判断基本一致，为争取大数据产业全球竞争制高点，均在国家战略规划、行动计划、技术研发的投入支持、产业高端人才培养以及组织领导等方面进行了系统周密的部署，两国在某些政策工具的应用上具有相似性。然而，中美两国在大数据产业发展战略实施上仍存在明显差异，两国在政策作用的重要领域、实施路径以及政策工具使用等方面有所不同。具体体现在以下方面。

1. 美国更重视政府数据开放的战略牵引作用

政府收集了大量有价值的数据资源，这些数据信息资源具有公共资源属性，通过加强政府数据开放和流通共享，可以促进沉淀的政府数据资源实现更高效配置，不断提升政府公共服务和治理能力，创造更多的商业收益。据麦肯锡公司于2013年10月发布的《开放数据：释放流动信息的创新能力》（*Open Data：Unlocking Innovation and Performance with Liquid Information*）报告，开放数据可在教育、交通等7个方面每年创造3万亿～5万亿美元的经济价值，减排二氧化碳30万吨/年。美国联邦政府高度重视政府数据资源开

放，试图通过数据的主动开放与免费使用降低用户对政府数据的使用门槛，最大限度地释放数据创新力。2009 年，美国奥巴马政府正式发布《开放透明政府备忘录》和《开放政府令》，并上线数据门户网站 data. gov，美国在全球率先发起政府开放数据运动，成为全球政府开放数据运动领导者之一。2014 年 5 月 9 日，美国联邦政府发布了《美国数据开放行动计划》，旨在进一步改进完善政府数据开放，主要举措包括：以可发现、可机读、有利用价值的方式公开政府数据；与公众和民间组织合作，优化发布政府数据；支持创新，并根据反馈意见改善数据开放；继续发布和加强与气候变化、健康、能源、教育、经济和公共安全相关的高优先级别的数据。2016 年 5 月，美国参议院和众议院分别通过了《开放政府数据法案》(*Open Government Data Act*)，旨在进一步扩大政府对数据的使用和管理，以便增强信息透明度并提高政府管理的有效性。初步统计，近十年来，美国联邦政府已经发布了 10 多项政策、行动计划、执行命令来保障政府数据开放。

相比之下，我国对政府数据开放重视程度仍不够。我国政府部门掌握着全社会 80% 的数据信息资源，尽管 2015 年国务院发布的《关于促进大数据发展行动纲要》要求在未来 5 ~ 10 年大步推动政府数据开放共享，但仍没有法律法规明确要求政府数据强制开放，也没有统一的平台发布数据，各部门仅在网站上公布部分数据，数据少，标准化水平低，可利用率水平低，"数据孤岛""信息烟囱"现象突出，不仅不利于政府职能转变，也不利于数据公开以创造更大的价值，在很大程度上制约了大数据产业发展。

2. 美国更重视企业在大数据产业发展中的主体作用

支撑美国大数据产业发展的关键就是美国形成了以企业为创新主体的国家创新体系。在该体系下，企业始终是大数据创新和产业发展主体，主导着大数据科技创新到商业创新和产业化应用的全过程，政府主要在需求、供给、法律制度、税收激励、市场环境塑造方面为企业进行大数据创新创业和产业发展创造良好的环境。新一轮科技革命和产业变革孕育兴起以来，作为大数据产业创新决策、创新投入及产业发展的关键主体，在政府制定大数据发展战略以后，美国企业纷纷投入巨资开展大数据基础技术研发，并且通过大规模并购，着力构建从大数据开源生态和底层技术到大数据服务和应用完整生态，进一步巩固自身在大数据产业的创新引领力，孕育了谷歌、亚马逊、IBM、Salesforce 等一批大数据科技巨头。例如，在研发投资方面，仅 2012 年，美国 EMC、IBM、微软、Oracle、SAP 等传统 IT 巨头对大数据的投资就达到 4 万亿美元；2013 年 4 月 10 日，英特尔正式发布了其专为大数据存储、管理、处理和查询等应用而开发和优化的 Apache Hadoop 发行版软件的最新版本，推动大数据应用落地。在企业并购重组方面，2019 年，谷歌斥资 26 亿美元收购大数据分析公司 Looker，进一步完善大数据布局；Salesforce.com 则在 2018 年和 2019 年分别斥资 59 亿美元和 157 亿美元收购全球领先的大数据公司 MuleSoft 和 Tableau。

相比之下，我国大数据企业创新主体的地位还有待加强，更多依靠政府优惠政策支持，并且，更多基于美国大数据企业开发的开源技术，在此基础上进行大数据产品和服务研发，对基础技术研发投入不足，深层高端研发能力不强，在构建大数据产业发展生态方面能力比较弱，较少运用并购手段强化自身对大数据产业生态的控制，使我国整个大数据产业链存在较大的风险隐患。2019 年以来，美国将华为列为实体清单，谷歌等开源技术巨头对华为"断供"，就暴露了过度依赖开源技术面临的较大风险。

美国更强调政府部门协同推进大数据战略实施，将大数据作为美国国家发展战略、国家安全战略、国家数字经济发展战略的交汇点，美国政府寄希望通过国家大数据战略，突破大数据前沿核心技术，通过在军事、科研等领域的实际应用，推动大数据产业快速成长，形成数据驱动型经济体系和国家安全体系，并获得军事能力、市场优势等多重优势，巩固并强化美国在大数据时代的全面战略优势。为此，美国政府高度强调国家大数据战略协同推进，注重部门间统筹协调，提高各级政府服务大数据产业的行政管理效率和公共服务水平。早在 2012 年美国政府制定《大数据研究和发展计划》时，就成立了"大数据高级指导小组"，包括了国家科学基金会、国家卫生院、能源部、国防部等多个联邦政府部门，此后，该协调机构持续扩充，将众多联邦政府部门纳入进来，并明确了

每年的战略重点以及各部门的行动任务，形成了国家层面上众多政府部门协同推进大数据战略的格局。在大数据跨部门工作组的统筹协调下，在国家层面上，美国政府统筹了对大数据研发的资金资源支持，加强了教育和人才培训开发、核心技术研发、基础设施建设、数据标准化、应用推广等方面的战略协同，并且，还对国家大数据战略的重点和行动计划进行动态更新，确保战略与时俱进。

表1　大数据高级指导小组/大数据跨部门工作组构成情况

年份	2012	2013	2014	2015	2016
参与部门	国防高级研究计划局、国防部服务研究机构、能源部/科学办公室、国家航空航天局、国家卫生院、国家标准与技术研究院、国家海洋和大气管理局、国家安全局、国家科学基金会	国防高级研究计划局、国防部服务研究机构、能源部/国家核安全局、能源部/科学办公室、环境署、国家航空航天局、国家卫生院、国家标准与技术研究院、国家海洋和大气管理局、国家侦察局、国家安全局、国家科学基金会、国防部秘书办公室、财政部金融研究办公室、美国国际开发署、美国地质勘探局	国防高级研究计划局、国防部服务研究机构、能源部/国家核安全局、能源部/科学办公室、环境署、国家航空航天局、国家卫生院、国家标准与技术研究院、国家海洋和大气管理局、国家侦察局、国家安全局、国家科学基金会、国防部秘书办公室、财政部金融研究办公室、美国国际开发署、美国地质勘探局	国防高级研究计划局、国防部服务研究机构、能源部/国家核安全局、能源部/科学办公室、国家档案与文件署、国家航空航天局、国家卫生院、国家标准与技术研究院、国家侦察局、国家安全局、国家科学基金会、国防部秘书办公室、财政部金融研究办公室、美国国际开发署、美国地质勘探局	大数据高级指导小组调整为大数据跨部门工作组。国家科学和技术理事会（NSTC）、科学和技术企业委员会（CSTE）、网络和信息技术研究与发展小组委员会（NITRD）等成员均参加大数据跨部门工作组
主要职责	研究和开发，以改进对大规模数据的管理和分析，其目的是发展从大型、多样化和不同来源的数据中提取知识和洞察力的能力，包括数据获取、管理和访问的机制				

资料来源：根据网络和信息技术研究与发展小组委员会（NITRD）网站资料整理。

2015年我国正式实施国家大数据战略以来，中央和地方政府出台数量众多的大数据产业发展规划，政府各部门都相继推出了促进大数据产业发展的指导意见或实施意见，推进国家大数据综合实验区建设，形成了比较完备的大数据产业发展政策体系。然而，在政策制定和实施过程中，各部门更多地从本部门管理的业务范围出发，制定大数据发展支持政策，部分政策缺乏统筹协调，造成支持大数据产业发展的资金和要素资源配置上无法形成合力，难以最大限度地发挥作用。

表2 2015年以来国家制定的支持大数据发展代表性政策文件

颁布时间	发布者	政策文件	支持对象
2015年7月	国务院	《关于积极推进"互联网＋"行动的指导意见》	大数据
2015年7月	国办	《关于运用大数据加强对市场主体服务和监管的若干意见》	市场监管
2015年9月	国务院	《促进大数据发展行动纲要》	大数据产业生态
2016年3月	国务院	《国家十三五规划纲要》	大数据产业
2016年3月	环保部办公厅	《生态环境大数据建设总体方案》	生态环境大数据
2016年6月	国办	《关于促进和规范健康医疗大数据应用发展的指导意见》	健康医疗大数据
2016年7月	国土资源部	《促进国土资源大数据应用发展实施意见》	国土资源大数据
2016年8月	国务院	《"十三五"国家科技创新规划》	大数据科技研发与应用
2016年9月	交通运输部办公厅	《关于推进交通运输行业数据资源开放共享的实施意见》	交通大数据
2017年5月	水利部	《关于推进水利大数据发展的指导意见》	水利大数据
2017年9月	公安部	《关于深入开展"大数据＋网上督察"工作的意见》	安防大数据
2017年9月	国家测绘地理信息局办公室	《智慧城市时空大数据与云平台建设技术大纲》	空间地理大数据
2017年12月	中国气象局等部委	《气象大数据行动计划（2017～2020年）》	气象大数据
2018年1月	中央网信办、国家发改委、工信部	《公共信息资源开放试点工作方案》	政务大数据
2018年5月	银保监会	《银行业金融机构数据治理指引》	金融大数据

资料来源：根据国务院及各部门官网信息整理。

五 借鉴经验，促进我国大数据产业竞争优势提升

大数据是信息化发展的新阶段，对经济发展、社会治理、国家管理、人民生活都产生了重大影响。应在借鉴国际经验基础上，适时总结评估我国大数据发展战略，发挥制度优势，更好发挥市场决定与政府有为作用，多措并举进一步完善大数据发展政策体系，不断提升大数据产业核心竞争优势。

（一）强化政府数据开放，提高数据开放的战略优先性

要按照网络强国、数字中国建设要求，强化政府推进开放政府数据战略的主导地位，建立推进开放政府数据战略的领导、组织、决策、协调和推进机制，提高政府数据开放的战略优先性，以推行电子政务、建设智慧城市等为抓手，以数据集中和共享为途径，推动技术融合、业务融合、数据融合，打通信息壁垒，打造覆盖全国、统筹利用、统一接入的数据共享大平台，完善全国信息资源共享体系，实现跨层级、跨地域、跨系统、跨部门、跨业务的协同管理和服务，为激发企业、社会和个人开发利用政府开放数据进行创新活力、营造良好的数据开放生态体系奠定坚实基础。

（二）强化企业主体地位，加快打造大数据创新生态体系

要以数据为纽带促进产学研深度融合，强化企业大数据创新与产业发展主体地位，坚持基础技术研发与商业应用服务并重，加强资金和资源统筹协调，集中优势资源，聚力支持企业瞄准世界大数据前沿科学技术，突破大数据核心技术，加快构建自主可控的大数据产业链、价值链和生态系统，促进我国企业转型升级，形成数据驱动型企业成长模式，提升数据支撑型战略决策能力，不断创新商业模式、组织架构、生产工艺，重构企业核心竞争优势。

（三）强化部门战略协同，形成大数据产业发展强大合力

应进一步完善政府部门及央地大数据产业发展战略协同推进机制。在国家层面，健全大数据发展部际协调机制，加强对国家大数据发展的资源、政策的统筹协调，提高资源和政策效力。同时，要加强央地战略协同，支持部委与地方建立沟通机制，加强政策对接，实现资金支持、人力资源开发、核心技术研发、基础设施建设、数据标准化、生态体系打造、应用服务推广等方面高度协同，合力推动大数据产业高质量发展。

B.6
中美云计算产业竞争力比较

胡雨朦*

摘　要： 本文从全球及中国云计算产业链及市场格局着手，先后阐述全球云计算产业生态及中国云计算产业生态两大方面内容，在对国内外重点云计算企业发展现状分析基础上，剖析中国云计算产业的竞争优劣势，包括云计算产业的规模水平、技术水平等两大方面。之后，本文聚焦中美两国在全球云计算产业链中的关系，从企业竞争与合作、贸易摩擦对云计算产业链的影响两大方面进行了探讨。最后，本文提出我国云计算产业的未来展望与挑战：一是云计算受贸易摩擦的负面影响较小，长期看利大于弊；二是5G革命对云计算提出了更高的要求，云计算将迎来下一个"风口"；三是"行业云"环境安全亟须优化。

关键词： 云计算　产业生态　产业链　竞争力　贸易摩擦

云计算是顺应时代的产物，近年来全球云计算产业蓬勃发展，无论国外巨头亚马逊、微软、谷歌，还是国内BAT，都纷纷踏入云计算的"战场"，一时"硝烟四起"，我国云计算产业面临着前所未有的机遇和挑战。

---

* 胡雨朦，中国社会科学院工业经济研究所研究生。

一 云计算产业链与市场格局

（一）云计算产业链

根据美国国家标准与技术研究院（NIST）给出的定义，云计算是一种IT 资源交付和使用模式，这种模式提供可用的、便捷的、按需的网络访问，进入可配置的计算资源共享池（资源包括网络、服务器、存储、应用软件、服务），这些资源只需投入很少的管理工作就能够被快速提供。云计算的出现为传统 IT 产业链带来了新的变化。最突出的特点之一是，传统 IT 产业链中企业客户的议价权普遍是丧失的，而云计算产业链能够降低客户成本、产业链中下游的议价能力。

云计算产业链上游主要是云计算基础设施提供商，按细分类型，可分为软件基础设施提供商（OS、数据库、虚拟化、信息安全）、硬件基础设施提供商（芯片、服务器、储存）以及网络基础设施提供商（网络设备和电信运营）三类。

中游由参与者众多的云供应商构成。云供应商，顾名思义，是指能够为客户提供云服务的供应商，多以实力雄厚的大企业或者集团为主。按照提供的服务差异可分为基础设施即服务（IaaS，Infrastructure-as-a-Service）、平台即服务（PaaS，Platform-as-a-Service）、软件即服务（SaaS，Software-as-a-Service）三层次，其中靠近产业链上游的 IaaS 市场标准化程度高，一旦规模较大、技术水平较完备的企业主动挑起价格战，很容易将其他企业挤出，行业的马太效应较强；而产业链下游的 SaaS 市场则由于更接近用户而表现出定制化特征，标准化程度较低，无法简单地进行横向比较，爆发价格战的可能性相对低，例如，服务就包括性能稳定性、功能性、交互体验等多种评价体系。

下游则为云计算延伸产业及增值服务，处于云计算产业链下游的延伸产业及增值服务商主要包括云规划咨询服务商、云计算实施/交付/外包服务商、云计算系统集成服务商、云计算运维服务商、行业解决方案提供商等。

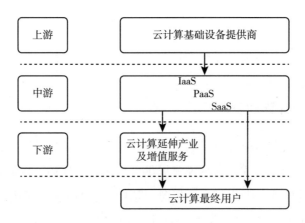

图1 云计算产业链示意

（二）全球云计算市场

近年来，全球云计算市场持续发展，增长速度逐渐趋于稳定。2019年预计全球公有云市场规模达到1710亿美元，增长22.84%，其中IaaS市场规模为567亿美元，PaaS市场规模为198亿美元，SaaS市场规模为945亿美元，占到总规模的一半以上。Gartner预计2021年全球云计算市场规模将达到2461亿美元，年均复合增长率约13%。

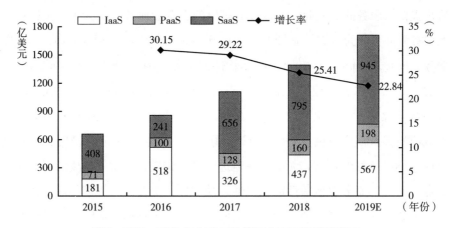

图2 2015～2019年全球云计算细分市场规模及增速

资料来源：Gartner。

从三大服务模式来看，IaaS市场增长够快，2018年全球IaaS市场规模达到437亿美元，2019年预计将达567亿美元，增速为30%，且根据趋势判断，未来一段时间内IaaS市场都将处于快速增长阶段。其中，计算类服务拥有92%的市场份额，在IaaS市场占据绝对优势，且预计该市场份额未来几年将持续扩大。PaaS市场稳定增长，2018年全球PaaS市场规模达160亿美元，增长率为28%，2019年预计规模为198亿美元，未来几年增速都可保持在20%以上。

与IaaS、PaaS市场增长态势不同，SaaS市场增长呈现放缓迹象。2018年全球SaaS市场规模为795亿美元，增速为21%，预计2019年该规模增长至945亿美元，增速将降低至19%。其中，CRM、ERP、办公套件仍作为主要的服务类型。内容服务、商务智能应用、项目组合管理等服务虽然规模较小但是增速很快。

（三）中国云计算市场

1. 中国公有云市场

中国云计算市场正处于高速发展中。2017年我国云计算整体市场规模达691.6亿元，增速为34.32%。其中，公有云市场规模达到264.8亿元，同比增长55.7%，预计未来几年仍将保持快速增长态势，到2021年市场规模将突破900亿元。当前，我国云计算市场整体规模较小，与全球市场的差距为3~5年。

从三大服务模式看，国内IaaS市场处于高速增长阶段，特别是2016年增长率高达108%，2017年虽下降至70%，但比率仍然可观，以阿里云、腾讯云为代表的云服务厂商不断拓展海外市场，并开始与亚马逊（AWS）、微软（Azure）等国际巨头展开正面竞争。2016年以来，中国已经成为全球仅次于美国的第二大公有云IaaS市场，2018年中国IaaS市场同比增长86.1%，增速远高于全球增速。相比2014年，2018年中国公有云IaaS市场对全球的贡献份额已翻倍，达到46.5亿美元。

相较而言，2017年，国内SaaS市场规模为104.5亿元，增速为39.1%，与国外相比差距仍然比较明显，国内SaaS服务成熟度不高，缺乏领军企业，市场规模偏小，但许多传统企业积极进行 SaaS 转型进展，数据上看 A 股上市公司 SaaS 云收入一直保持高速增长；而 PaaS 市场正处于成长过程中，体量很不可观，2017 年市场规模仅 11.6 亿元，同比增长 52.6%。

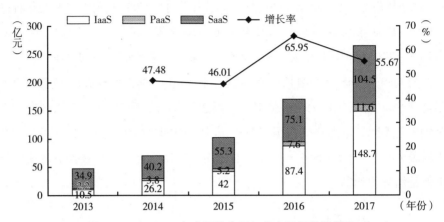

图3　2013～2017 年中国公有云细分市场规模及增速

资料来源：中国信通院。

2. 中国私有云市场

预计中国私有云市场 2019 年规模将达 642.1 亿元，同比增长 22.4%。从软硬件市场来看，硬件仍占据私有云市场的主要份额，占比超过 70%。

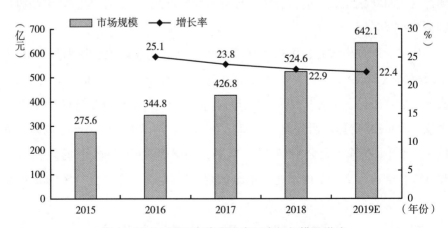

图4　2015～2019 年中国私有云市场规模及增速

资料来源：中国信通院。

二 全球云计算产业生态

（一）全球云计算产业生态特征

1. 云产业链中上游寡头格局已现

目前全球云计算市场特别是在 IaaS 层面的寡头市场格局已经形成，实际上无论是国内还是国外，云计算巨头们都凭借资本、技术及客户壁垒占据绝对优势。根据 Canalys 数据报告，2018 年，AWS、微软 Azure、谷歌云、阿里云、IBM 云等五家云计算服务商所占的市场份额共计 64.8%。但是，其他厂商仍拥有超过 35% 的市场份额，说明市场格局并未完全确定，外加在全球 IT 基础设施加速向云转型的大趋势下，排名前十的云计算服务提供商依然会有较大的市场机会，不过从其他厂商份额的变化趋势来看，机会窗口期正在缩小。

此外，从资本运作角度来看，2018 年，云计算领域出现了诸多规模巨大的并购交易，交易分布在云解决方案、云安全、AI 芯片、开源和开发生态等不同领域，进一步加强了行业的集中度，未来预计这类资本收购活动还将频频出现。

表 1　2018 年云计算领域重大并购交易事件

时间	收购方	被收购方	被收购方简介	收购金额
1 月	SAP	CallidusCloud	SaaS 解决方案提供商	24 亿美元
3 月	Salesforce	Mulesoft	云计算的企业集成服务公司	65 亿美元
4 月	阿里巴巴	中天微	中国大陆唯一大规模量产的自主嵌入式 CPU IP 核公司	不明
6 月	微软	GitHub	全球最大的代码托管平台	75 亿美元
8 月	思科	Duo Security	多云安全公司	23 亿美元
9 月	Adobe	Marketo	云计算营销自动化公司	47 亿美元
10 月	IBM	Redhat	开源软件巨头	340 亿美元
11 月	SAP	Qualtrics	云调查和研究 SaaS 公司	80 亿美元

2. 细分领域相互融合，向系统供应商跨越

在 IaaS、PaaS 和 SaaS 三大细分领域中，PaaS 起步最晚，但近年来 PaaS 领域的发展势头最为强劲，而 IaaS 层向 PaaS 层延伸提供差异化服务也将是大势所趋。Gartner 报告指出，到 2020 年，只有提供 IaaS、PaaS 和 SaaS 整体解决方案的厂商才能占据云市场的领导地位。

3. "云边协同" "云端 AI" 抢占先机

"云边协同"。随着边缘计算不断发展和云计算已成为全球确定性趋势，边缘计算的引入对云计算形成有效补充，云边协同逐渐发挥作用。云边协同聚焦现阶段边缘计算应用场景中的短板，应用需求包括游戏、工业互联网、能源、无人驾驶、家庭信息化等生活中必不可少的经典场景。

"云端 AI"。AI 作为提升数据处理效率的有力武器，需要寻找适合自己的落脚点，而云计算是数据处理的天然土壤，其大规模并行和分布式计算能力可以帮助降低 AI 的计算成本。据权威机构预测，到 2020 年云端 AI 芯片的市场规模将突破百亿美元，AI 芯片在云端会成为云计算的重要组成部分，发展潜力巨大。

（二）全球（美国）重点云计算企业现状

如图 5 所示，根据 Gartner 调查结果，2018 年全球云计算 IaaS 市场份额排名前五的云供应商为：AWS（47.8%）、微软 Azure（15.5%）、阿里云（7.7%）、谷歌云（4.0%）以及 IBM 云（1.8%）。除阿里云外，其余厂商均来自美国。

图 6 展示了亚马逊、微软、谷歌三家美国云计算企业近三年 8 个季度在云业务的营业收入及同比增速情况（由于 IBM 相对体量较小且没有合适的披露数据，此处并未列出）。对比来看，呈现几个明显的特征：①亚马逊云服务的营业收入远超另外两家，其行业领军地位较难被撼动；②亚马逊云服务和微软 Azure 2019 年第二季度的营收增速分别都处于近三年单季度最低点；③谷歌云表现比较平稳；④三家企业云服务的营收和增速都未产生较大非正常波动，说明外部环境对其影响较小。

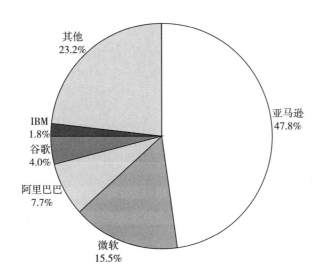

图 5　2018 年全球云计算 IaaS 市场份额分布

资料来源：Gartner。

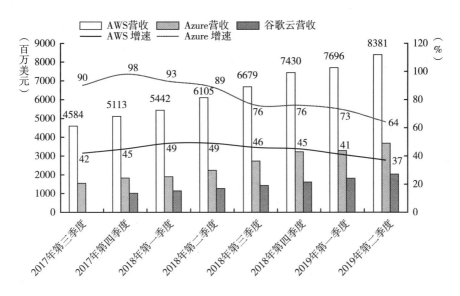

图 6　AWS、微软 Azure、谷歌云营业收入（单季）及同比增速

注：谷歌财报中并不披露谷歌云的相关指标，故此图数据由其 2017 年第四季度和 2019
第二季度（财季）电话会议中透露的数据加以平稳增长假设估计得出；微软财报只披露
Azure 的营收同比增速，没有营业收入的具体数额，故此图所示数据也存在一定估计成分。

资料来源：Wind 数据库。

1. 亚马逊

一方面，亚马逊作为全球云计算市场的领头羊，在该领域中占据举足轻重的地位。2018 年全年其云计算营收规模达到 254 亿美元，同比增长 47.1%，占有 47.8% 的市场份额。它以 IaaS 市场服务起家，为用户提供了许多选择，小至每个月几毛钱花费的云存储服务，大至每小时 5000 美元租用超级强度的主机服务，后又创造性地推出桌面即服务（DaaS），进一步扩展了云生态系统，面向每个桌面提供 CPU、内存、存储、网络及 GPU 等资源。

另一方面，亚马逊也越来越依赖云服务，披露的财报显示，AWS2019 年第二季度营收 83.81 亿美元，同比增长 37%，创增速新低，占亚马逊整体营收的 13.2%，经营利润 21.21 亿美元，同比增长 29%，占亚马逊整体经营利润的 68.8%。

2. 微软

微软 Azure 一直是深受开发者喜爱的 PaaS 云平台，可用于 Azure Services 平台的开发、服务托管及服务管理环境。它为开发人员提供随选的计算和存储环境，以便在 Internet 上通过 Microsoft 数据中心来托管、扩充及管理 Web 应用程序。此外，微软在云计算领域还提供了一系列企业应用程序，从数据库 SQL Server 到 Microsoft Office，以及其在 2013 年首次推出的 Cloud OS 云操作系统等。

实际上，与亚马逊对 AWS 的依赖不同，Azure 对于微软最大的意义并不是给公司带来多少利润，而是给其注射了一剂新鲜血液，使微软生态再次升华。未来 Azure 可以助力微软旗下包括两大王牌（Office 与 Windows）在内的全部软件。2018 年，微软在全球 IaaS 市场份额达到 15.5%，紧随亚马逊之后位居第二。根据最近发布的 2019 年第二季度财务数据，微软智能云板块在该季度的收入为 113.9 亿美元，同比增长 19%，经营利润达 45 亿美元，同比增长 15%。其中 Azure 云服务营收测算值为 36.77 亿美元（未详细披露），同比增长 64%，增速也创下新低。从营收占比来看，Azure 云服务收入占微软整体营收的 10.9%。

3. 谷歌

谷歌的云计算之路较为"坎坷",自推出自己 IaaS 服务(Google Engine)后才算在云计算领域中掀起了大浪。2018 年谷歌云风波不断,经历了高管人事动荡、军方 AI 订单等变故,其仍然保持了出色的增长率,但谷歌云基数依然较小,对内收入低于搜索、广告等基础业务,对外则在市场份额上离 AWS、微软 Azure 依然有较大差距,加上 AWS、微软 Azure、阿里云等竞争对手同样较好的增长率,谷歌云的发展形势就显得不够乐观。

2018 年,谷歌云在全球 IaaS 市场份额仅为 4%,其第三名的位置已经被阿里云连续超越两年。谷歌预计 2019 年 Google 云平台以及 G Suite 的年销售额将超过 80 亿美元,比 2017 年末预计的 40 亿美元增加了一倍,推测其云服务营收占公司整体收入的比重仅为 5% 左右,其云服务的重要性与亚马逊相比不值得一提,因此,短时间内谷歌云服务很难出现巨大提升,但仍旧可期。

4. IBM

2018 年,IBM 云在全球 IaaS 市场份额为 1.8%,从体量上看与前四名相比有较大差距。作为 OpenStack 云技术的关键成员,IBM 在 2013 年推出基于 OpenStack 和其他现有云标准的私有云服务,开发出能够让客户在多个云之间迁移数据的云存储软件(Inter Cloud)并申请专利。近年来,通过不断资本运作,IBM 试图为实现云计算蓝图做长远规划,收购 Aspera 公司使基于云计算的大数据传输更快速、更可预测和更具性价比;收购 SoftLayer 公司,将 FASP 技术与其雄厚的云计算基础架构进行整合,此后 IBM 才开始能够向客户提供真正的云自助服务;2018 年,IBM 又斥资 340 亿美元收购开源软件巨头 Redhat,占据云计算领域开源社区竞争的先机,以便充分利用其汇聚的开发力量,构建开发和应用生态。其 2018 年的业绩下滑表现也可能与大规模资本运作后带来的不适应有关,但其仍然坚持不断尝试和突破,预计在不久的未来必将产生跨越式发展。

三　国内云计算产业生态

（一）国内云计算行业生态特征

1. 市场份额向巨头厂商聚集

根据 IDC 数据，中国市场份额排名前四的云计算厂商是阿里云、腾讯云、中国电信和金山云，这四家厂商的市场份额总和从 2017 年的 61.8% 上升到 2018 年的 69.9%，明显的增长趋势表明我国云计算市场与全球市场变化趋势相一致，都在向巨头厂商聚集。

2. "行业云"时代来临

一直以来，包括制造、物流、零售、医疗、教育在内的传统行业数字化转型面临巨大的压力。伴随"互联网＋"行动的浪潮，政府对云计算产业发展的支持力度加大，用户对云计算的认知不断提高，企业对云计算参与度越来越高，我国云计算的应用逐渐从互联网行业向金融、工业、交通、物流、医疗等行业渗透，更多传统企业选择云计算作为核心的 IT 资源，"行业云"时代已经来临。

具体以金融云为例，2016 年中国金融云市场整体规模为 43.4 亿元，2017 年市场规模达到 63.0 亿元，同比增长 45.2%。越来越多的金融机构应用云来处理并发业务，云计算技术与金融行业得以快速结合，国家对金融云的政策监管也正不断加强，金融云在未来金融 IT 信息化建设中将发挥重要作用。

表 2　传统行业痛点及对应的云解决方案

行业	痛点	云计算解决方案
医疗	资源分布不均;传统 IT 架构投入大,维护成本高;医疗信息化导致数据膨胀,难以满足对计算力的需求	建设信息化健康平台,优化整合利用医疗资源,利用技术创新实现公共卫生、计划生育、医疗服务、医疗保障、药品供应、综合管理等业务应用系统的互联互通和业务协同

续表

行业	痛点	云计算解决方案
教育	场景碎片化,信息孤岛,大数据缺失,个性化教育缺乏	通过通用管理平台、教育账号管理体系及服务、教育应用中心及分发服务、教育大数据平台及个性化服务等产品,实现多端互联、内容融合、数据智能
制造	供需信息不充分;缺少一线生产数据;ERP、CRM、MES 互相独立,存在数据孤岛;制造能力难以计量	开发工具软件上云、核心业务上云和硬件设备上云,打造设备和产品数据采集及云端迁移的解决方案;把大量工业技术原理、基础工艺、模型工具规则化、软件化、模型化,封装成可重复使用的微服务组件
物流	过程不透明、效率低;物流配送满意度低;商业决策缺乏数据支撑;安全性难以保证	搭建物流云平台,帮助物流客户快速、低成本部署业务,利用高弹性、高可靠、高并发、安全防护的特点,提供端到端的 ICT 技术和服务,以及物联网、数据采集和大数据分析服务
零售	实体零售受到电商冲击,客流量下降;线上线下客户体验不统一;对潜在客户缺乏识别能力	通过云服务支撑,融合 ISV 业务平台,帮助零售企业构建全渠道、智能化的零售新业务形态,包括图像搜索、基于用户特征和商品候选集的个性化推荐系统、筛选热销品种、识别商品电子监管码、发票等
金融	产品上线速度慢;原有 IT 架构弹性伸缩能力差,运维成本高	对于合规性、隔离性等不同要求,提供公有云、私有云等多种上云模式;根据行业属性不同(银行、保险、证券等)提供符合客户要求的解决方案;提供金融云专属产品、更高规格的 SLA 保障、数据安全和异地灾备等能力

资料来源:亿欧智库,https://www.iyiou.com/intelligence/。

3. 我国云计算产业投融资态势向好

当前,我国公有云市场布局已基本完成,但是私有云、混合云市场上还未形成绝对巨头,存在很多可以纵深切入的方向,且其整体在宏观不利因素较多的情况下仍表现出稳定的行业增长确定性,成为各类投资机构重点关注的领域。近年来,国内资本市场十分看好云计算行业,大额投融资频频出现。例如,2018 年 1 月,金山云完成了累计 7.2 亿美元的 D 轮融资;2018 年 6 月,华云数据也完成了 Pre-IPO 轮 10 亿元的融资,UCloud 完成 E 轮融资。

(二)中国云计算产业现状

1. 中国云计算产业竞争力

对于中国云计算产业而言,目前可以说是实现跨越发展的一次难得机

遇。首先，云计算激发了技术变革，开源软件和开放技术占据了主导地位，这就给国内产业界尤其是互联网公司和一些创新创业企业与国际巨头继续缩小差距乃至后来者居上创造了机会；其次，云计算引发了传统和新兴企业大规模的创新，新技术、新理念和新服务层出不穷；最后，云计算与大数据密切相关，数据作为新时代的战略资源，具有产权和主权的性质，最终很可能起到决定性作用。长远看，构建完善的云服务生态体系预计覆盖广泛的云计算产业条将起到决定性作用。

（1）规模水平

2017年我国整体云计算市场规模为691.6亿元，增长潜力巨大，据信通院预测数据，2021年规模将达到1858亿元，2017～2021年的复合年增长率约为20%，届时其规模将约为美国云市场的14.8%。以全球云计算市场份额排名第四、亚太区市场份额排名第一的阿里云为例，阿里巴巴2019年财报显示，云业务表现十分亮眼。从营收角度看，全年阿里云实现营收247亿元，同比增长84%，高于亚马逊AWS营收41%的同比增长率和微软Azure 73%的增长率。与2015财年首次披露的12.7亿元相比，四年内阿里云营收年复合增长率达110%。综上，从规模水平来看，中国云计算虽不具备先发优势，但已经开始以"超高速"增长率步入云计算发展的"黄金"时期。

（2）技术水平

云计算技术领域有四大主题，分别为开源与自主可控、多云、边缘计算以及物联网。在中美贸易摩擦的时局下，中国云计算企业可提倡基于OpenStack等开源技术，以开放的态度增强竞争力，辅以边缘计算及物联网技术，进一步实现产业升级。同时，随着主流云计算厂商在IT市场上拥有更强大的市场影响力，它们开始通过自研和并购的方式向产业上游延伸，尝试涉足芯片、服务器等核心环节。表3显示了国内外重点云计算企业近年自研芯片及云服务器对比情况。2015年IDC报告表明，中国公有云与美国相比至少差5年，目前看该差距有缩短迹象。

图7 阿里云营业收入（单季）及同比增速

资料来源：Wind 数据库。

表3 国内外云计算厂商近年来自研芯片及云服务器对比

	国外			国内	
亚马逊	2018.12	推出首款云端 AI 推理学习芯片 AWS Inferentia	阿里	2018.4	达摩院研发神经网络芯片 Ali-NPU
	2018.11	宣布正在开发一款 Arm 架构处理器芯片 Alpine		2018.4	全资收购自主嵌入式 CPU IP 供应商中天微系统
	2016.1	宣布正在开发一款 Arm 架构处理器芯片 Alpine		2017.6	注资中天微系统 5 亿，跨入芯片基础架构设计领域
微软	2018.7	正在研发能在下一代 HoloLens 头戴显示器上使用的 AI 芯片	华为	2019.1	宣布将于 2019 年推出三款泰山 ARM 服务器，包括均衡型、存储型和高密型
谷歌	2017.3	发布信息安全芯片 Titan		2018.10	发布两款 AI 芯片——昇腾 910 和昇腾 310
	2016.5	发布专门为机器学习优化的处理器 TPU	百度	2016.5	发布中国首款云端全功能 AI 芯片"昆仑"，包含训练芯片昆仑 818～300，推理芯片昆仑 818～100

资料来源：亿欧智库，https：//www.iyiou.com/intelligence/。

2. 中国云计算企业百强榜

2018 中国云计算企业百强榜是由《互联网周刊》与 eNet 研究院共同组织和选择排行，将国内云计算企业按照 iPower、iBrand 以及 iSite 三类项目分别进行打分，最后总分排名前 100 的企业得以入榜。

其中，iPower 涉及营收（历史、现状、趋势）、净利（核心业务比、创新产品比）、管理（经验、素质、流程）、业务方法（效率、效能、标准度、灵活度、可重复度）以及积累（技术、行业市场占有率）等方面指标，是企业的行业地位的综合反映；iBrand 显示企业的网络社会影响力，包括定位、使命、目标、价值观等因素；iSite 用来衡量企业自身的互联网建设能力，涉及互联网（流量、UE 度、可扩展度）、移动互联网（下载量、互联网转化量、O2O 影响量、有效度、可持续发展度）、底层技术（框架、算法、接口等）以及运营和用户评价等方面。

表4　2018 年中国云计算企业百强榜之 TOP15

排名	企业	产品	iPower	iBrand	iSite	总分
1	阿里巴巴	阿里云	96.10	93.05	89.83	94.86
2	中国电信	天翼云	95.04	92.94	89.11	94.02
3	腾讯	腾讯云	93.02	91.00	86.32	91.94
4	中国联通	沃云	91.31	90.07	86.27	90.56
5	华为	华为云	91.04	90.14	84.56	90.21
6	中国移动	移动云	91.17	88.94	83.46	89.95
7	百度	百度云	91.12	88.47	83.91	89.96
8	华云	华云	91.47	89.16	79.89	89.85
9	浪潮	浪潮云	91.13	88.23	82.64	89.70
10	新华三	华三云	91.02	88.26	83.18	89.68
11	金山	金山云	91.05	87.89	83.52	89.66
12	网易	网易云	91.00	87.04	85.54	89.66
13	世纪互联	蓝云	90.94	87.99	76.96	88.95
14	京东	京东云	89.21	86.54	89.44	88.70
15	中科曙光	曙光云	85.99	85.28	90.35	86.29

资料来源：《互联网周刊》。

根据榜单，本文发现：第一，前十强企业中，除了阿里巴巴、腾讯、百度等互联网巨头外，中国移动、中国联通及中国电信等通信行业企业也排名很靠前，这些厂商推出的云服务活跃度一直保持较高水平；第二，与2017年百强榜单相比，2018年云计算行业前七名位置未发生变化，但总分均有所提高，分别为阿里巴巴、中国电信、腾讯、中国联通、华为、中国移动、百度，浪潮、新华三两家主打政务云的服务商则是首次跻身前十；第三，类似中科曙光老牌云计算服务商，其行业的积累早已稳固了云计算市场的地位。而后起之秀中网易云的表现最令人瞩目。2016年9月，网易发布网易云战略，宣告加入云计算战场。仅过去两年时间，排名位置已至第12名，未来发展潜力巨大。

四 中美在全球云计算产业链中的联系

（一）中美云计算企业竞争与合作

1. 中美企业在各地云计算市场竞争越发激烈

云计算归根本质上是全球化的，国外任何一家云计算企业的技术和服务都可以毫无阻碍地流入国内并被广泛应用，无国界限制的竞争将越发激烈。如前文所述，从全球市场来看，美国云计算巨头在全球云计算产业链中占据绝对优势，2018年市场份额排名前四的云计算企业中有四家来自美国。从亚太市场来看，自亚马逊在2013年12月宣布要面向中国地区推出公有云计算平台开始，其对亚太市场的竞争就已开始。根据Gartner数据，在云计算基础设施领域，2018年阿里云在亚太区域市场份额为19.6%，超过AWS和微软云的总和，亚马逊占11%，微软为8%，阿里云已连续两年占据最高的亚太区市场份额，比2017年有4.7个百分点的提升，而亚马逊云和微软云则分别出现0.2%和1%的下降。

阿里云的优势在于其在亚太区域拥有最为广泛的云计算基础设施布局，能够为当地提供有价值、特色化的服务（阿里云是唯一在马来西亚和

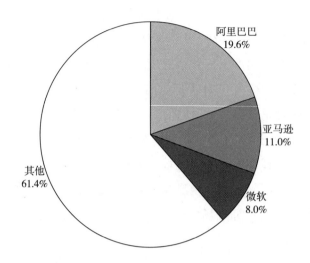

图8　2018年亚太地区云计算IaaS市场份额分布情况

资料来源：Gartner。

印度尼西亚开设数据中心的云服务商），技术上支持Fabric、蚂蚁区块链、Quorum三种区块链技术架构，拥有为客户提供整个云平台的增值能力。但这并不能就意味着AWS和微软Azure在亚太市场已经完全丧失竞争实力，相反地，对全球各地的云计算市场而言，竞争格局都仍旧处于不断变化中。

2.合作多为技术输出和整合，呈现双赢局面

中美企业云计算领域的合作以技术输出和整合为主，且多为某一特定系统或产品的深度合作，一般采用独家配套形式。

例如，2019年7月全球最大的CRM软件服务提供商Salesforce宣布与阿里巴巴达成战略合作，将集成阿里云向企业客户提供服务和支持，为跨国以及中国企业客户带来更好的SaaS体验。此次合作无疑是双赢的，阿里巴巴将获得Salesforce积累多年的CRM技术和经验，完善阿里云的生态；而Salesforce也将依托阿里的渠道支持，加速其在中国的业务推广，解决产品"水土不服"等问题。从产业层面来看，国内CRM市场不够成熟，企业对CRM的接受度非常低，CRM软件使用率只有11%，美国巨头以合作形式进

入我国市场，能够直接利好整个产业的发展，进一步推动企业服务信息化进入 SaaS 时代。

（二）贸易摩擦对云计算产业链的影响

尽管中美经贸摩擦呈现趋缓态势，两国已达成共识决定停止升级关税等贸易限制措施，然而美国并未就此放弃对我国高新技术领域的遏制：一是限制关键技术领域投资，特朗普签署《外国投资风险评估现代化法案》，扩大美国外国投资审查委员会的审批权限；二是管制关键技术产品出口，覆盖生物技术、人工智能、深度学习、定位导航、微处理器技术等 14 个领域；三是利用知识产权绞杀，美国贸易代表办公室发布的更新版 301 调查报告中，对我国有关技术转让、知识产权和创新等方面进行了新的指责。[①] 贸易摩擦背后逐渐扩大的科技摩擦带来了不确定因素，长期看，美方对核心技术、高端装备、顶尖人才等关键领域的制裁对信息通信产业的长远发展形成较大影响。作为信息通信产业重要板块之一，云计算在贸易摩擦背景下同样存在诸多风险和亟待解决的问题。

1. 创新路径被冲击风险

一方面，在行业初创、成长期较为经常使用的"引进吸收消化再创新"模式被美国并购审查冲击；而另一方面，我国云计算产业还不具备完备的自主创新体系，且整体环境对产权保护力度偏小，企业创新意愿不强。

2. 产业链瘫痪风险

在全球化生产分工体系下，美国一直牢牢占据科技制高点，在云计算等高技术产业领域享有极大的话语权。我国在高端芯片、关键原材料和零部件、核心工艺等方面与国际先进水平存在较大差距，关键技术确实短期内难以实现国产化替代，一旦被美国"卡脖子"极易导致整个产业链"瘫痪"，产业链安全很难得到保证。

---

① 范昕、韩辉：《中美经贸摩擦对我信息通信产业发展的影响》，《信息通信技术与政策》2019 年第 4 期。

3. 出口企业海外受挫风险

中美经贸摩擦在一定程度上可能打乱我国云计算企业"走出去"的步伐。一方面，关税带来不小的冲击，虽然短期通过汇率调节能缓和关税影响，但高税率会挤压进出口两端同时承压的制造企业利润空间；另一方面，企业合作可能受阻，美国政府以国家安全、知识产权保护为名，针对华为等创新企业合作开展了更为严厉的审查，不可避免地其云服务将受到影响。

4. 高端人才缺口风险

我国云计算产业高端人才自我培养体系尚不完善，还需要依靠引进外籍人才实现核心技术突破。中美经贸摩擦爆发后，美国通过限制人才流动来阻隔技术的流通。

五 我国云计算产业未来展望与挑战

（一）受宏观环境负面影响较小，长期看有利于发展我国自主可控的云计算

无论是云计算上市公司业绩表现和市值变化，还是我国云计算厂商在全球云计算产业链中的地位，都表明我国云计算产业具有较好的风险规避属性，受贸易摩擦、国内外宏观经济形势不佳等负面影响较小。云计算行业发展空间较为稳定，长期来看可以作为新一代信息技术行业中我国自主可控的最佳方案之一。

仔细分析来看，云计算之所以与其他科技类行业受环境影响波动较大不同，原因主要有三个：第一，云计算不是非传统的有形产品，而是无形的数字技术，云计算厂商基于虚拟化、分布式计算、容器等技术，推出了一系列基于云构架的数据库和操作系统，这些软件运行在白牌机上就天然实现了"去 IOE"①，阿里云内部已经完成了"去 IOE"，按照国内云计算企业与国

---

① "去 IOE"指去掉 IBM 的小型机、Oracle 数据库、EMC 存储设备，代之以自己在开源软件基础上开发的系统。

外云计算巨头 5～10 年的差距来算，中国有望通过企业上云完成自主可控，既减小阻力又符合技术发展趋势；第二，云计算技术能够帮助云厂商更方便地和当地企业深度融合，此处的"云"并不该飘在天上，而是要落地，方式则是与企业具体的应用场景相结合，企业通过自由选择云计算平台提供的各种先进技术，可以改进自身的网络服务或者优化产品，例如澳大利亚电商 ICONIC 应用阿里云的图像搜索技术在客户端实现了拍照购物功能，大大优化了用户的购物体验；第三，云计算技术可以支持当地科研或者升级城市服务，从而带动经济发展，例如，中东哈利法大学利用阿里云技术完成了二次采油率提升的科技研发。

（二）5G 革命对云计算提出更高要求，迎来下一个"风口"

5G 的到来必将引发一场新的革命，5G 的发展将推动云计算迎来向前发展的又一个重要"风口"。5G 时代，毋庸置疑，云计算还将占据主导地位，将会有更多的互联网、移动设备硬件、物联网厂商转型成为云计算厂商，云厂商若将不局限在提供云计算解决方案这一层面上，原客户端型软件上云将为行业内 IT 公司制造更多的"风口"。随着 5G 技术的日趋发展，移动云计算应用也会相应被提出更高的要求，终端的移动要在何时何地都能安全可靠地进行数据接入。

5G 的出现必然推动当前云计算产业进一步升级，可从几个方面进行讨论：一是新业务将带动云服务全面升级，云服务必然要进行服务升级以满足与 5G 业务相融合的车联网、工业互联网、智慧医疗、智能家居等物联网场景；二是高网络要求将带动云服务质量的全面升级，5G 在超大带宽、低时延、灵活连接和网络切片方面的新特性需要通过网络架构和基础设施平台两方面满足，在网络架构方面通过控制转发分离和控制功能重构以提高接入性能，在基础设施平台方面构建电信级云平台来实现对虚拟网络服务的承载，并通过不断编排解决现有设施成本高、资源配置不灵活、业务上线周期长的问题；三是高投入的网络建设将带动云化部署的全面升级，考虑到节省投资以及业务的灵活性和创新性支撑两方面因素，5G 时代的云化部署都是必要步骤之一。

（三）云安全与用户利益息息相关，"行业云"环境安全亟须优化

云服务的快捷性一般是云用户首要考虑的要素，用户却往往忽略了安全的重要性。而在云计算高效快速有目共睹的情况下，如何提升云服务特别是数据处理过程中的安全性就成为云计算技术未来发展所面临的难点。

数据安全问题涉及每个公民的切身利益，在全球范围内一直受到高度关注。世界各国特别是美国等拥有云计算先发优势的发达国家纷纷制定相关法律法规加大对云安全问题的监管，切实保护云计算产业链下游最终客户的数据安全。随着全球云计算市场趋于稳定增长，云安全能力成为计算平台投资的主流方向。Gartner 估计，到 2023 年大多数云安全故障将是客户的问题。我国云计算企业一旦尝试进入海外市场必将面临各国法律法规的限制和挑战。因此，不仅云计算企业还需要建立完善的管理体系，确保公司遵守所有开展业务国家的法律法规，为海外业务和从中国走向世界的顺利进程保驾护航。同时，我国相关部门也应进一步确立对云计算服务安全的考核标准，优化国内各行业的云安全环境，例如"政务云"方面，国家网信办等四部门联合制定了《云计算服务安全评估办法》，并确定于 2019 年 9 月 1 日起施行，未来将提高党政机关、关键信息基础设施运营者采购使用云计算服务的安全可控水平。

参考文献

中国社会科学院工业经济研究所：《中国工业发展报告（2017）》，经济管理出版社，2017。

中国信息通信研究院：《云计算发展白皮书（2018 年）》，2018，第 13～15 页。

张立平：《云计算行业发展背景理解与思考》，《计算机与信息技术》2015 年第 1 期。

贾一苇、赵迪、蒋凯元、栾国春：《美国联邦政府云计算战略》，《电子政务》2011 年第 7 期。

陈阳：《国内外云计算产业发展现状对比分析》，《北京邮电大学学报（社会科学版）》2014 年第 5 期。

韩睿：《浅谈 5G 网络下的云计算运用》，《计算机产品与流通》2018 年第 6 期。

郭朝先、胡雨朦：《中外云计算产业发展形势与比较》，《经济与管理》2019 年第 2 期。

B.7
中美物联网产业竞争力比较

全球物联网正处于快速增长期，未来2~3年将成为物联网产业生态发展的关键时期。当前，IT服务商、行业企业、互联网企业、电信运营商等四大阵营依托各自优势，从不同切入点加速布局物联网平台，形成物联网产业生态系统，各阵营之间竞争与合作并存。中国和美国都属于物联网产业第一阵营国家，但是，与美国物联网产业相比，中国在物联网规模、平台影响力、产业生态、核心技术、关键设备等方面都存在不小的差距。未来中国应从打造具有国际竞争力的物联网产业生态，推进物联网集成创新和规模化应用，补齐核心技术的短板，深入推进"宽带中国"战略，抢占物联网标准制定的国际竞争制高点等五个方面发力。

关键词：　物联网　产业生态　物联网平台　中美比较

自2005年国际电信联盟（ITU）正式提出"物联网"这一概念以来，物联网在全球范围内迅速获得认可，并成为信息产业革命第三次浪潮和第四次工业革命的核心支撑。近年来，在世界经济复苏曲折的大背景下，以物联网为代表的信息通信技术正加快转化为现实生产力，从浅层次的工具和产品

---

* 郭朝先，中国社会科学院工业经济研究所研究员，产业组织研究室副主任，主要研究方向为产业经济学、工业化与经济增长、民营经济、可持续发展等。

深化为重塑生产组织方式的基础设施和关键要素，深刻改变着传统产业形态和人们的生活方式，催生了大量新技术、新产品、新模式，引发了全球数字经济浪潮。

一　物联网及其产业生态

所谓"物联网"（Internet of Things，IOT），又称传感网，指的是将各种信息传感设备，如射频识别（RFID）装置、红外感应器、全球定位系统、激光扫描器等种种装置与互联网连接起来并形成一个可以实现智能化识别和可管理的网络，可以解决物品与物品（Thing to Thing，T2T）、人与物品（Human to Thing，H2T）、人与人（Human to Human，H2H）之间的互联。目前全球物联网技术体系、商业模式、产业生态仍在不断演变和探索中，物联网发展呈现平台化、云化、开源化特征，并与移动互联网、云计算、大数据融为一体，成为 ICT 生态中重要一环。

根据麦肯锡咨询的数据，未来十项具有潜在经济效益的颠覆性技术中，物联网以 3.7 万亿美元/年排在第三，仅次于移动互联网与知识工作自动化。未来，全球物联网市场有望在 10 年内普及，涉及个人、家庭、工场、物流、汽车、城市、生活消费等环节，产生大量的智慧城市、智能家居、智能制造、智能穿戴/智慧医疗、智能驾驶/车联网等。而福布斯对全球 500 名企业管理者进行了调研，受访者普遍认为物联网在最重要的新兴技术中列于首位（单一选项，占 33%），将其重要性排在机器人（26%）、人工智能（20%）等技术之前。64% 的公司认为物联网对当前业务非常重要，超过 90% 的受访者认为物联网决定未来的业务走向。[①]

在物联网应用方面，根据人们在 Google 上搜索的内容、在 Twitter 上谈论的内容以及人们在 LinkedIn 上撰写的内容，对物联网应用领域进行排名，

---

① 物联网智库原创，物女王（彭昭）：《BI Intelligence、福布斯、麦肯锡的 2018 最新报告陈述了关于 IoT 的这些事实…》，2018 年 4 月 15 日，www.sohu.com/a/228352617_160923。

结果如下（从高到低排名居前十的领域）：①智能家居，②可穿戴设备，③智慧城市，④智能电网，⑤工业互联网，⑥车联网，⑦互联健康（数字健康/远程医疗/远程医疗），⑧智能零售，⑨智能供应链，⑩智能农业。①

当前，产业巨头纷纷制定其物联网发展战略。2015 年 5 月，华为公司公开"1 + 2 + 1"的物联网发展战略，明确向物联网进军的发展战略。2015 年 10 月，微软公司正式发布物联网套件 Azure IoT Suite，协助企业简化物联网在云端应用部署及管理。2016 年 3 月，思科以 14 亿美元并购物联网平台提供商 Jasper，并成立物联网事业部；2017 年 6 月，思科又发布了新的物联网平台 Kinetic，打通各类不同协议，能够提取各种设备数据，将"实时物联网"方案带给各类应用客户。2016 年 7 月，软银公司以 322 亿美元收购 ARM，并明确表示看好 ARM 在物联网时代的发展前景。2016 年 12 月谷歌公司对外公布物联网操作系统 Android Things 的开发者预览版本，并更新其"Weave"协议。除此之外，亚马逊、苹果、Intel、高通、SAP、IBM、阿里巴巴、腾讯、百度、GE、AT&T 等全球知名企业均从不同环节布局物联网，产业大规模发展的条件正快速形成，未来 2 ~ 3 年将成为物联网产业生态发展的关键时期。

随着物联网应用的深入，很多传统企业正在转变商业模式，朝着"X 即服务"的场景推进，将分批次的离散型销售转变为连续性的客户服务。比如，用于输油管道定期检测的"无人机即服务"、用于海洋中天然气设施维护的"水下机器人即服务"、以卡特皮勒公司为代表提供的"工程机械即服务"等。② 从发展趋势上来看，致力于提供物联网技术和解决方案的新型企业正朝着大而全的方向前进。很多用户希望物联网服务提供商具备一站式的 IoT 解决方案部署能力，实现既包括边缘计算、网络通信，还包括云平台、安全服务的全套应用。

物联网运行涉及一系列前沿技术，包括传感器技术、射频识别技术、数

---

① 《热门科技产品："国际 10 大物联网行业排行：未来发展路线！"》，2018 年 11 月 13 日，https：//baijiahao. baidu. com/s？ id = 1617028850775477681&wfr = spider&for = pc。

② 物联网智库原创，物女王（彭昭）：《BI Intelligence、福布斯、麦肯锡的 2018 最新报告陈述了关于 IoT 的这些事实…》，2018 年 4 月 15 日，www. sohu. com/a/228352617_ 160923。

据传输技术、物联网芯片、操作系统、边缘计算技术、嵌入式系统技术、智能终端设备、系统安全等。其中，在数据传输技术方面，低功率广域网络（Low-Power Wide-Area Network，LPWAN）在全球成为发展热点。面向物联网的 LPWAN 技术可分为两类：一类是授权频段的广域网技术，以 3GPP 定义的 NB-IoT、LTE 演进技术 eMTC 等为代表；另一类是非授权频段的广域网技术，包括 LoRa、PRMA、Sigfox 等技术。不同类别的 LPWAN 技术的主导方式、部署方式、服务模式均存在差异。在传感器技术方面，微机电系统（Micro-Electro-Mechanical System，MEMS）传感器已经成为移动互联网、物联网时代技术产业变革的重要驱动力之一。MEMS 技术涉及微电子、材料学、力学、化学、机械学等诸多领域学科，是人类科技发展过程中的一次重大的跨领域技术融合创新，它因汽车工业和消费电子而崛起，目前正加速向工业电子、医疗电子等新兴领域渗透。伴随 MEMS 技术的规模应用导致传感器单价的快速下降，全球传感器市场的总体出货量已经达到百亿级规模。

物联网产业从感知、网络、平台到应用，任何一家企业都难以进行全面的专利布局，专利主体众多，关系错综复杂，物联网的知识产权问题将成为企业无法回避的基本问题。由于物联网产业链上下游参与专利布局的企业众多，大量非专利实施主体（NPE）的参与加剧了"专利丛林"现象，形成了密集的专利网络。

二　全球物联网发展状况

物联网作为信息通信技术的典型代表，在全球范围内呈现加速发展的态势。不同行业和不同类型的物联网应用的普及和逐渐成熟推动物联网的发展进入万物互联的新时代，可穿戴设备、智能家电、自动驾驶汽车、智能机器人等，数以百亿计的新设备将接入网络。相比 10 年前，全球物联网处理器价格下降 98%，传感器价格下降 54%，带宽价格下降 97%，成本的降低为物联网大规模部署提供了基础。众多机构为全球物联网发展前景进行了预测

（见表1），揭示出目前物联网正处于大发展阶段，海量的设备正接入万物互联的物联网，并在网络中形成了海量数据。

表1　部分机构对物联网发展前景的预测

预测机构	预测结果
互联网数据咨询中心（GSMA）	2025年全球物联网设备（包括蜂窝及非蜂窝）联网数量将达到252亿个，远高于2017年的63亿个；届时，物联网市场规模将达到目前的4倍
BI Intelligence	到2025年全球将安装超过550亿个物联网设备，物联网相关投资将超过25万亿美元，这些投资将为推进数据经济提供动力，桥接物理世界和数字世界之间的鸿沟
盖特纳（Gartner）	到2020年全球联网设备数量将达到260亿个，物联网市场规模达到1.9万亿美元
互联网数据中心（IDC）	到2022年将有超过500亿个的终端与设备联网
麦肯锡公司	2020年全球联网设备形成海量数据，预计数据将达到44ZB

资料来源：作者收集整理。

根据IoT Analytics对1600个在企业中实际运行的物联网项目调查，目前大多数物联网项目都集中在智慧城市（367个）领域，其次是互联工业（265个）和互联建筑（193个）领域，其余应用依次是车联网、智慧能源、其他、互联健康、智慧供应链、智慧农业、智慧零售。相比2016年的排名，智慧城市物联网应用超过工业物联网，成为应用最广泛的领域；而互联建筑（由能帮助业主提高运营效率并降低成本的楼宇自动化解决方案所驱动）排名上升四位，成为第三大类物联网应用。从地域上来看，大多数（45%）物联网项目集中在美国，其次是欧洲（35%）和亚洲（16%）。在考察某一特定种类的物联网应用时，地域分布又有较大差异：大部分的智慧城市项目位于欧洲（45%）；而美洲，特别是北美，在智慧医疗（55%）和车联网（54%）领域都很强大；亚洲/太平洋地区则在智慧农业领域表现得较为突出（31%）。[①]

---

① IoT Analytics：《调研1600个物联网项目，我们发现了2018可能大火的物联网应用！》，2018年3月12日，https：//new.qq.com/omn/20180312/20180312A14GL6.html。

BI Intelligence 指出：物联网解决方案中，最常见的应用是远程监控（64%）、资产追踪（49%）和智能设备管理（41%）。驱动物联网投资的主要动力来自实现部分业务的自动化（64%）、优化工作流程（53%）、提升产量（37%）以及节约人力成本（37%）。[①] 物联网带来了企业与客户之间关系的精细化、丰富化、交互化等改变。过去生产部门与最终客户之间只有间接或者次要关联，而物联网在改造产品的同时也正在改造客户关系。65%的企业表示正在使用物联网创造新的收入，60%的企业正在使用物联网快速、简便地定制新产品。比如阿迪达斯改变了以往大规模远程采购的方式，利用客户反馈和增材制造完成个性化运动鞋的定制，不仅省钱、省力还提升了客户满意度。

当前，IT 服务商、行业企业、互联网企业、电信运营商等四大阵营依托各自优势，从不同切入点加速布局物联网平台，形成物联网产业生态系统。

（1）以 IT 服务商为主体构建的物联网平台与生态

比如，Amazon 通过硬件合作伙伴计划，与艾睿电子、博通、英特尔、联发科、微芯、高通和瑞萨等厂商合作，推出 Amazon AWS IoT 平台。IBM 与传感器、处理器、传输芯片、IP 技术厂商广泛合作，包括 ARM、TI、NI 等，使尽可能多的设备连接到 IBM 云端的 Watson IoT Platform。Microsoft 于 2015 年推出 Azure IoT 套件，于 2016 年收购物联网服务企业 Solair，抢占制造、零售、食品饮料和交通等垂直行业物联网应用市场。

（2）以行业领先企业为主体构建的物联网平台与生态

通用电气（GE）、西门子等制造行业巨头根植于工业制造领域，工业应用研发和实施优势突出，以"平台＋应用"为重点，联合 IT 服务商、工业应用开发商、中小制造业企业三大类产业力量共同布局工业互联网生态。比如，GE 宣布其工业互联网 Predix 平台登陆 Microsoft Azure 云平台，为工业

---

① 物联网智库原创，物女王（彭昭）：《BI Intelligence、福布斯、麦肯锡的 2018 最新报告陈述了关于 IoT 的这些事实…》，2018 年 4 月 15 日，www.sohu.com/a/228352617_ 160923。

客户提供服务，并获得人工智能等数据分析技术支持；GE 推出了 Predix 应用工厂，汇聚工业应用开发商，打造制造业"APP 应用商店"，预计 2020年平台上开发者将超过 10 万，工业应用超过 50 万；GE 作为制造业巨头，以 Predix 平台和工业应用重构旗下业务，带动中小制造业企业发展，推动工业应用落地实施。

（3）以互联网企业为主体构建的物联网平台与生态

基于移动互联网平台拓展物联网平台服务，利用入口和用户优势构建生态。苹果、谷歌、腾讯、阿里等互联网巨头基于移动互联网平台已构建形成完整产业生态，目前正积极联合智能硬件厂商强势进军物联网市场，在智能家居、可穿戴设备、车联网、移动医疗等消费领域布局构建物联网生态。比如，苹果公司基于操作系统 iOS 多年建立的用户黏性和使用习惯，推出Home Kit 平台，联合飞利浦、霍尼韦尔和海尔等厂商进军智能家居市场。谷歌发布物联网操作系统 Android Things，帮助开发者将产品连上云端服务。阿里巴巴公司以 YunOS 和云平台为核心，推出物联网平台，借助阿里云生态中的云计算、大数据等资源，从芯片模组、工业设计、设备联网、平台搭建、APP 应用，到电商流量、销售渠道，为物联网企业构建打通上下游全产业链的生态系统。

（4）以电信运营商为主体构建的物联网平台与生态

得益于广阔的网络覆盖与生产或认证提供连接能力的物联网通信模块，电信运营商以 M2M 应用为核心着手布局物联网平台生态。美国 Verizon 推出Thing Space 平台，通过简易自助式服务界面向开发者提供诸多免费 APIs 和与配套件捆绑的硬件，简化物联网应用的开发和部署。美国 AT&T 瞄准车联网、智慧城市、家庭连接、商业连接、智能设备和智能医疗六大应用领域，向合作伙伴提供 M2X、Flow、Connection Kite 等平台服务，开放网络、存储、测试、认证等能力，先后与 Maersk 船舶公司、红牛、BD 医疗、Otis 电梯和SunPower 太阳能等公司建立合作关系。中国移动推出自主研发的 One NET 平台，向合作伙伴提供开放 API、应用开发模板、组态工具软件等能力，帮助合作伙伴降低应用开发和部署成本，打造开放、共赢的物联网生态系统。

目前物联网产业生态格局尚未成型，各阵营之间竞争与合作并存。微软Azure、亚马逊 AWS 等通用型平台业务遍及全球，但由于缺少工业技术积累，在工业领域渗透能力不足，而通用电气（GE）、西门子等工业巨头的垂直行业平台由于自身的局限性，在拓展垂直行业客户时也会面临诸多市场瓶颈问题，工业企业与信息通信企业通过平台间互联互通合作，能够实现市场资源嫁接和行业资源整合共享，一方面有利于信息通信企业拓展垂直行业客户，加速工业领域布局渗透，另一方面有利于加快垂直行业平台的市场推广和行业应用，减少工业企业自身基础云服务研发和资金投入，实现灵活部署。比如，GE 通过与微软建立战略合作伙伴关系，将推动 Predix 平台与Azure IoT Suite、Cortana 智能套件的深入整合，获得人工智能、自然语言处理、高级数据可视化等技术和企业应用方面的支持。GE 与 SAP 宣布将推动Predix 平台与 SAPHANA 云平台的集成，并在资产管理领域加深合作。PTC（美国参数技术公司）和 Bosch 宣布成立技术联盟，整合 Thing Worx 和Bosch IoT Suite，实现设备管理平台与应用使能平台之间的强强联合，为用户提供更全面的平台服务。但是，当前全球物联网发展也存在一些问题和挑战。福布斯的一项研究指出当前物联网项目实施过程中存在的问题和挑战包括无法获得令人信服的投资回报（32%），系统安全问题（32%），跨部门合作难以达成（31%），不同的业务数据无法整合（30%），以及缺乏熟练使用物联网系统的员工（29%）。[①]

三　中国物联网发展状况

2010 年以来，我国相继发布了《中国物联网白皮书（2010）》《"十二五"物联网发展规划》《物联网发展专项行动计划》《信息通信行业发展规划（2016～2020 年）》《信息通信行业发展规划物联网分册（2016～2020

---

① 物联网智库原创，物女王（彭昭）：《BI Intelligence、福布斯、麦肯锡的 2018 最新报告陈述了关于 IoT 的这些事实…》，2018 年 4 月 15 日，www. sohu. com/a/228352617_ 160923。

年)》《工业和信息化部办公厅关于全面推进移动物联网（NB-IoT）建设发展的通知》《工业互联网发展行动计划（2018～2020年)》等文件，极大地促进我国物联网产业发展。

中国物联网产业在市场、技术和政策驱动下，发展迅速。据《2017～2018年中国物联网发展年度报告》发布的统计数据，近年来我国物联网市场进入实质性发展阶段，年复合增长率超过25%，2017年市场规模突破1万亿元（见图1）。其中物联网云平台成为竞争核心领域，预计2021年我国物联网平台支出将位居全球第一；至2024年，物联网的市场规模将突破2.2万亿元。①

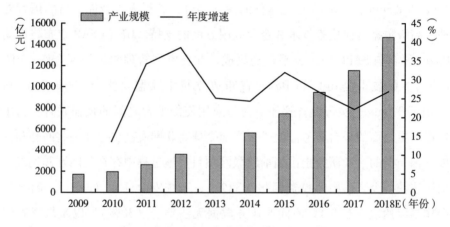

图1 2009～2018年中国物联网产业规模

注：2018年为预测数。
资料来源：Wind数据库。

2017年1月，工信部发布《信息通信行业发展规划物联网分册（2016～2020年)》，明确指出我国物联网加速进入"跨界融合、集成创新和规模化发展"的新阶段，提出了"十三五"时期主要发展目标和重点任务。根据中国信息通信研究院对"十三五"物联网产业发展中期评估，2018年我国

---

① 《深度 | 一文带你解读〈2017～2018年中国物联网发展年度报告〉》，2018年9月27日，www.sohu.com/a/256462466_ 772945。

物联网总体产业规模达到1.2万亿元，距"十三五"期末目标值完成80%。各重点指标完成情况如表2所示。

表2 中国物联网发展情况评估

指标	当前数 （2018年6月）	目标数 （2020年）	执行完成情况 （%）
物联网总体产业规模（万亿元）	1.2	1.5	80
公众网络M2M连接数（亿个）	5.4	17	31.80
特色产业集聚区基地（个）	5	10	50
产值超10亿元的骨干企业（家）	120	200	60
制定国家和行业标准（项）	81	200	40.50

资料来源：中国信息通信研究院《物联网白皮书（2018年）》。

从细分行业看，物联网在交通、物流、环保、医疗、安防、电力等领域逐渐得到规模化验证。"物联网＋行业应用"的细分市场开始出现分化，智慧城市、工业物联网、车联网、智能家居成为四大主流细分市场。芯片、智能识别、传感器、区块链、边缘计算等物联网相关新技术的迭代演进，加快驱动物联网应用产品向智能、便捷、低功耗以及小型化方向发展。①

总体而言，我国物联网产业在通信细分领域处于领先地位。我国在经历了"2G落后、3G追赶、4G持平"的阶段之后，目前正朝着"5G超越"的目标快速进步。华为、中兴、高新兴、大唐通信等一大批中国的通信企业，已经全面参与到新一代物联网的全球标准制定中，并且由于中国庞大的市场空间，和对于新兴技术的高度开放，以及中国政府的强大的规划、协调和推动能力，中国正在成为全球最大的物联网试验场、最大的物联网潜在市场，中国在全球物联网产业的话语权也越来越重。

当前，中国物联网产业存在的主要问题包括以下几个：一是产业技术基础薄弱，关键核心技术有待突破。芯片、传感器、操作系统等核心基础能力

---

① 《深度丨一文带你解读〈2017～2018年中国物联网发展年度报告〉》，2018年9月27日，www.sohu.com/a/256462466_772945。

依然薄弱，高端产品研发能力不强，原始创新能力与发达国家差距较大。二是产业链协同性不强，缺少整合产业链上下游资源、引领产业协调发展的龙头企业。三是标准体系仍不完善，物联网标准种类繁杂，一些重要标准研制进度较慢，跨行业应用标准制定难度较大。四是物联网与行业融合发展有待进一步深化，成熟的商业模式仍然缺乏，部分行业存在管理分散、推动力度不够的问题，发展新技术新业态面临跨行业体制机制障碍。五是网络与信息安全形势依然严峻，设施安全、数据安全、个人信息安全等问题亟待解决。

四 中美物联网产业竞争力比较分析

下面从两国旗舰企业、上市公司、产业竞合关系三个方面对中美物联网产业竞争力进行比较分析。

1. 基于旗舰企业比较

根据"2018WIOTRL榜单"世界物联网排行榜500强（2018世界物联网大会在北京召开之际公布），排名前20家企业（按规模排序）分别是：Huawei（华为）、Qualcomm（高通）、Bosch（博世）、Google（谷歌）、Cisco（思科）、China Unicom（中国联通）、Vodafone（沃达丰）、IBM、NXP（荷兰恩智浦半导体）、China Telecom（中国电信）、SAP SE（思爱普服务）、Amazon（亚马逊）、Alibaba Cloud（阿里巴巴云）、Intel（英特尔）、Microsoft（微软）、Infineon（英飞凌）、Oracle（甲骨文）、China Mobile（中国移动）、PHOENIX（德国菲尼克斯电气集团）、CASIC（中国航天科工集团）。而根据IDG旗下杂志 *NetWork World* 公布的全球最强物联网公司名单，前20家公司分别是（按字母顺序列出）：Amazon Web Services（亚马逊网络服务）、ARM（英国ARM公司）、AT&T（美国电话电报公司）、Ayla（艾拉物联）、Bosch（博世）、Cisco（思科）、Dell（戴尔）、Fujitsu（富士通）、GE（通用电气）、Google（谷歌）、Hitachi（日立）、Huawei（华为）、IBM、Intel（英特尔）、Microsoft（微软）、Particle（美国Particle公司）、Qualcomm（高通）、Samsung（三星）、SAP（德国思爱普）、Siemens（西门

子）。这两个榜单具有一定的影响力，公布的名单具有部分重合性，剔除重合因素，这两个榜的前20强企业一共有30家，其中，美国13家，中国6家，德国5家，日本2家，韩国1家，荷兰1家，英国2家。在这些代表性公司中，主要是上游和中游公司，下游应用型开发公司较少。中美两国物联网旗舰企业如表3所示。

从表3可知，从数量上看，中国领先的物联网企业明显少于美国，中国只有6家，而美国有13家，是中国的两倍多。从产业生态看，中国的物联网企业集中在通信方面，设备制造和商业运用比较薄弱，而美国物联网企业从底层芯片制造到操作系统，到应用软件设计，到设备制造，到商业运用是全产业链。从平台应用来看，为支撑构建端到端解决方案，美国 GE Predix、Amazon AWS IoT、IBM Watson 等大型平台不断丰富平台功能，呈现多功能一体化发展趋势，具有行业全球影响力，而中国物联网企业应用平台尚不具备全球影响力。

表3　中美物联网旗舰企业

中国企业	业务领域	美国企业	业务领域
Alibaba Cloud（阿里巴巴云）	【云计算提供商】提供全面完善的全球云计算服务，服务阿里巴巴集团自有电商生态系统。具体产品包括弹性运算、储存与 CDN、网络、数据库、安全、监控与管理、域名与网站、分析与大数据、应用程序服务、视讯服务、互联网中间件、云通信、专有云、物联网等大类	Amazon Web Services（亚马逊云服务）	【云服务提供商】以 Web 服务的形式向企业提供 IT 基础设施服务，现在通常称为云计算。具体业务包括应用程序托管、网站、备份与存储、企业 IT、内容分发、数据库等
CASIC（中国航天科工集团）	【工业互联网】旗下的航天云网（INDICS + CMSS）工业互联网平台已具备在设备管理、研发设计、运营管理、生产执行、产品全生命期管理、供应链协同、社会化协同制造和创新创业等方面的应用服务能力，成功经验已辐射推广至航空航天装备、高端数控机床、机器人、交通运输、电子电器等行业	AT&T（美国电话电报公司）	【数据/移动通信运营商】①为国内国际提供电话服务。利用海底电缆、海底光缆、通信卫星，可联系250个国家和地区，147个国家和地区可直接拨号。②提供商业机器、数据类产品和消费类产品。③提供电信网络系统。④各种服务及租赁业务

中国企业	业务领域	美国企业	业务领域
China Mobile （中国移动）	【数据/移动通信运营商】在中国境内的 31 个省份主要经营移动语音、数据、IP 电话和多媒体业务；与 231 个国家和地区的 350 个运营公司开通了 GSM 国际漫游业务，并与 161 个国家和地区的 187 个运营商开通了 GPRS 国际漫游	Ayla （艾拉物联）	【IoT 物联网平台】敏捷物联网云平台，能够加速物联网产品的开发、支持和迭代。Ayla 端到端解决方案能够连通设备、云以及移动 APP，为用户提供安全连接、大数据分析以及功能丰富的用户体验
China Telecom （中国电信）	【数据/移动通信运营商】拥有全球规模最大的宽带互联网络和技术领先的移动通信网络；目前已成为全球最大的 LTE-FDD 4G 运营商、光纤宽带运营商、IPTV 运营商、固定电话运营商	Cisco （思科）	【互联网解决方案综合提供者】（硬件）宽带有线产品、网络管理、光纤平台、路由器、交换机、（软件）网络安全产品与 VPN 设备、网络存储产品、协作终端、视频会议系统、IP 通信系统、无线产品、超融合基础架构、全数字化网络架构等
China Unicom （中国联通）	【数据/移动通信运营商】中国联通主要经营固定通信业务，移动通信业务，国内、国际通信设施服务业务，数据通信业务，网络接入业务，各类电信增值业务，与通信信息业务相关的系统集成业务等	Dell （戴尔）	【硬件提供商】提供基于标准技术的标准化产品，包括网络服务器、存储产品、工作站、台式机、笔记本电脑、网络交换机、打印机和其他电子部件等。戴尔也提供针对客户的客户支持，管理部署，专业服务，培训和认证等
Huawei （华为）	【基础设施、智能终端】华为主要提供 ICT 基础设施和智能终端产品和服务。目前有运营商业务、消费者业务和企业业务三大业务。服务类别包括无线接入、固定接入、核心网、传送网、数据通信、网络能源、业务与软件、OSS 服务器、存储与网络安全（以上为运营商业务和企业业务）、智能手机、笔记本、平板电脑、网关网卡、调制解调器、机顶盒（消费者业务）	GE （通用电气）	【物联网供应链综合提供商】基于 Predix 云操作系统的新工业物联网业务，将为资产密集型行业提供覆盖概念原理、研发到实际系统的软件服务。并可结合 GE 在电子工业、能源、运输工业、航空航天、医疗与金融服务的已有资源，和世界一流的工程技术实力与软件及分析
		Google （谷歌）	【云计算产品、终端软件提供商】提供 Google CloudIoT Core（一款全面管理的云服务）、Google BigQuery 和谷歌机器学习引擎服务以及来自第三方合作伙伴的商业智能和分析应用程序

中国企业	业务领域	美国企业	业务领域
		IBM	【软件提供商】结合 IoT、数据、分析和人工智能，更好地了解设施状况，从而做出更明智的业务决策；提供需求管理一站式平台、IoT Platform、云计算服务和边缘计算能力，帮助有效管理物联网环境
		Intel（英特尔）	【物联网相关硬件提供商】制造物联网网关、网络必需硬件与云服务（处理器、交换机、网络管理平台、数据中心）、基础物联网增强技术（芯片、处理器指令集）等
		Microsoft（微软）	【软件服务提供商】基于 Azure 云服务的物联网服务。通过连接设备、资产和传感器支持数字化转型、收集未使用数据；并提供人工智能、区块链、大数据、数据仓库、商业软件服务、SAP 工作管理等服务
		Oracle（甲骨文）	【基于云的物联网软件解决方案提供商】基于 Oracle Cloud 底层设备，为用户提供连接、分析、集成管理等物联网服务
		Particle（美国 Particle 公司）	【物联网硬件/服务综合提供商】Particle 核心产品是一个基于云计算的物联网基础设施平台 Particle Cloud，能够让研发人员和企业实时地在自然环境下访问其设备。另外 Particle 所研发的软件开发工具包（SDK）能够很容易地帮助物联网企业将其设备与 Particle 平台相连接，同时其 SDK 也能够让企业实现空中下载（OTA）和升级，便于企业改善智能家居设备的性能。除了智能家居之外，Particle 还可以让企业通过远程监控或跟踪有价值的资产提供企业的智能性

中国企业	业务领域	美国企业	业务领域
		Qualcomm（高通）	【硬件与专利服务】主营业务为QCT服务（销售移动运算芯片、无线通信芯片）、QTL服务（专利授权）。QCT业务收入来自售卖公司自行设计的芯片产品，包括移动数据调制解调器、无线通信单芯片、骁龙处理器和LTE调制解调器等，以及在此基础上开发的基带、射频（RF）、电源管理（PM）和WiFi/蓝牙等芯片产品。公司QCT产品可以满足的下游包括智能手机、平板、PC、游戏机等消费电子领域

2. 基于上市公司的比较

本处基于OSIRIS（全球上市公司分析库），对中美物联网上市公司进行对比分析。采用的搜索条件是在概要业务描述、描述和历史、描述（其他语言）、综述（所有部分）中搜索到"IOT"（物联网）。采用全球行业分类标准（GICS）归类，结果如表4所示。OSIRIS是一个包含全球范围上市公司详尽财务数据的大型专业分析数据库，涵盖全球125个国家内共计4.1万多家各行业公司。全球行业分类标准（GICS）是由标准普尔（S&P）与摩根斯坦利公司（MSCI）合作推出的行业分类系统，GICS为四级分类，包括11个行业部门24个行业组68个行业。但是，GICS没有直接"物联网"行业，需要重新归类。具体而言，本文物联网上游范围包括基础材料（代码：15）、工业品中的资本货物（代码：2010）和信息技术（代码：15）项下的半导体和半导体设备（代码：4530）。此外，能源（代码：10）、金融（代码：40）和公用事业（代码：55）应该也是产业上游的投入品，但是，检索后的上市公司并不涉及这些产业类别。中游范围包括信息技术项下的软件与服务（代码：4510）、技术硬件与设备（代码：4520）和通信服务（代码：50）项下的电信服务（代码：5010）。其余行业归入物联网产业下游范围。

从表4可以看出，中美物联网行业上市公司差距非常明显，在公司数量上看，中国一共50家，美国一共58家，中国与美国差距不是很大，但在企业数量结构上，中国物联网上市公司上游：中游：下游是1：4：45，而美国是12：33：13，中国物联网产业集中在下游环节，而上游和中游奇缺。在物联网上市公司规模上，中国差距明显，在产业上游环节，中国上市公司平均规模只有美国的1/208；产业中游环节，中国上市公司平均规模只是美国的1/40；产业下游环节，中国上市公司平均规模只是美国的1/16。在全球领先企业方面，产业上游美国有 Qorvo，Inc. 公司，产业中游有 Verizon Communications Inc.、IBM 公司、Western Digital Corp，产业下游有 Adt Inc.，而中国只在产业下游有1家利尔达科技集团股份有限公司，且规模远小于美国领先公司规模。

表4　中美物联网行业上市公司比较

		中国	美国	中国:美国	备注(领先企业)
上游 （物联网芯片、硬件设备等设计、制造、供应）	公司数量（家）	1	12	1：12	Qorvo, Inc. （美国）
	营业收入 （千美元）	5278	13154916	1：2500	
	平均收入 （千美元）	5278	1096243	1：208	
中游 （物联网技术、软件、系统、通信服务等）	公司数量（家）	4	33	4：33	Verizon Communications Inc.（美国） IBM 公司（美国） Western Digital Corp（美国）
	营业收入 （千美元）	791459	262013711	1：330	
	平均收入 （千美元）	197865	7939809	1：40	
下游 （物联网应用）	公司数量（家）	45	13	45：13	Adt Inc.（美国） 利尔达科技集团股份有限公司（中国）
	营业收入 （千美元）	635817	10733314	1：17	
	平均收入 （千美元）	14129	219047	1：16	

注：本表基于 OSIRIS 数据库和按照全球行业分类标准（GICS）归类整理。

3. 中美物联网产业竞合关系

物联网产业技术涉及芯片、软件、模组、Mems 传感器、连接技术与物联网平台开发等多个方面。在这些领域，中美企业参与全球产业链分工布局，美国企业主要在中上游环节且掌握核心技术、关键零部件制造和平台运营，而中国多数企业处于产业链的中下游环节，部分核心技术、关键零部件主要依赖进口（相当部分来自美国企业），因此，中美贸易摩擦会对中国物联网产业发展产生一定的消极影响。

在十大物联网芯片中，可设计生产芯片的公司有华为（代表产品：Boudica 系列）和中兴（代表产品：RoseFinch7100），而美国有 Qualcomm（高通）（代表产品：骁龙 600E）、Intel（英特尔）〔代表产品：凌动（Atom）〕、ADI 公司（代表产品：ADXL362）和 TI（得州仪器）（代表产品：CC3100/3200）。总体而言，中国对美国物联网芯片呈净进口态势。

在平台建设与运营方面，目前平台建设的主体由设备制造商、网络服务商、行业解决方案提供商、系统集成商等组成，几乎遍布物联网产业链各环节，英特尔、思科、微软、亚马逊、IBM、通用等巨头企业无一缺席，物联网平台迅速从野蛮生长期进入调整洗牌期，平台的马太效应开始显现。中国的阿里巴巴、腾讯、小米公司都在着力打造物联网平台，但是，目前尚处于早起阶段。而美国的亚马逊 AWS IoT 和微软 Azure IoT Suite 已经取得一定领先优势。据调查统计，51.8% 的开发者将 AWS IoT 作为物联网应用首选开发平台，31.2% 的开发者首选 Azure IoT Suite。中国的物联网平台公司暂时处于劣势，并且部分中国应用公司也是建立在美国物联网平台之上的。

在 Mems 传感器方面，现阶段全球范围内已有 2 万多种传感器产品，但国内仅有 6000 多种传感器，传感器产品品类严重不足，尤其是先进 MEMS 传感器不足。全球排名前 30 位的 MEMS 企业中仅有歌尔和瑞声是中国企业，但产品以单一的 MEMS 麦克风为主。国内企业基础研发能力不足，多以采购核心的传感器和借助国内的电路设计企业来完成整个系统的开发，国内的 MEMS 企业依靠国外的技术，从事技术含量较低的 MEMS 产品，与国外同类产品相比，产品一致性、可靠性水平比国外低 1～2 个数量级。而高精度、高可靠传感器严重依赖进口，从而被这些发达国家公司垄断，其中包括美国的 GE 公司、Honeywell 公司等。

4. 小结

从全球范围看，中国和美国都属于物联网产业第一阵营国家，但是，与美国物联网产业相比，中国在物联网规模、平台影响力、产业生态、核心技术、关键设备等方面都存在不小的差距，中美在物联网产业存在竞合关系且主要是中国对美国存在依赖关系，中美贸易摩擦会对中国物联网产业发展产生一定的不利影响。

中国在物联网产业存在的主要优势在数据传输技术和物联网基础设施建设上，突出表现在以华为为代表的物联网供应链综合提供商和以中国移动、中国联通、中国电信为代表的数据/移动通信运营商，跻身全球物联网排名前列。目前中国物联网基础设施建设正在大规模推进，国内 NB-IoT 基站已超过 100 万个，从广覆盖开始走向深度覆盖。三家运营商完成超百万 NB-IoT 基站商用，中国已建成全球最大的 NB-IoT 网络，网络优化和深度覆盖将是下一步布局重点。[①] 不过，中国虽形成规模最大公共物联网网络，但盈利模式尚需探索。

五 对策建议

在当前全球物联网发展的关键时期，中国物联网发展面临难得的机遇，也面临前所未有的挑战，为此，提出以下发展建议。

1. 打造具有国际竞争力的物联网产业生态

当前，物联网平台成为产业生态构建的核心关键环节，掌握物联网平台就掌握了物联网生态的主动权。要下大力气以物联网终端、操作系统和云平台一体化为突破口，整合产业链上下游，培育连接产业链上下游需求的

---

① 中国信息通信研究院：《物联网白皮书（2018 年）》，2018 年 12 月，http：//www. caict. ac. cn/kxyj/qwfb/bps/201812/t20181210_ 190297. htm。

"中间群体"，构建完善的产业生态。

2. 推进物联网集成创新和规模化应用

依托我国在移动通信、互联网发展中积累的设备制造、网络运营及面向个人消费领域的应用服务等优势，带动物联网芯片特别是物联网通信芯片的技术研发，推动设计、制造、封测等产业链环节共同发展。围绕车联网和智慧交通、智能制造和工业互联网等关系国计民生的重要行业和关键领域，大力推广物联网新技术、新产品、新模式和新业态，发展丰富的智能化服务。

3. 补齐核心技术的短板

大力开展关键技术攻关，提升产业核心竞争能力。以自主创新为核心，充分整合调动各类创新资源，打造产业联盟、创新中心、重点实验室等融合创新载体，增强公共服务能力，加强研发布局和协同创新，加快形成覆盖技术研发、标识解析、标准测试等的公共服务体系。

4. 深入推进"宽带中国"战略，发挥信息基础设施优势

进一步提升4G网络覆盖率，推动窄带物联网深度覆盖，加快推进5G商用，构建泛在的信息基础设施。

5. 抢占物联网标准制定的国际竞争制高点

支持我国行业企业、行业标准化组织等参加物联网国际标准化制定，与电信网络运营商、设备制造商、互联网服务提供商共同推进国际标准化制定，逐步形成"以产业促标准研制，以标准促生态构建"良性发展局面。

参考文献

中国信息通信研究院：《物联网白皮书（2018 年）》，2018 年 12 月，http：// www. caict. ac. cn/kxyj/qwfb/bps/201812/t20181210_ 190297. htm。

中国信息通信研究院、中国移动信息安全管理与运行中心：《物联网安全白皮书（2018）》，2018 年 9 月，http：//www. caict. ac. cn/kxyj/qwfb/bps/201809/t20180919_ 185439. htm。

中国信息通信研究院：《物联网白皮书（2016 年）》，2016 年 12 月，http：//

www. caict. ac. cn/kxyj/qwfb/bps/201804/t20180426_ 158398. htm。

《2018 全球最强物联网公司榜单揭晓，20 家企业物联网战略大起底!》，物联网智库，2018 年 3 月 17 日，https：//www. sohu. com/a/225773412_ 297710。

易水寒：《2018 全球物联网芯片 500 强企业排行榜和 TOP 10 的详细介绍》，2018 年 11 月 12 日，http：//news. rfidworld. com. cn/2018_ 11/2c0bbe86ac899b4b. html。

物联网智库原创，物女王（彭昭）：《BI Intelligence、福布斯、麦肯锡的 2018 最新报告陈述了关于 IoT 的这些事实…》，2018 年 4 月 15 日，www. sohu. com/a/228352617_ 160923。

《热门科技产品："国际 10 大物联网行业排行：未来发展路线!"》，2018 年 11 月 13 日，https：//baijiahao. baidu. com/s? id = 1617028850775477681&wfr = spider&for = pc。

IoT Analytics：《调研 1600 个物联网项目，我们发现了 2018 可能大火的物联网应用!》，2018 年 3 月 12 日，https：//new. qq. com/omn/20180312/20180312A14GL6. html。

云智易物联平台：《深度丨一文带你解读〈2017～2018 年中国物联网发展年度报告〉》，2018 年 9 月 27 日，www. sohu. com/a/256462466_ 772945。

B.8
中美5G产业竞争力比较

李　铖*

摘　要： 通信技术大约每十年发生一次革命。自2008年4G通信技术出现后，经过十余年的蛰伏，2019年5G通信启动，全球正式进入5G产业发展元年。本文介绍了5G产业概念和产业链基本情况，并从国家和企业层面分析了5G全球产业布局，同时对中国和美国在全球5G产业链中的竞争与合作关系以及中美5G产业的相互开放程度进行了分析。研究表明：全球5G产业发展前景广阔，将对全球多个产业产生革命性影响；中国5G产业竞争力全球领先，并拥有中国移动、华为等国际产业巨头；中美在5G标准、5G技术和5G应用方面竞争与合作并存；相较美国，中国面对5G产业发展的态度更加开放和包容；此外，中国5G产业发展过程中仍面临诸多挑战，亟须掌握5G标准主导权，突破关键核心技术瓶颈，营造良好产业发展环境，以进一步提升产业竞争力。

关键词： 5G　全球产业布局　国际竞争力

---

* 李铖，中国社会科学院大学博士研究生，主要研究领域为产业经济、产业投资。

一 5G产业概述

（一）5G概述

5G，是指第五代移动通信标准。通信技术大约每十年发生一次革命：1982年，被称为1G通信的全球首个移动蜂窝电话系统AMPS正式投入运营，用户只能通过拨打移动电话进行语音通话；1991年，2G通信技术出现，通信技术实现了从模拟信号到数字信号的转换，移动电话实现了短信收发功能；1998年，3G通信技术出现，移动电话实现了与互联网的连接，视频电话和网页浏览开始普及；2008年，4G通信技术出现，智能手机业务得以迅速发展。如今，5G通信技术进入大众的视野，在5G时代，观看超高清网络视频、物联网、人工智能等应用场景将从过去的想象变为触手可及的现实，我们的生活也将因为5G而发生新的变化。与4G相比，5G在流量密度、连接密度、时延、移动性、能效、用户体验速率、谱效和峰值速率等各项技术指标上都将实现数量级提升，5G是对通信技术一场新的革命，将对全球经济、科技和社会发展产生深远影响。

2012年7月，联合国下属的ITU（国际电信联盟）正式启动5G研究工作，于2014年10月形成了"IMT-2020工作计划"，并于2015年6月制定了5G标准制定时间表。按照ITU的设想，到2020年底，5G技术将具备商用能力。IHS Markit发布的《5G经济：5G技术如何影响全球经济》报告指出，到2035年，5G全球经济产出将达到12.3万亿美元，约占2035年全球实际总产出的4.6%，并创造2200万个工作机会。

（二）5G产业链概述

1. 5G产业链基本情况

5G产业链可以划分为规划期、建设期、运维期和应用期，其中，规划期为上游产业，建设期为中游产业，运维期和应用期为下游产业。规划期的

主要细分行业是网络规划设计；建设期的主要细分行业包括基站天线、基站射频器件、光模器件、基站设备、传输主设备、光纤光缆、网络工程建设及铁塔建设、芯片等；运维期的主要细分行业是网络优化/运维；应用期则包含了5G终端用户，是规模最大、最有想象空间的环节，包括手机终端、物联网等。

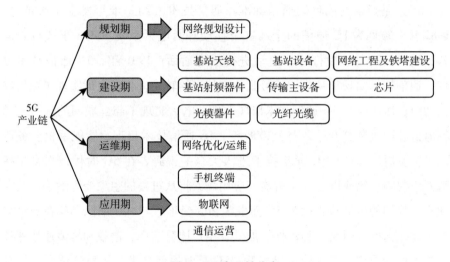

图1　5G产业链分布

（1）上游产业

网络规划设计是指在建设通信网络之前，对网络架构进行的整体规划和统筹设计。网络规划设计的主要参与者是通信运营商及为其提供技术服务的相关企业。网络规划设计的投资额一般为5G总投资额的2%，根据有关机构测算，我国网络规划设计的总体市场规模约为260亿元。

（2）中游产业

①基站天线

基站天线是基站中用于收发信号的部件。基站天线生产商既包括华为等大型通信设备商，也包括其他专业基站天线生产商。在5G基站中，每个宏基站有3面天线，每个小基站有1面天线，以每面宏基站天线成本2800元、每面小基站天线成本800元计算，我国5G基站天线市场规模约为440亿元。

②基站射频器件

基站射频器件是指在基站中放大向空间发射的信号强度的器件，与基站天线进行匹配，是无线连接的核心。在5G基站中，每面天线需配备1套射频器件，则每个宏基站需配备3套射频器件，每个小基站需配备1套射频器件，以每套宏基站射频器件成本1800元、每套小基站射频器件成本900元计算，我国5G基站射频器件市场规模约为300亿元。

③光模器件

光模器件包括光电子器件、光接口和功能电路等，其作用是实现光电转换，即光模器件的发射端将电信号转换为光信号，通过光纤传输后，接收端再将光信号转换为电信号。根据我国5G规划，完成全部5G网络建设需要6200万个光模器件，其中，前传25G/50G LR光模器件4560万个，中传50G ER光模器件1600万个，回传相干光模器件40万个，据此，我国5G光模器件市场规模共计约770亿元。

④基站设备

基站设备是一种移动通信所使用的无线电台，其作用是通过移动交换中心，在移动终端之间进行信息传递，包括宏基站、小基站和室内分布式基站。宏基站是指在铁塔上建设的基站，因在所有基站类型中体型最大、用户量承载最大、覆盖面积最广，因此被称为宏基站；小基站即指小型化基站，通常在楼宇间或密集区或宏基站无法覆盖的其他盲区安装，相对宏基站，小基站体型小，用户承载量小，覆盖面积小；室内分布式基站是指安装在室内或安装在室外供室内用户使用的基站，包括皮基站和飞基站等。完成我国5G建设需要500万个宏基站，以每个5G宏基站成本12万元计算，5G宏基站市场规模约为6000亿元；小基站建设需要260万个，以每个小基站成本1万元计算，5G小基站市场规模约为260亿元；此外，5G室内分布式基站的市场规模约为100亿元。因此，我国5G基站设备的总体市场规模约为6360亿元。

⑤传输主设备

传输主设备包括5G前传、中传、回传及配套城域网或骨干网，以及

SDN/NFV 系统。其中，SDN，即软件定义网络，是一种实现网络虚拟化的方法，通过将网络设备的控制面和数据面分离，实现网络流量控制的灵活性。NFV，即网络功能虚拟化，是指通过通用性硬件和虚拟化技术，实现多功能软件处理，降低网络设备成本。我国 5G 传输网络和 SDN/NFV 系统建设的预计市场规模将达到 2800 亿元。

⑥光纤光缆

光纤光缆是指 5G 通信使用的电缆。考虑 5G 前传和中传对光纤光缆的新增需求，根据 CU（控制单元）和 DU（基站分布式单元）集中部署和分离部署的比例等计算，我国 5G 光纤光缆的市场规模约为 300亿元。

⑦网络工程及铁塔建设

网络工程建设是指 5G 网络的建设实施，包括网络综合布线和测试调配。铁塔建设是指通信铁塔等基站配套设施建设。按照 4G 通信建设经验计算，我国 5G 网络工程建设的市场规模将达到 2000 亿元；根据未来 5G 基站数量计算，我国 5G 基站铁塔建设市场规模将达到 1000 亿元。因此，我国 5G 网络工程及铁塔建设的整体市场规模约为 3000 亿元。

⑧芯片

5G 芯片包括射频芯片、基站芯片和基带芯片等。射频芯片是指将无线电信号转换成一定的波形，并通过天线发送的电子元件；基站芯片是提高基站运算能力的芯片；基带芯片的主要功能是在手机发射信号时，将音频信号编译成基带码，在手机接收信号时，将基带码解译为音频信号。在单机价值和 5G 换机潮等因素的推动下，我国射频芯片市场规模将达到 2400 亿元；考虑到 5G 基站需求量将达到约 800 万台，我国 5G 基站芯片市场规模预计为 100 亿元；近年来，基带芯片市场规模稳定在 1500 亿元，因此可以预计，我国 5G 基带芯片市场规模也将在 1500 亿元左右。因此，我国 5G 芯片的整体市场规模将达到 4000 亿元。

综上所述，我国 5G 建设阶段各环节市场规模合计将达到 17970亿元。

（3）中游产业

主要涉及5G网络的优化和运营维护等。我国5G网络优化、运营和维护的市场规模预计为1300亿元。

（4）下游产业：应用期

①手机终端

根据咨询机构Gartner预测，到2020年，我国5G手机的年销量将达到6500万部，以每部5G手机5000元计算，则我国5G手机终端的市场规模将达到3250亿元。

②物联网

物联网是指按照约定的通信协议，通过红外感应器、射频识别、全球定位系统、激光扫描器、气体感应器等信息传感装置，将物品与互联网进行连接而形成的一种物物相连的互联网。根据中国产业信息网预测，到2020年，我国物联网市场规模将达到18000亿元。

③通信运营

通信运营是在5G投入使用后，通信运营商对5G网络的运营业务。根据中国信息通信研究院数据，预计2020~2025年，5G通信运营市场规模将达到19000亿元。

综上所述，5G应用期的整体市场规模将达到40250亿元。

2. 5G产业链综述

5G产业链所涉及的细分行业达到13个，从规划期、建设期、运维期到应用期，中国5G产业的整体市场规模预计将达到6万亿元。

二 5G全球产业布局分析

从全球视角来看当前5G产业发展，国家和地区层面的竞争态势已初步形成，其中，中国、美国、韩国和日本的综合实力强，处于第一阵营，欧洲、澳大利亚、加拿大和中国台湾紧随其后；企业则正在围绕技术和市场展开激烈竞争，未来竞争格局仍不明朗。

（一）国家和地区层面

全球各主要国家和地区均将 5G 作为战略性支柱性产业，高度重视 5G 发展，纷纷投入 5G 产业的激烈竞争中。截至 2019 年 2 月，已有 83 个国家的 201 个通信运营商开展 5G 投资。总体来看，中国、美国、韩国和日本处于全球 5G 产业第一梯队，其中，中国与美国并驾齐驱，同处全球第一，紧随其后的为韩国和日本；德国、英国、法国、芬兰、瑞典处于第二梯队；意大利、澳大利亚、加拿大和中国台湾则处于第三梯队。

1. 中国

中国对 5G 的研究始于 2012 年，当年 11 月，"十二五" 863 计划 "无线通信技术" 研讨会在无锡召开，正式拉开了中国 5G 研究的序幕。2013 年，工信部、国家发改委、科技部联合成立 IMT－2020（5G）推进组，统筹推进 5G 有关工作。2014 年，FUTURE 论坛 5G 峰会发布了中国第一个 5G 技术白皮书。2016 年，中国启动 5G 关键技术试验。2018 年 8 月，国家发改委和工信部启动 "信息消费三年行动计划"，提出确保 2020 年实现 5G 商用。2019 年 6 月 6 日，工信部正式向中国移动、中国联通、中国电信和中国广电发放 5G 商用牌照，标志着中国的 5G 产业正式进入商用阶段。

5G 投资额和经济产出方面，根据测算，中国 5G 建设的投资规模将达到 1.8 万亿元人民币（约合 2617 亿美元）；根据 IHS Markit《5G 经济：5G 技术如何影响全球经济》测算，2020 年至 2035 年，中国 5G 投资额将占全球的 24%，仅次于美国，排名全球第二；到 2035 年，中国 5G 总产出将达到 9840 亿美元，并将创造 950 万个就业机会。根据中国信通院《5G 经济社会影响白皮书》预测，2030 年，5G 带动的中国直接和间接产出将分别达到 6.3 万亿元和 10.6 万亿元，5G 带动的中国直接和间接经济增加值分别达到 2.9 万亿元和 3.6 万亿元，而 5G 带动的中国直接和间接就业机会分别达到 800 万个和 1150 万个。5G 商业部署方面，中国三大运营商已陆续在国内城市完成试点，同时计划在 2019 年 9 月底前在多个主要城市完成 5G 初步部署，2020 年将全面铺开 5G 商业部署。关键的 5G 频谱储备方面，中国的总体频谱储备量全球排名第 11，但中频频谱储备位居全球第一①。基础设施建设方面，中国每 10000 人拥有超过 14 个基站，每 10 平方英里拥有超过 5 个站点。5G 技术水平方面，中国已实现从 1G、2G 时代的全面落后，到 3G、4G 时代的追赶，再到 5G 时代的行业引领的蜕变。2018 年，中国企业在 5G 系统测试方面表现出色，不但基本通过所有关键环节测试，且性能指标优于国外企业。根据 ETSI（欧洲电信标准化协会）和企业官方网站信息，目前持有超过 1000 族 5G 新空口标准专利的企业中，华为、中兴位居前四，华为更是高居第一；根据 IPLytics 分析统计，截至 2019 年 3 月，中国厂商全球主要 5G 标准专利数量占比为 34%，位居全球第一。

2. 美国

美国在通信领域一直处于全球领先地位，全球首个移动蜂窝电话系统 AMPS 即诞生于美国。从 1G 时代到 4G 时代，美国始终在引领通信行业的技术变革和创新。进入 5G 时代，美国的优势逐渐被中国等后发国家追赶，形成了美国、中国、日本、韩国和主要欧洲国家群雄纷争的局面。2018 年 10 月，美国宣布将制定一项长期全面的国家频谱战略，为下一代 5G 网络的引入做准备。2019 年 4 月，美国公布了一系列旨在促进 5G 产业发展的举措，同日，FCC（美国联邦通信委员会）宣布计划在未来 10 年投资 204 亿美元，在美国农村和郊区建设高速宽带网络。

5G 投资额和经济产出方面，根据 IHS Markit《5G 经济：5G 技术如何影响全球经济》测算，2020 年至 2035 年，美国 5G 投资额将占全球的 28%，位居全球第一；到 2035 年，美国 5G 总产出将达到 7190 亿美元并将创造 340 万个就业机会。5G 商业部署方面，美国是全球进行 5G 商用部署最早的国家，目前已在 92 个城市完成部署，排名全球第一。5G 频谱储备方面，美国的高频频谱和低频频谱全球第一，但美国在中频频谱方面却没有储备，明显落后于其他国家②。基础设施建设方面，美国则远落后于中国，美国每万

---

① Analysys Mason, *Global Race to 5G-Update*.

② Analysys Mason, *Global Race to 5G-Update*.

人只拥有4.7个基站，每10平方英里只有0.4个站点。5G技术水平方面，美国技术优势不再，2018年，美国企业在5G系统测试方面无任何表现，但美国掌握着芯片和操作系统等5G基站设备和终端的核心技术。根据IPLytics分析统计，截至2019年3月，美国厂商全球主要5G标准专利数量占比仅为14%，位居全球第三，与中国有一定差距。

3.韩国

韩国属于5G领域的先行者。2017年，韩国提出"5G国家战略"，拟投入1.6万亿韩元（约合14亿美元），并于2018年平昌冬奥会期间实现5G预商用。2018年12月，韩国三大通信运营商宣布韩国5G网络正式商用，标志着韩国成为全球第一个使用5G的国家。2019年4月，韩国又提出"5G+战略"计划，预计投资30万亿韩元（约合254亿美元），到2022年建成全国性5G网络。

5G投资额和经济产出方面，根据IHS Markit《5G经济：5G技术如何影响全球经济》测算，2020年至2035年，韩国5G投资额将占全球的3%，位居全球第六；到2035年，韩国5G总产出将达到1200亿美元并将创造96.3万个就业机会。5G商业部署方面，韩国已在48个城市完成商用部署，排名世界第二。5G基础设施建设方面，韩国科技和通信部表示，2019年将在85个城市建设23万个5G基站，覆盖韩国5100万总人口的93%，届时每万人将拥有48个基站。5G频谱储备方面，韩国总体频谱储备量居世界第13位，中频频谱储备量位居世界第四。5G技术水平方面，韩国位居世界前列。根据IPLytics分析统计，截至2019年3月，韩国厂商全球主要5G标准专利数量占比为25%，位居全球第二，仅次于中国。

4.日本

日本曾经掌握3G通信的国际顶尖技术，但因影响力有限，最终在世界通信标准竞争中处于下风。在错过4G时代后，日本着力在5G甚至是6G方面发力。2018年7月，日本公布了以2030年代为设想的电波利用战略，提出了"Beyond 5G"概念，预计2020年5G速度将达到目前移动通信速度的100倍，而再下一代通信技术的传输容量有望达到5G的10倍以上。

5G 投资额和经济产出方面，根据 IHS Markit《5G 经济：5G 技术如何影响全球经济》测算，2020 年至 2035 年，日本 5G 投资额将占全球的 11%，仅次于美国和中国，位居全球第三；到 2035 年，日本 5G 总产出将达到 4920 亿美元并将创造 210 万个就业机会。5G 商业部署方面，日本正在抓紧进行相关工作，并计划于 2020 年奥运会前完成全面部署。5G 频谱储备方面，日本的总体频谱储备量位居世界第八，中频频谱储备量位居世界第七。5G 基础设施建设方面，日本四大电信公司将在未来五年内累计投入 1.7 万亿日元（约合 157 亿美元）用于 5G 网络建设。5G 技术水平方面，日本处于追赶态势。根据 IPLytics 分析统计，截至 2019 年 3 月，日本厂商全球主要 5G 标准专利数量占比为 6%，位居全球第六。

5. 德国

德国是欧洲较早启动 5G 产业发展的国家。2016 年 7 月，以德国为主的欧盟发布了《欧盟 5G 宣言——促进欧洲及时部署第五代移动通信网络》，将发展 5G 产业作为构建"单一数字市场"的重要渠道。2017 年 7 月，德国发布 5G 战略，致力于成为 5G 网络及应用的领导型国家。

5G 投资额和经济产出方面，根据 IHS Markit《5G 经济：5G 技术如何影响全球经济》测算，2020 年至 2035 年，德国 5G 投资额将占全球的 4%，仅次于美国、中国和日本，位居世界第四；到 2035 年，德国 5G 总产出将达到 2020 亿美元并将创造 120 万个就业机会。5G 商业部署方面，德国电信计划在 2020 年前完成 5G 全面商用部署。5G 频谱储备方面，目前德国的总体频谱储备量位居世界第三，但尚无中频频谱储备。5G 技术水平方面，德国相对第一梯队的中、美、韩、日等四国有明显差距，在 5G 技术专利方面已经掉队，目前无核心 5G 专利，除通信运营商外，德国在 5G 领域暂无明星企业。

6. 英国

英国目前位于国际 5G 产业的第二梯队，也是欧洲较早涉足 5G 的国家。2017 年 3 月，英国发布了《下一代移动技术：英国 5G 战略》，从七个主题提出了发展 5G 产业的主要措施，以期形成领先全球的服务大众型数字经济。按照规划，英国也将在 2020 年推出 5G 商用服务。

5G 投资额和经济产出方面，根据 IHS Markit《5G 经济：5G 技术如何影响全球经济》测算，2020 年至 2035 年，英国 5G 投资额将占全球的 3.5%，紧追德国，位居世界第五；到 2035 年，英国 5G 总产出将达到 760 亿美元并将创造 60.5 万个就业机会。5G 商业部署方面，英国已在 16 个城市实现商用部署，位居世界第三。5G 频谱储备方面，目前英国的总体频谱储备量位居世界第五，中频频谱储备位居世界第四。5G 技术水平方面，英国处于下风，根据 IPLytics 分析统计，截至 2019 年 3 月，英国仅有 2 项 5G 标准必要专利。

7. 法国

法国同处国际 5G 产业的第二梯队，总体步伐相对第一梯队和第二梯队的德国和英国较为缓慢。2018 年 7 月，法国发布 5G 路线图，计划于 2019 年秋季启动 5G 频谱拍卖，2020 年建成第一个 5G 城市，而 5G 网络全面部署要到 2025 年。

5G 投资额和经济产出方面，根据 IHS Markit《5G 经济：5G 技术如何影响全球经济》测算，2020 年至 2035 年，法国 5G 投资额将占全球的 2.5%，位居世界第七；到 2035 年，法国 5G 总产出将达到 850 亿美元并将创造 39.6 万个就业机会。5G 频谱储备方面，目前法国的总体频谱储备量位居世界第九，尚无中频频谱储备。5G 技术水平方面，法国也不具备竞争力，目前尚无 5G 核心技术专利。

8. 芬兰

芬兰是欧洲 5G 的主要推动者之一。2018 年 9 月，芬兰电信运营商 Elisa 宣布开通世界首个商用 5G 网络，成为世界上第一个开通 5G 网络服务的国家。芬兰的 5G 技术水平位居世界前列，根据 IPLytics 分析统计，截至 2019 年 3 月，芬兰企业 5G 标准必要专利占全球的 14%，与美国并列全球第三。

9. 瑞典

瑞典预计将在 2019 年下半年正式启动 5G 网络建设工作，并于 2020 年启动 5G 商用服务。5G 频谱储备方面，瑞典的总体频谱储备量位居世界第七，中频频谱储备量位居世界第九。瑞典的 5G 技术水平世界领先，根据 IPLytics 分析统计，截至 2019 年 3 月，瑞典企业 5G 标准必要专利占全球的约 8%，排名世界第六。

10. 意大利

意大利最大的通信运营商 TIM 计划在 2019 年底前在 6 个城市开展 5G 服务，并计划在两年内将 5G 服务覆盖至意大利 120 个城市，占意大利总人口的 22%。5G 频谱储备方面，意大利的总体频谱储备量位居世界第五，中频频谱储备量位居世界第二。5G 技术水平方面，根据 IPLytics 分析统计，截至 2019 年 3 月，意大利仅有 1 项 5G 标准必要专利。

11. 澳大利亚

澳大利亚的 5G 进展较为缓慢。2018 年 12 月，澳大利亚主要通信运营商 Telstra 宣布了其"2022 计划"，计划于 2022 年全面进入 5G 领域。2019 年 5 月，澳大利亚宣布成为仅次于美国和韩国的使用 5G 网络的第三个国家。澳大利亚在 5G 频谱储备方面有较强的优势，澳大利亚的总体频谱储备量位居世界第二，中频频谱储备量位居世界第六。

12. 加拿大

加拿大最大的通信运营商 Telus 计划在 2019 年至 2020 年逐步开展 5G 商用部署。5G 频谱储备方面，加拿大的总体频谱储备量位居世界第三，目前尚无中频频谱储备。5G 技术水平方面，根据 IPLytics 分析统计，截至 2019 年 3 月，加拿大有 9 项 5G 标准必要专利。

13. 中国台湾

2019 年 6 月，中国台湾公布 5G 战略，未来将投资 204 亿元新台币（约合 6 亿美元），目标是到 2022 年打造年产值达到 500 亿元新台币（约合 16 亿美元）的 5G 产业。台湾的 5G 技术水平总体较强，根据 IPLytics 分析统计，截至 2019 年 3 月，台湾企业 5G 标准必要专利共计 33 项，高于德、英、法等国。

总体来看，中国、美国、韩国、日本等第一梯队成员在 5G 投资额、经济产出、商业部署、基础设施和技术水平方面总体处于领先地位，而第二梯队和第三梯队成员虽然综合实力相对较弱，但均有各自特色和优势。从投资和经济产出来看，中国、美国、日本、德国、英国、韩国、法国等国处于领先地位；从商业部署来看，美国、韩国和英国较为领先；从技术水平来看，中国、韩国、美国、芬兰、瑞典、日本等国位居前列。

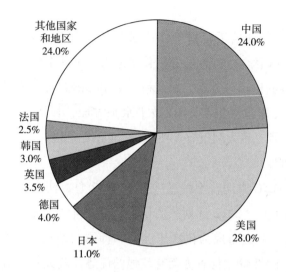

图2 不同国家和地区 5G 产业投资占比（2020～2035年）

资料来源：IHS Markit。

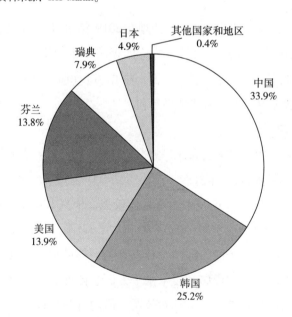

图3 不同国家和地区 5G 标准必要专利数占比

资料来源：IPLytics。

表1　不同国家和地区5G综合实力

	国家和地区	投资额(亿美元)	经济产出(亿美元)	就业(万个)	商业部署	频谱储备	基础设施	技术水平
第一梯队	中国	2617	9840	950	2020年将全面铺开5G商业部署	中频频谱储备全球第一	每万人拥有超过14个基站,每10平方英里超过5个站点	5G标准专利数量占比34%,位居全球第一
	美国	3050	7190	340	已在92个城市完成部署,全球第一	高频和低频频谱全球第一	每万人拥有4.7个基站,每10平方英里有0.4个站点	5G标准专利数量占比14%,位居全球第三
	韩国	327	1200	96.3	已在48个城市完成商用部署,位居全球第二	中频频谱储备量世界第四	每万人将拥有48个基站(预计)	5G标准专利数量占比25%,位居全球第二
	日本	1199	4920	210	2020年奥运会前完成全面部署	中频频谱储备量世界第七,总体频谱储备量世界第八	未来五年内累计投入1.7万亿日元(约合157亿美元)建设5G网络	5G标准专利数量占比6%,位居全球第六
第二梯队	德国	436	2020	120	2020年前完成5G全面商用部署	总体频谱储备量世界第三	—	无5G标准专利
	英国	380	760	60.5	已在16个城市实现商用部署,位居全球第三	总体频谱储备量世界第五,中频频谱储备世界第四	—	仅有2项5G技术专利

续表

国家和地区		投资额（亿美元）	经济产出（亿美元）	就业（万个）	商业部署	频谱储备	基础设施	技术水平
第二梯队	法国	272	850	39.6	—	总体频谱储备量世界第九	—	无 5G 标准专利
	芬兰	—	—	—	世界上第一个开通 5G 网络服务的国家	—	—	5G 标准专利占比 14%，位居全球第三
	瑞典	—	—	—	2020 年启动 5G 商用服务	总体频谱储备量世界第七，中频频谱储备量世界第九	—	5G 标准专利占全球的约 8%，位居世界第六
第三梯队	意大利	—	—	—	计划在 2021 年前将 5G 服务覆盖至 120 个城市	总体频谱储备量世界第五，中频频谱储备量世界第二	—	仅有 1 项 5G 标准专利
	澳大利亚	—	—	—	计划于 2022 年全面进入 5G 领域	总体频谱储备量世界第二，中频频谱储备量世界第六	—	无 5G 标准专利
	加拿大	—	—	—	计划在 2019~2020 年逐步开展 5G 商用部署	总体频谱储备量世界第三	—	9 项 5G 标准专利
	中国台湾	6	—	—	—	—	—	5G 标准专利共计 33 项

资料来源：IHS Markit、CTIA、Analysys Mason。

（二）企业层面

1. 5G网络规划设计和通信运营

网络规划设计属于5G的上游产业，是5G竞争的发端，主要由各国通信运营商来承担。通信运营属于5G的下游产业，是最接近消费者的一端，同样由通信运营商来负责运营。各国对5G的战略规划首先就体现在通信运营商的5G布局上。总体来看，通信运营商的竞争力与其依靠的市场规模有直接关系。中国通信运营商依靠中国广阔的市场、政府对5G的政策支持和中国较为完整的5G产业链，目前处于5G商业应用的全球领先位置。美国通信运营商将其在通信行业积累的多年技术、服务优势延续到5G，与中国并驾齐驱。此外，韩国和欧洲通信运营商也依赖多年行业经验在5G商用方面占据一席之地。

（1）中国——中国移动

中国移动成立于2000年，现任董事长为杨杰。根据中国移动年报，2018年其销售收入为7385亿元人民币（约合1073亿美元），排名全球第三，中国市场占有率达到53%，用户数超过9亿。

中国移动在5G商用部署方面走在国际前列。2018年，中国移动已启动试点城市5G商用测试。2018年12月，中国移动宣布在全球规模最大的5G试验网上，在17个城市全面启动面向商用的5G测试。2019年4月，中国移动成功打通第一个5G电话。2019年6月，中国移动正式获得工信部颁发的5G牌照。目前，中国移动在5G终端研发方面已拥有20个合作伙伴，并计划于2019年9月底前实现国内40个城市的商用。

（2）美国

①AT&T

AT&T成立于1877年，其前身是美国贝尔电话公司，创始人即为电话发明人贝尔，现任CEO为Randall Stephenson，根据AT&T年报，2018年其销售收入达到1581亿美元，排名全球第一。

AT&T较早开展了5G相关工作。2018年12月，AT&T在美国12个城

市进行了 5G 网络部署,并提供了 5G 服务。2019 年 6 月,AT&T 进行 5G 网速首次测试,结果理想。

②Verizon

Verizon 由弗莱森公司与沃达丰公司在美国的无线业务于 2000 年合并而成,现任 CEO 为 Hans Vestberg,目前用户数为 8370 万,位居美国第一。根据 Verizon 年报,2018 年其销售收入为 1241 亿美元,排名全球第二。

Verizon 是美国最早进入 5G 领域的通信运营商。2018 年 10 月,Verizon 即在美国 4 个城市开展了 5G 商用服务,目前已在美国 16 个地区试点 5G 商用服务。

(3)韩国——KT Corp

KT Corp 成立于 1981 年,是韩国最大的通信运营商,现任 CEO 为黄昌圭。根据 KT Corp 年报,2018 年其实现销售收入 23.46 万亿韩元(约合 199 亿美元),排名韩国第一。

KT Corp 是全球最早进行 5G 商用尝试的通信运营商。2018 年初,KT Corp 已尝试为平昌冬奥会提供 5G 服务。2018 年 4 月,KT Corp 已进入 5G 28GHz 试验网的最后测试阶段,2018 年 10 月,实现小规模商用。2018 年 12 月,KT Corp 与 LG U+、SKT 等三大通信运营商宣布韩国 5G 网络正式商用,使韩国成为全球第一个使用 5G 技术的国家。

(4)德国——德国电信

德国电信成立于 1995 年,现任 CEO 为 Timotheus Hoettges。根据德国电信年报,2018 年其实现销售收入 830 亿美元,排名欧洲第一、全球第五。

相对中国、美国和韩国的竞争者而言,德国电信在 5G 领域的布局较慢。2019 年 6 月,德国电信在德国 2 个城市启动 5G 试用,预计年底前还将在 4 个城市推出 5G 试用。2020 年底前,德国电信的 5G 网络将覆盖德国 20 个城市。

表2　全球通信运营商综合实力

公司	国家	2018 年销售收入 （亿美元）及排名	5G 进展
中国移动	中国	1073（第三）	2019 年 6 月,中国移动正式获得工信部颁发的 5G 牌照 计划于 2019 年 9 月底前实现国内 40 个城市的商用
AT&T	美国	1581（第一）	2018 年 12 月,在美国 12 个城市进行了 5G 网络部署,并提供了 5G 服务 2019 年 6 月,进行 5G 网速首次测试,结果理想
Verizon	美国	1241（第二）	2018 年 10 月,在美国 4 个城市开展了 5G 商用服务,目前已在美国 16 个地区试点 5G 商用服务
KT Corp	韩国	199（韩国第一）	全球最早开展 5G 商用尝试的通信运营商 2018 年初,已尝试为平昌冬奥会提供 5G 服务 2018 年 12 月,宣布韩国 5G 网络正式商用,使韩国成为全球第一个使用 5G 技术的国家
德国电信	德国	830（第五）	在 5G 领域的布局较慢 2019 年 6 月,在德国 2 个城市启动 5G 试用,预计年底前还将在 4 个城市推出 5G 试用。2020 年底前,5G 网络将覆盖德国 20 个城市

资料来源：IHS Markit、企业年报、IPLytics。

2. 5G 基站设备

在 5G 产业链各环节中，通信设备是 5G 产业链极为重要的一环，也是竞争最为激烈的细分行业之一。尤其在 5G 建设阶段，对通信设备的投入将占据主要部分，根据本文测算，中国基站设备投资将达到 6360 亿元，占 5G 总投资额的 35%，可见基站设备在 5G 产业链中的核心地位。近年来，中国通信行业的飞速发展和凤凰涅槃即得益于基站设备技术水平的显著提升。经过 1G 到 4G 通信网络的更新换代，当前 5G 通信设备市场份额主要集中于全球五大设备商，分别是华为、爱立信、诺基亚、三星和中兴。其中，华为不仅是中国最领先的通信设备商，同时也已逐渐成长为全球数一数二的设备商，诺基亚、爱立信、三星等行业内主要参与者紧追不舍，中兴经过多年发展也进入全球第一梯队。

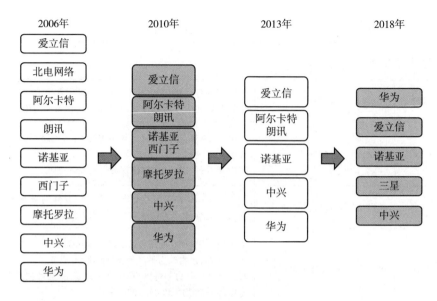

图4 通信设备商竞争格局变迁

（1）中国

①华为

华为成立于1987年，目前业务覆盖170多个国家和地区，创始人为任正非。根据华为年报，2018年，华为实现综合收入7212亿元（约合1048亿美元），占全球通信设备商综合收入的28%，排名世界第二，而在通信设备（含4G）业务方面，根据IHS Markit统计，2018年华为的市场份额为26%，位居全球第二；2019年市场份额为31%，重新上升至第一。

早在4G时代，华为已进入全球领先设备商的行列，而华为在5G方面的研究已超过10年。5G技术水平方面，根据IPLytics分析统计，截至2019年3月，华为的5G标准必要专利占全球的15%，高居第一。在3GPP①RAN

---

① 3GPP成立于1988年12月，由全球七个主要标准制定组织——CCSA（中国通信标准化协会）、ETSI（欧洲电信标准协会）、ATIS（美国电信行业解决方案联盟）、TTC（日本电信技术委员会）、ARIB（日本无线工业及商贸联合会）、TTA（韩国电信技术协会）、TSDSI（印度电信标准开发协会）共同创立，目前成员来自40多个国家或地区，超过550家，参与者包括5G产业链相关核心企业及学术界、政府机构和研究机构等。

第 87 次会议上，由华为研发的 Polar 码成为 5G 控制信道的编码方案，使我国通信企业在全球 5G 行业的话语权得到显著提升。2018 年 9 月，在 IMT - 2020（5G）推进组主导的 5G 关键技术的三个阶段测试中，华为成为首个完成全部测试的厂商，且各项指标在各厂商中表现最优。此外，华为 5G 关键技术 Massive MIMO（多输入多输出）也处于世界领先地位。

5G 业务方面，受中美贸易摩擦影响，根据 IHS Markit 统计，2018 年华为在全球 5G 通信设备领域的市场份额为 15%，位居第四；截至 2019 年 7 月，华为与世界 30 个国家签署了 50 多项 5G 商用合同。除了在 5G 基站主设备方面位居世界前列，华为也提前在 5G 产业链其他环节进行布局，同样处于领先地位，如 2019 年华为发布了世界首款基于 3GPP 标准的 5G 终端芯片和首款 5G 基站核心芯片。

②中兴

中兴成立于 1985 年，目前业务覆盖 160 多个国家和地区，现任董事长为李自学。根据企业年报，2018 年中兴实现综合收入 855 亿元（约合 124 亿美元），占全球通信设备商综合收入的 3%，排名世界第五，而在通信设备（含 4G）业务方面，根据 IHS Markit 统计，2018 年中兴的市场份额为 12%，位居全球第四；2019 年市场份额为 11%，继续排名第四。

中兴与华为可称为中国在通信设备领域的"双子星"。5G 技术水平方面，根据 IPLytics 分析统计，截至 2019 年 3 月，中兴已累计声明 1208 项 5G 标准必要专利，占全球的 12%，位居第五。5G 业务方面，同样受中美贸易摩擦影响，中兴在 5G 通信设备的市场份额竞争力急剧下降，已出现"掉队"现象。

（2）瑞典——爱立信

爱立信成立于 1876 年，现任 CEO 为 Börje Ekholm。根据企业年报，2018 年爱立信综合收入为 233 亿美元，占全球通信设备商综合收入的 6%，排名世界第四，在通信设备（含 4G）业务方面，根据 IHS Markit 统计，2018 年爱立信的市场份额为 29%，位居全球第一；2019 年市场份额为 27%，下滑至第二。

5G 技术水平方面，根据 IPLytics 分析统计，截至 2019 年 3 月，爱立信

已累计声明 819 项 5G 标准必要专利，占全球的 8%，位居第七。5G 业务方面，根据 IHS Markit 统计，2018 年爱立信在全球 5G 通信设备领域的市场份额为 24%，位居第一。

（3）芬兰——诺基亚

诺基亚成立于 1865 年，现任 CEO 为 Rajeev Suri。根据诺基亚年报，2018 年，诺基亚实现综合收入 257 亿美元，占全球通信设备商综合收入的 7%，排名世界第三，在通信设备（含 4G）业务方面，根据 IHS Markit 统计，2018 年诺基亚的市场份额为 23%，位居全球第三；2019 年市场份额为 22%，继续保持在第三位。

5G 技术水平方面，根据 IPLytics 分析统计，截至 2019 年 3 月，诺基亚已累计声明 1427 项 5G 标准必要专利，占全球的 14%，位居第二。5G 业务方面，根据 IHS Markit 统计，2018 年诺基亚在全球 5G 通信设备领域的市场份额为 20%，位居第三。

（4）韩国——三星

三星成立于 1938 年，创始人为李秉喆，现任会长为李秉喆之子李健熙。根据三星年报，2018 年，三星综合收入为 2127 亿美元，占全球通信设备商综合收入的 56%，排名世界第一，在通信设备（含 4G）业务方面，根据 IHS Markit 统计，2018 年三星的市场份额为 5%，位居全球第五；2019 年市场份额约为 5%，继续保持在第五位。

5G 技术水平方面，根据 IPLytics 分析统计，截至 2019 年 3 月，三星已累计声明 1316 项 5G 标准必要专利，占全球的 13%，位居第三。5G 业务方面，三星在 2018 年异军突起，根据 IHS Markit 统计，2018 年三星在全球 5G 通信设备领域的市场份额为 21%，位居第二，成为全球 5G 通信设备领域强有力的竞争者。

总体来看，华为在 5G 技术水平、通信设备总体市场份额方面仍雄踞全球之首，爱立信、诺基亚等传统通信设备商在技术和市场份额方面继续保持较强竞争力，而三星则在 5G 领域突出重围，成为未来市场格局中一个重要变化因素，在贸易摩擦背景下，中兴的 5G 市场份额受到较大影响，但在 5G 技术方面仍具备深厚竞争潜力。

表3　全球通信设备商综合实力

公司	国家	2018年 综合收入 （亿美元） 及排名	2018年 通信设备 市场份额 （含4G）及排名	2019年 通信设备 市场份额 （含4G）及排名	2018年 通信设备 市场份额 （5G）及排名	5G标准必要 专利占比 及排名
华为	中国	1048（第二）	26%（第二）	31%（第一）	15%（第四）	15%（第一）
爱立信	瑞典	233（第四）	29%（第一）	27%（第二）	24%（第一）	8%（第七）
诺基亚	芬兰	257（第三）	23%（第三）	22%（第三）	20%（第三）	14%（第二）
三星	韩国	2127（第一）	5%（第五）	5%（第五）	21%（第二）	13%（第三）
中兴	中国	124（第五）	12%（第四）	11%（第四）	—	12%（第五）

资料来源：IHS Markit、企业年报、IPLytics。

三　中美在全球5G产业链中的竞争与合作关系分析

中国和美国在5G产业发展方面旗鼓相当并各有特色。虽然目前中美围绕5G展开了激烈角逐，甚至成为两国贸易摩擦的焦点，但双方仍有优势互补的空间，竞争与合作并存仍是未来双方5G产业发展的主题。

（一）中美产品与服务进出口分析

1. 中国对美国5G产品出口分析

近十年来，美国一直是中国第一大贸易伙伴，也是中国最主要的出口市场。根据海关总署统计数据，2018年，中国对美国出口额达到历史最高4798亿美元，对美出口额与中国出口总额占比也上升至历史最高的19.30%。随着中美贸易摩擦的产生和进一步升级，2019年上半年中国对美出口额较2018年同期下降9%，美国也下降为中国的第三大贸易伙伴。

自2009年以来，中国通信设备对美国出口额逐年增长。根据中国电子信息产业统计年鉴数据，2016年，中国通信设备对美国出口额已达到114亿美元，占当年中国对美国出口总额的10%，金额和占比均为历年最高。而中国通信设备对美国出口额占中国通信设备出口额的比重也从2009年

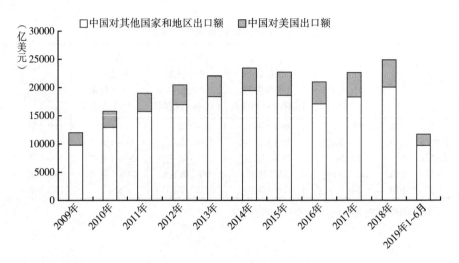

图5　中国对美国出口额近年变化

资料来源：Wind、海关总署。

14%上升至2016年的21%。此外，从华为和中兴2018年5G市场份额的下滑可以看到，美国市场对中国通信行业具有一定影响力。

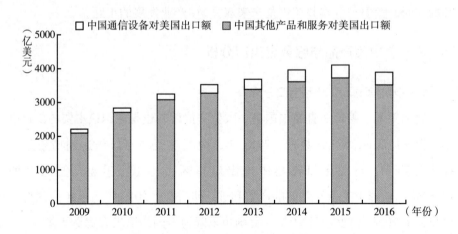

图6　中国通信设备及其他产品和服务对美国出口情况

资料来源：Wind、中国电子信息产业统计年鉴。

2. 中国对美国5G产品进口分析

中国市场对美国同样举足轻重，目前中国是美国的第三大出口国。根据

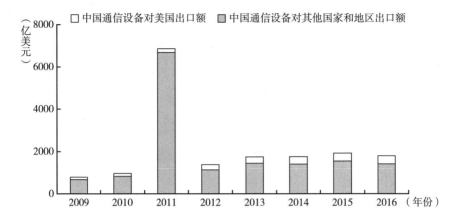

图7 中国通信设备对美国及其他国家和地区出口情况

资料来源：Wind、中国电子信息产业统计年鉴。

海关总署统计数据，2018年，中国对美国进口额达到1554亿美元，连续两年保持在1500亿美元以上。近十年，中国对美进口额与中国进口总额占比一直保持在7%～9%。中美贸易摩擦对中国对美国进口额的影响更大，2019年上半年中国对美进口额较2018年同期降幅达30%。

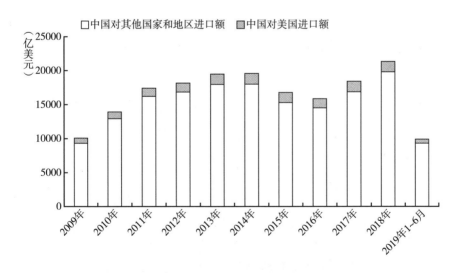

图8 中国对美国进口额近年变化

资料来源：Wind、海关总署。

根据中国电子信息产业统计年鉴数据，近年来，中国对美国通信设备进口额基本保持在 10 亿美元左右，仅占中国对美国进口总额的 1%，金额和占比均较低。而中国对美国通信设备进口额占中国通信设备进口额的比重则从 2009 年的 7% 下降至 2016 年的 3%，中国对美国通信设备的依赖度相对较低。

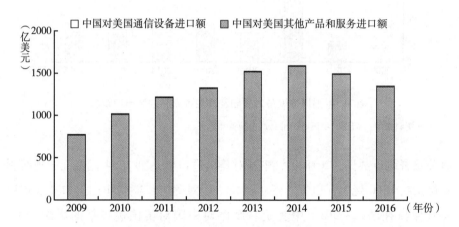

图9　中国对美国通信设备及其他产品和服务进口情况

资料来源：Wind、中国电子信息产业统计年鉴。

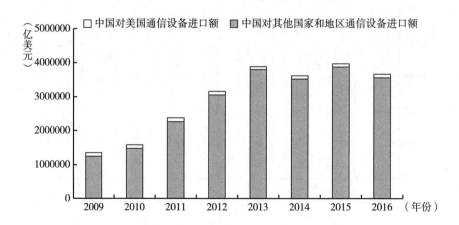

图10　中国对美国及其他国家和地区通信设备进口情况

资料来源：Wind、中国电子信息产业统计年鉴。

总体看，美国对中国通信设备需求较大，同时中国对美国通信设备的总体需求量不大，这也侧面反映出美国对中国通信产品的依赖和中国通信产品对美国市场的依赖。

（二）中美技术依赖性分析

1. 网络规划设计

中美双方在通信产业已积累了丰富经验，已具备5G网络整体规划和统筹设计的能力。因此，在网络规划设计方面，中美双方的技术相互依赖度较低。

2. 基站设备

基站设备的主要零部件包括天线、光模器件、滤波器、功率放大器、高频高速PCB及各类芯片等。中国生产基站设备所用零部件有相当一部分采购自美国生产商。例如，华为2018年的主要供应商有92家，其中33家为美国企业，占比36%。美国企业向中国通信设备商供应的5G产品以芯片和软件为主，中国具备上述细分行业的中低端生产研发能力，但仍缺乏高端技术，特别是高端数字芯片、模拟芯片及操作系统等。

（1）基站天线

中国有部分基站天线自美国进口，但华为等中国企业生产的基站天线可以对美国的基站天线进行替代，而且华为的Massive MIMO天线技术已属全球领先，此外中国有多家基站天线生产企业已进入全球第一阵营，因此中国基站天线对美国技术依赖度不高，相反，美国采购的其他国家的基站设备所用天线技术却在一定程度上需要依靠中国的技术。

（2）光模器件

中国对美国高端电信级光模器件的需求量较大，而且中国无法完全自给光模器件所需的高端光芯片，只能进行中低端层面的替代，因此光芯片有可能对中国产生技术限制。但是美国也对中国生产的高端数通光模器件有进口需求。因此，在光模器件领域，中美双方互相依赖。

（3）滤波器、功率放大器

滤波器是由电容、电感和电阻组成的滤波电路，主要作用是消除其他信

号得到一个特定频率的电源信号或得到一个消除特定频率后的电源信号。功率放大器是指在给定条件下，产生最大功率输出的元器件。目前中国通信基站所用滤波器和功率放大器有一部分采购自美国，如 CommScope 的滤波器、Qorvo 和得州仪器的功率放大器，但总体上中国自产的滤波器和功率放大器可对美国产品进行进口替代。

（4）高频高速 PCB

PCB，也称覆铜板或印制电路板，是电子元器件连接的载体。近年来，中国 PCB 业务发展迅速，国内产品已可在相当程度上满足自用，虽有一部分需要自美国进口，但对美国产品总体依赖度不高。

（5）芯片

基站设备所用芯片包括 FPGA、CPLD、DSP、ADC/DAC 以及路由器交换芯片等。芯片是中国 5G 的薄弱环节，国内厂商只能生产出中低端芯片，高端芯片依然严重依赖进口，其中更以美国生产的芯片为主，这使中国基站设备的生产受到极大限制。

3. 光纤光缆

光棒是制造光纤光缆的关键材料，光棒是指通过特殊工艺制作而成的透明玻璃棒。中国光纤光缆企业的光棒仍然有一部分依赖美国厂商，但还有相当一部分光棒可从日本厂商购置。此外，中国的光纤光缆以内销为主，对美国出口较少。

4. 手机终端

手机终端中最核心的部件依然是芯片。目前，手机用芯片包括基带芯片、射频前端芯片、CPU、GPU、存储芯片和模拟芯片等。国产手机使用芯片大量依靠国外进口，尤其是美国产芯片，其中美国高通公司是手机芯片尤其是基带芯片的绝对龙头，因此国产手机发展受到美国芯片技术的严重制约。此外，此前国产手机的操作系统主要是 Google 的安卓操作系统，这也是国产手机突出重围的一大制约因素。华为子公司华为海思近年深耕芯片领域，有较为深厚的技术积累，同时，在华为被列入"实体清单"后，华为也开始研发自有手机操作系统，国产手机核心部件有望在未来实现技术突破，真正实现自主可控。

总体看，中国基站设备在芯片等关键核心部件上对美国高端产品需求量较大，而美国多年来出于安全考虑，对中国基站设备的进口较少，因此相比而言，中国5G关键零部件对美国技术的依赖性更强。

（三）中美企业合作与竞争分析

1. 合作

虽然目前单边主义和保护主义苗头涌现，但在全球产业和信息不断交流融合、国际化分工合作总体格局不变的背景下，各国产业仍将保持密切合作。因此，中国和美国在5G领域的合作空间依然广阔。

（1）5G标准

通信行业要实现真正的大发展，离不开统一的通信标准。2G至4G时代，国际通信领域有多个标准在同步执行，如3G时代，中国推出TD-SCDMA标准，美国则推出其CDMA 2000标准；4G时代，中国的TD-LTE和欧洲的LTE-FDD则成为国际两大通信标准。但5G处于全球化时代背景下，多标准导致的通信设备兼容问题将极大限制5G发展。因此，5G标准需要在各国际通信标准化组织的协调下，由全球主要通信运营商、设备商和手机厂商共同制定，而中美两国主要通信运营商、设备商和手机厂商都是上述组织的关键成员。在5G时代，推动国际通信水平实现质的提高，中美两国企业的通力合作既是重中之重也是大势所趋。

（2）5G技术

华为的基站天线、信道编码技术以及新岸线公司的超高速无线通信技术全球领先，而美国企业则在5G各类芯片和软件技术方面拥有优势，如英特尔的FPGA、CPLD，得州仪器的DSP、功率放大器，CommScope的滤波器，博通的电芯片、路由器交换芯片，高通的射频前端芯片、基带芯片、处理芯片，Google的安卓操作系统等。5G产业链涉及甚广，中美双方无法独自孤立发展5G技术，既需要各自技术进行优势互补，也需要对方广阔的市场进行业务拓展，尤其对美国而言，中国是美国芯片的主要进口国，中国市场对

美国企业意义重大，不可或缺。

（3）5G 应用

5G 的下游应用包括物联网、人工智能、自动驾驶、智慧城市、虚拟现实等多个领域，美国离不开中国庞大的消费市场，例如，在 2019 年中国联通合作伙伴大会上，英特尔与中国联通宣布将在 2022 年北京冬奥会上共同打造"智慧冬奥"，一是进行 5G 网络基础设施建设，二是打造 5G 智慧奥运场馆。在其他应用领域，中美企业的合作空间也非常广阔。

2. 竞争

要在激烈的 5G 产业竞争中突出重围，中国需要着力提升自身实力，同时，面对美国对中国 5G 技术的种种限制，在未来的 5G 产业发展中，竞争仍是中美之间的主旋律。

（1）5G 标准

一流的企业制定标准，二流的企业主打技术，三流的企业销售产品。在5G 标准需要统一的产业背景下，虽然需要各国合作，但 5G 标准直接决定各国在行业内的话语权，因此是各国必争之地。5G 标准分为长码标准和短码标准，并以长码标准为主。目前，华为的 Polar 已被确定为 5G 短码标准，但高通主推的 LDPC 码在长码标准方面占据上风，当然中国企业在 LDPC 码也有较多专利。可以预见，中美两国仍将继续在 5G 通信标准主导权方面角力。

（2）5G 技术

①芯片

在 5G 时代，FPGA（现场可编程门阵列）在物联网、边缘计算、人工智能、大数据、云计算等领域拥有广阔的应用空间。美国的英特尔、Xilinx、Microship、Lattice 的 FPGA 技术全球领先，也是目前中国通信设备企业的主要供应商，而中国企业虽然在该领域研究多年，但当前的技术水平只处于行业中低端。中国的紫光同创是国内唯一进入 5G 业务的 FPGA 企业，虽然属于国内领先企业，但与美国企业仍存在较大差距，此外，华为海思等中国企业近年也在 FPGA 领域发力。当前和未来，中美企业将在该领域展开激烈竞争。

光模器件芯片占光模器件成本的70%。当前，光模芯片的高端技术仍由美国和日本企业掌握，尤其是美国的博通、Finisar、Lumentum、Avago、Oclaro 和 Inphi 等企业，上述企业在高速率电芯片方面实力突出。而中国企业在光模芯片领域实力较弱，国产化率较低，仍大量依靠进口，中国企业亟须在此领域实现突破。

DSP 芯片是数字信号处理芯片，主要应用于滤波器中。目前，该类芯片的核心技术仍掌握在得州仪器、亚德诺等美国企业手中，中国企业，如华为海思、中国电科 14 所只可设计中低端 DSP 芯片，对高端产品无法进行进口替代。

5G 手机基带芯片和处理芯片是手机中的核心零部件。目前，全球手机基带芯片和处理芯片市场大部分由美国的高通公司占据，高通是该领域的绝对龙头。中国只有华为海思、展锐等少数公司可设计该类芯片，但要缩小与高通芯片的差距，仍需要投入大量资源进行研发。

②功率放大器

目前，美国企业仍占据着国际高端功率放大器市场，高通、Qorvo、Skyworks、Avago 是该领域的主要厂商。中国企业目前主攻中小客户，汉天下、Vanchip、锐迪科、国民飞骧、中普微、络达科技等公司是近年在国内涌现的企业，其中，锐迪科和络达科技属于中国较为领先的企业。随着中国 5G 手机产业链的发展，未来中国功率放大器企业将进入发展快车道。

③高频高速 PCB

5G 基站天线中的 PCB 有特殊要求，制造要求较高。目前，美国的罗杰斯公司是全球高端 PCB 的领导者。中国企业的产品和技术水平相较罗杰斯仍有较大差距，目前高斯贝尔、生益科技、中英科技、泰州旺灵、华正新材等企业已有部分产品实现进口替代。随着全球 PCB 产能逐步向中国转移，中国与美国的差距有望逐渐缩小。

（3）5G 应用

5G 应用领域的竞争正在逐渐加剧。一是中美主要通信运营商均在互相追赶 5G 网络部署速度，加速 5G 网络商用落地。二是以华为为主的中国手

机生产商和以苹果为主的美国手机生产商均在加快5G手机研发速度，力争在5G正式商用时推出具有竞争力的手机产品。三是随着5G商用的推开，中美企业将在超高清视频、物联网、智慧城市、边缘计算等5G应用场景中展开激烈竞争。

四　中美5G的相互开放分析

多年来，中美两国互为重要贸易伙伴，在全球化背景下，5G产业要真正为全球经济和两国发展做出贡献，保持开放包容态度开展产业交流与合作将是大势所趋。

（一）关税

2017年，USTR（美国贸易代表办公室）展开针对中国的301调查。2018年3月22日，美国单方面宣布将对中国向美国出口的600亿美元商品征收25%的关税，由此中美贸易摩擦正式开启。此后，美国不断扩大加征关税范围，而中国也给予美国相应的反制措施，双方贸易摩擦持续升级。2019年6月，在G20大阪峰会上，中美两国元首同意重新启动经贸谈判，目前双方仍在磋商阶段。

表4　中美贸易摩擦主要时点

时间	美国	中国	5G相关内容
2018年7月6日至2018年8月23日	美国正式对合计500亿美元向中国进口的商品征收25%关税	中国对对应金额的美国进口商品加征25%关税	美国加征范围包括信息通信技术领域，但未公布具体清单 中国加征范围不包括信息通信技术产品
2018年9月24日	美国正式对2000亿美元中国商品加征10%关税	中国对600亿美元美国商品分别加征5%和10%关税	美国对中国合计2500亿美元加征范围中，与通信技术相关商品金额占比14.5%，即363亿美元 中国对美国600亿美元加征范围扩大至对自美国进口信息通信技术产品

时间	美国	中国	5G相关内容
2019年5月10日至2019年6月1日	美国正式将之前2000亿美元中国商品加征关税税率提高至25%	中国对600亿美元美国商品加征关税税率提高至10%、20%和25%	
2019年6月29日	中美两国在G20大阪峰会同意重新启动贸易谈判		

资料来源：USTR、中国商务部。

美国不但主动挑起贸易争端，而且早在第一批340亿美元加征阶段就将中国的信息通信产品纳入加征范围，而中国仅在随后600亿美元加征阶段才涉及部分美国通信产品。虽然存在中国5G产业链一定程度上依赖美国关键零部件（如芯片）的因素，但相较而言，显然中国的5G产业对美国的5G产业持有更为开放的态度。

（二）投资和技术限制

相比加征关税，在5G领域，美国对中国设置了更多的投资和技术限制。2018年4月16日，美国商务部宣布将在未来7年内禁止向中兴出售高端零部件和软件等敏感产品，自此开启了中美在关税摩擦外的另一场投资和技术争端，而争端的焦点正是5G。

表5　中美投资与技术摩擦主要时点

时间	美国	中国	5G相关内容
2018年4月16日	美国商务部宣布将在未来7年内禁止向中兴出售高端零部件和软件等敏感产品		美国禁售产品均为中兴生产通信设备所需零部件
2018年7月2~12日	美国商务部有条件解除对中兴禁令		
2018年8月13日	美国《外国投资风险评估现代化法案》生效		该法案将加强对美国芯片等27项核心技术的外商投资审查

续表

时间	美国	中国	5G 相关内容
2018 年 11 月 20 日	根据美国国会通过的《出口管制改革法案》,BIS 公布前沿技术限制清单		该清单涉及芯片、人工智能、云计算等技术,其中芯片限制直接影响中国 5G 设备和终端制造
2019 年 1 月 29 日	美国司法部宣布将向加拿大引渡之前被加拿大政府限制出境的华为财务总监孟晚舟,同时提出针对华为的 23 项刑事指控		华为是中国乃至全球最重要的通信设备商,美国司法部的指控将影响华为北美业务,并掣肘华为新业务拓展和新技术研发
2019 年 3 月 15 日		十三届全国人大二次会议表决通过了《外商投资法》	规定了准入前国民待遇和负面清单,禁止使用行政手段强制转让技术,建立外商投资安全审查制度
2019 年 5 月 15 日	BIS 将华为及其下属企业、福建晋华等中国企业纳入"实体清单"		华为被纳入"实体清单"将切断美国企业对华为供货,包括芯片等核心零部件和终端操作系统等
2019 年 5 月 31 日		中国商务部宣布将建立"不可靠实体清单"	对不遵守市场规则,出于非商业目的对中国企业实施封锁或断供,严重损害中国企业正当权益的外国企业组织或个人,中国将将其列入清单
2019 年 6 月 29 日	G20 峰会磋商期间,美国总统特朗普承诺,除涉及美国国家安全的技术外,将停止其他对华为的禁售限制		
2019 年 6 月 30 日		中国国家发改委、商务部发布《外商投资准入特别管理措施(负面清单)(2019 年版)》、《自由贸易试验区外商投资准入特别管理措施(负面清单)(2019 年版)》及《鼓励外商投资产业目录(2019 年版)》	《外商投资准入特别管理措施(负面清单)(2019 年版)》的条目由 48 条减少至 40 条。《自由贸易试验区外商投资准入特别管理措施(负面清单)(2019 年版)》的条目由 45 条减少至 37 条《鼓励外商投资产业目录(2019 年版)》大幅增加鼓励外商投资领域,包括高端制造、智能制造、绿色制造等领域

资料来源:USTR、中国商务部。

在加征关税之外，美国对中国5G产业发展发起了全面"战争"，涉及技术、投资、学术等多个层面，从多个维度限制中国的高科技，尤其是5G技术的发展。而与美国不同，中国在美国持续升级限制措施期间，从投资和技术层面采取了更为开放的姿态，加快对外开放速度，加大对外开放程度。

无论从关税层面还是从技术、投资等层面来看，中国对5G产业的发展采取的是一个更加开放包容的态度和制度体系，而美国对待5G则是更为保守和封闭的。

五 中国在5G产业发展中面临的挑战及建议

虽然中国5G产业发展已走在世界前列，但要进一步提升中国5G产业国际竞争力，持续巩固和扩大领先优势，中国仍在多方面面临严峻挑战并亟待解决和完善。

（一）推进5G通信标准统一，主导5G通信标准话语权

5G通信标准的统一是5G实现发展的基础，也是大势所趋。因此，中国、美国、欧洲和日本等国家或地区均在大力推动各自的通信标准成为未来全球5G主导标准。依靠着在1G到4G时代的雄厚通信产业技术积累和市场基础，目前美国在5G标准制定方面处于优势地位，而中国通过参与3G和4G通信标准的制定，同样积累了宝贵的标准制定经验和技术储备。如何在5G通信标准的竞争中突出重围，并掌握5G标准的主导权，将是中国5G产业发展首先要面临的挑战。

为了应对上述挑战，一是积极发起设立或参与全球5G标准制定的行业组织和产业联盟，建立沟通交流平台。二是尽快制定我国5G频谱规划，积极与各国沟通并参与国际组织活动，打造全球5G试验平台，在全球5G频谱方面尽可能实现统一。三是与各国家和地区建立5G合作交流机制，在标准对接、技术研发、下游应用等领域开展互联互通，充分发挥"一带一路"倡议作用，推动我国5G产品、技术"走出去"，参与共建"一带一路"国家5G建设，打造5G生态圈。

（二）突破5G技术瓶颈，进一步完善5G产业链条

中国目前已建立起从上游到下游的总体较为完整的5G产业链。但在核心的基站设备、终端的关键零部件方面仍存在不少短板，如基站设备中的光模器件、滤波器、功率放大器、高频高速PCB，特别是基站设备中的各类芯片还有手机终端中的基带芯片和处理芯片等，中国依然无法完全自主甚至无法自主生产部分上述关键零部件。只有实现"卡脖子"技术的实质性突破，中国才能建立真正完整和健全的5G产业链。一是对已处于领先地位的5G技术领域继续加大研发投入，巩固已有优势。二是形成有效机制，鼓励人才、资本不断向短板领域聚集，尤其是5G芯片等关键核心技术领域，通过智力和资本投入，提升技术水平，突破技术瓶颈。三是重视应用端研发，形成5G产业闭环，为5G技术进步提供正向促进。

（三）做好资源配置，营造良好产业发展环境

5G产业已进入商业使用的周期，中国要发展好5G产业，仍然需要下大力气做好政策规划、人才队伍和研发体系建设、资本投入等有关工作，为5G产业发展创造良好条件和环境。一是统筹并建立健全5G纲领性规划和政策体系，有序推进5G各阶段工作，并创造鼓励5G技术和应用创新的政策和制度环境，支持各类市场主体参与5G建设。二是构建产学研用体系，联合高校、研究机构、企业和行业组织，加速5G技术创新和产业孵化，同时加大培养5G产业人才力度，建立具备干事创业精神的人才队伍。三是发挥财政资金引导作用，运用包括股权投资基金在内的多种金融手段，引领带动社会资本积极投入，促进5G产业发展。

参考文献

CTIA, *The Global Race to 5G*, April, 2018.

Analysys Mason，*Global Race to 5G-Update*，April，2019.

IHS Markit，*The 5G Economy*：*How 5G Technology Will Contribute to the Global Economy*，January，2017.

中国信息通信研究院：《5G经济社会影响白皮书》，2017年6月。

尤肖虎、潘志文、高西奇、曹淑敏、邬贺铨：《5G移动通信发展趋势与若干关键技术》，《中国科学：信息科学》2014年第5期。

IMT‐2020（5G）推进组：《5G承载需求白皮书》，2018年6月。

周永翔：《基于5G的行业应用发展研究》，《科技与创新》2019年第13期。

华为技术有限公司：《5G时代十大应用场景白皮书》，2017年11月。

何飚：《推进5G实现高质量发展的六项举措》，《学习时报》2019年7月5日。

恒大研究院：《恒大研究院宏观研究专题报告：客观评估中美贸易摩擦对双方的影响》，2019年7月19日。

陆峰：《加快推动5G发展　释放强大溢出效应》，《新经济导刊》2019年第2期。

何临青：《5G争夺从"芯"开始》，《中国经济报告》2018年第5期。

徐建华：《5G竞争已从标准之争转向产业之争》，《中国质量报》2018年6月19日。

武文星、刘瑞婷：《全球5G发展综述》，《数字通信世界》2019年第5期。

杜传忠、陈维宣：《全球新一代信息技术标准竞争态势及中国的应对战略》，《社会科学战线》2019年第6期。

B.9
中美平台经济竞争力比较

袁惊柱 *

摘　要： 平台经济已成为新经济的一种典型模式，对经济增长的贡献
作用愈显，但也存在消费者权益保护、税收和垄断等问题。
比较中美两国的平台经济发展情况，可以发现，总体上，美
国的平台经济相对中国更具有竞争力。但具体看来，中国的
发展后劲较强，未来可能与美国在平台经济的发展方面平分
秋色。中国的互联网产业政策相比美国而言具有更大的优势，
有益于中国互联网企业增加市场份额，增强国际竞争力。在
互联网产业平台和互联网平台型企业方面，中国相比美国竞
争力不强。在平台经济发展的问题方面，中国相比美国存在
更多的问题，如在消费者权益保护方面、税收方面和垄断方
面，美国具有更完善的法律机制、消费者维权机制、税收体
系以及反垄断机制，能够更好地解决这些问题。而中国在这
些方面还有很长的路要走，尤其是中国还处于市场机制不断
完善的发展阶段，在平台经济的发展方面还要处理好市场监
管和平台治理的关系。

关键词： 平台经济　产业竞争力　中国　美国

平台经济的概念起源于 Rochet 和 Tirole 等人 2004 年对双边市场的定义，

＊ 袁惊柱，博士，中国社会科学院工业经济研究所助理研究员。

他们认为，如果通过提高向一边的收费，同时同等程度地降低向另一边的收费，平台可以改变交易量，则称这一市场是双边市场。已有的文献认为，双边市场一般分为四类：媒体、交易中介、支付工具和软件平台（李允尧等，2013）。根据双边市场的定义，发展出来一些对平台经济概念的研究，如吴卓群（2014）认为，所谓的平台经济，是基于虚拟或现实空间，以平台型企业为主导，通过整合力量，与关联方一起组成一个新的经济生态系统，形成核心竞争力，实现彼此增值。叶秀敏（2016）认为，平台经济是以互联网等现代信息技术为基础，基于平台向多变主体提供差异化服务，从而整合多主体资源和关系，进而创造价值，使多主体利益最大化的一种新型经济。长城企业战略研究所（2017）认为，平台经济是以新型基础设施为基础，以技术创新、商业模式创新为驱动，基于互联网平台，通过资源共享模式，实现产业跨界融合和业态创新等的一种新型经济。许宪春认为，平台经济是以网络信息技术为基础，整合各方资源，为市场参与者提供多方位立体式服务，为参与双方或多方实现价值创造，提升市场总体收益的新型经济组织形式。其发展历程可以大致分为三个阶段，一是实体商品集散地平台，二是服务提供平台，三是信息提供平台。其类型可以大体归纳为两类：面向消费者的平台和面向产业的平台。[①]

一 中美平台经济的产业发展情况

2018 年，全球 TOP10 上市企业中平台企业市值比重已由 2008 年的 8.2% 上升至 77%，规模达到 4.08 万亿美元，较 2008 年规模增长了 22.5 倍，成为全球经济增长的新引擎。[②] 在全球市值前十的上市企业中，有 7 家平台型企业。其中，中国企业占据 2 席，分别为阿里巴巴和腾讯；美国企业占据 5 席，分别为微软、苹果、谷歌、亚马逊和脸谱网。

---

① 许宪春：《平台经济已经成为世界经济增长的新引擎》，2019 中国经济增长与周期高峰论坛。

② 中国信通院：《2019 年互联网平台治理研究报告》，2019 年 3 月 15 日。

美国平台经济的发展经过了几代的演进，第一代是以微软的 Windows 平台和苹果的 MacOS 平台为代表的 PC 端操作系统类平台，第二代是以谷歌借助 Android 和 Google Play 获得成功为代表的移动端操作系统和应用商店类平台，第三代是以亚马逊和脸书为代表的互联网应用类平台。摩根大通使用 2013 年到 2018 年美国 128 个在线平台上向 230 万个账户支付的 3800 万笔款项的数据分析后发现，涉及的平台主要分为四类：交通运输行业，主要是网约车司机（drivers transport people or goods），如共享出租车平台 Uber；非交通运输服务业，包括提供遛狗、上门维修、远程医疗等服务的工作人员（workers offer a growing variety of services）；销售行业，以独立电商为主（independent sellers of goods find buyers through online marketplaces）；租赁业，包括提供租车、租房等的出租人（lessors find lessees to rent homes, parking spaces, and many other types of assets），① 如共享酒店平台 Airbnb。

我国的平台经济以互联网应用类平台为主，特别是随着互联网技术的升级和网络普及率的提高，平台模式已经成为企业生产经营的重要组织方式。在"互联网＋"政策的促进下，我国传统产业与互联网产业的融合不断深化，不仅是互联网企业都构建了各自的平台，传统企业也借助互联网技术形成了自己的平台。"十三五"时期，我国超大型平台企业快速涌现，如蚂蚁金服、百度、京东等，市值在 100 亿美元以上的企业有 20 家，市值合计 1.38 万亿美元（见表 1）。平台经济已成为助力我国经济发展的典型新经济模式。

表 1　我国市值 100 亿美元以上的平台型企业

排名	企业名称	市/估值 （亿美元）	排名	企业名称	市/估值 （亿美元）
1	腾讯控股	3767	4	今日头条	750
2	阿里巴巴	3577	5	百度	565
3	蚂蚁金服	1500	6	滴滴出行	560

① http：//www.sohu.com/a/286574990_558442.

排名	企业名称	市/估值 （亿美元）	排名	企业名称	市/估值 （亿美元）
7	陆金所	380	14	菜鸟网络	200
8	京东	314	15	京东数科	190
9	网易	311	16	好未来	151
10	美团大众点评	308	17	携程	150
11	拼多多	244	18	苏宁易购	134
12	腾讯音乐	219	19	微博	131
13	奇虎360	201	20	爱奇艺	111

资料来源：《互联网平台治理研究报告（2019年）》。

二 中美平台经济产业竞争力比较分析

平台经济已经成为中美经济发展的主导力量之一。随着中美贸易摩擦的不断升级，中美两国在影响平台经济发展的信息技术、互联网技术、数据资源、数据产权等方面的竞争会更加激烈。

1. 产业全球竞争力比较分析

在平台经济的产业整体层面，中美两国各具优劣势，具体的差异体现在不同的细分行业上。如在工业互联网方面，中美两国已经形成了一系列平台经济体，具体如表2所示。中美两国在工业互联网平台的基础设施方面均具有较强的优势；在平台化能力方面，美国在平台底层技术上具有绝对的优势，能力最强，中国在这方面的能力仍较弱；在服务方面，中国互联网发展理念、商业模式、应用实践都较成熟，基本形成覆盖了全员、全社会的互联网生态，具备推进工业互联网平台、抢抓工业发展"换道超车"机遇的独特优势，相比美国，基础更好，潜力更大。[①] 根据 IoT Analytics 统计，中国的工业互联网平台的数量在全球范围内处于领先地位，全球工业互联网平台

---

① 《一文读懂工业互联网平台发展现状、趋势与对策》，新华网，2017年11月30日。

数量大约为 150 个，而中国具备一定产业影响力的工业互联网平台就已经超过 50 个，典型的如海尔 COSMOPlat 平台、阿里 ET 工业大脑、百度天工智能物联网、腾讯木星云等。① 在电子商务平台方面，中国占全球电子商务市场份额为 44%，美国为 27%。其中，在跨境电商平台的应用上，艾媒网的调查显示，全球消费者最近一次进行跨境购物使用的平台情况为：24% 的消费者选择了亚马逊，16% 的消费者选择了阿里巴巴旗下的全球速卖通（AliExpress），14% 的消费者选择了 eBay，10% 的消费者选择了 Lazada。在交易规模上，据 iiMedia Research（艾媒咨询）数据，2018 年中国跨境电商交易规模达到 9.1 万亿元，预计 2019 年将达到 10.8 万亿元。在互联网金融平台方面，中国的全球市场份额是 12%，美国是 6%。②

表 2 工业互联网平台发展情况

项目	美国	中国
IaaS	较强	较强
PaaS	工业 know-how 和设备数字化基础具有绝对优势。美国工业知识经验软件化、平台化能力处于全球领先地位，拥有 IBM、微软、甲骨文等全球软件服务寡头。美国 PaaS 平台底层技术具有绝对优势，全球各国工业互联网平台 PaaS 核心架构几乎均采用美国的 Cloud Foundry 和 Docker 等开源技术，具备将核心经验知识固化封装为模块化的微服务组件和工具开发能力	工业 know-how 和设备数字化基础相对较差。制造技术与管理知识经验积淀不够，工业企业两化融合发展水平参差不齐。中国工业数据采集和分析能力不足
SaaS	将大型企业作为平台主要用户群体。在互联网应用创新、市场规模等领域弱于中国，尚无覆盖全社会的互联网生态体系	互联网生态基础最好，SaaS 应用潜力最大。将工业互联网平台作为大中小企业融通发展的新载体，通过平台技术模块化和知识经验软件化，将大企业成熟有效的技术、管理、应用等方面的知识经验，快速向中小企业复制推广，降低技术门槛和应用成本，带动其转型升级

资料来源：新华网。

① 《中国互联网经济白皮书 2.0》。
② 《2019 年中国跨境电商交易规模将达 10.8 万亿》，艾媒网，2019 年 7 月 2 日。

总体看来，中美平台经济产业各具优势，在全球产业链中都具有较强的竞争力。中国在发展平台经济上具有 4 个比较大的优势：云计算、物联网、大数据、人工智能、5G 等技术快速发展，为平台经济发展形成了较完善的基础设施；"双创"战略促使形成了大量多元化的创业企业；规模庞大的网民提供了巨大的市场；"互联网 +"战略促使互联网与其他产业进行了深度融合（长城企业战略研究所，2017），并在电商、搜索、社交、游戏等领域均跃居全球领先水平。① 同时，存在一些劣势：侵权假冒、虚假宣传、虚假促销、售后服务差等一系列传统线下交易市场存在的问题，在网络交易类平台中更为凸显；违法信息、虚假广告、版权侵权、低俗内容等信息内容类平台的治理形势更加严峻；平台间数据争议问题愈演愈烈；平台垄断问题使得平台治理更加复杂；我国上位的法律法规对平台企业责任的要求的用语较为模糊，缺乏限定或清晰解释。

与美国相比，中国的互联网平台企业线上资源相对集中，中国互联网巨头们有较大优势走向线下：中国互联网巨头们虽面临互联网人口红利放缓的挑战，但优势在于其拥有广泛的线上资源且资源相对集中。中国的线上流量呈现出三足鼎立的趋势，跨领域资源主要集中在百度、阿里以及腾讯三个互联网生态中。反观美国，在各垂直领域均有各自不同的领军者或者出现多家竞争的格局，并未形成横跨领域的资源集中优化。中国互联网企业巨头们坐拥这一优势，更有助于其迅速向线下发展。

相比中国，美国具有的优势主要有：在平台企业法律责任方面，有明确的法律规定。1996 年美国《通信规范法》（CDA 法案）Section230 设定了互联网平台的免责条款，将互联网平台仅作为信息内容的"通道"。1998 年美国《数字千年版权法案》（DMCA 法案）确立了以"通知 - 删除"规则为核心的避风港原则。依据避风港原则，网络服务提供者遵守"通知 - 删除"规则即可免责。但在随后的《数字千年版权法案》的国会报告中，美国很

---

① 孟晔：《浮现中的新经济形态——平台经济、共享经济、微经济三位一体》，《互联网经济》2016 年第 3 期。

快确立了"红旗原则",旨在对避风港原则进行补充与纠正。

2. 企业竞争力比较分析

与传统企业组织相比,互联网平台型企业能获得更大的成功,很大原因在于其形成了一种新型组织,在组织特性方面与传统组织有诸多不同,具体如表3所示。互联网平台企业一般是通过互联网企业转型发展而来,一般存在组织内部平台化转型、组织外部平台化转型。如百度,2015年在组织内部整合出搜索业务群组、移动服务事业群组、新兴业务事业群组,推进内部"三分天下"的平台化转型;在外部实现对爱奇艺、PPS、91、糯米、去哪儿等企业的绝对控股,并对拼车应用天天用车、二手车交易平台优信拍、分类信息网站百姓网、洗衣O2O服务平台"e袋洗"等进行投资,推行多元化战略,形成百度外部的平台化生态圈。又如阿里巴巴把自身定义为一个为无数中小电商提供独立经营权的电商平台。同时,阿里进行外部平台化转型,把影业、音乐、体育、健康作为四大主营业务,建立其生态圈。再如腾讯在互联网时代的O2O转型中,将自身明确地定位为做"2",即做中间的连接器,把O2O两头的"O"都交给更专业的合作伙伴来做,自己则用社交掌控平台,以"连接一切"的理念打造自身的平台化生态圈。

表3 互联网平台企业组织特性比较

组织特性	传统企业传统组织	互联网平台企业新型组织
外部环境特征	稳定性、简单性	瞬息万变、复杂性、不可预测性
开放性	较为封闭,与环境交互少	较为开放,具有对环境的迅速反应能力
组织层次及稳定性	金字塔式、科层制的森严层级,结构倾向于稳定,组织结构刚性强	趋于扁平的组织层次,结构上具有弹性、动态性及多样性,具有持续适应新环境的能力
权利结构及来源	集中的、等级的权利结构,权力来源于职位	分散的、多样化的权力结构,权力来源于知识和特长
决策及协调方式	集权式,集中在高层;硬性协调方式	分权式,员工授权赋能;软硬结合协调方式
活动特征	专业明确且互相孤立的职能和部门;刚性结构,较多正规性	工作丰富化、夸大化,通常有重叠;弹性结构,较少正规性
关键因素	规模化、专业化、有效控制	适应性、弹性、创新性、重新整合

除了组织以外，平台经济发展成功的代表性企业普遍具有如下特征：掌握具有竞争力的互联网技术，具有搭建基础性平台的能力，能够获取海量信息流以及始终以顾客为中心。

按照互联网平台型企业的市值变化排名，中美已经占领了全球整个互联网产业的前 15 席，其中，中国占了 7 席，美国占了 8 席，具体如表 4 所示。总体而言，中国相比美国，在搜索平台、电子商务平台、社交平台方面仍有一定的差距。2018 年，在全球前十大互联网平台企业中，美国占据 7 席，中国占据 3 席。Google 市值为 7001.92 亿美元，仍居于全球互联网平台企业市值首位；排在第二位的是 Amazon，市值为 6802.82 亿美元；腾讯超过 Facebook 成为市值第三的企业；Netflix 成为排名第六的企业；SalesForce 超过百度成为市值第九名的企业。

表 4　中美互联网平台企业市值变化比较

单位：亿美元，%

公司名称	地域	2014 年市值	2016 年市值	变化
Google	美国	3570.90	5310.12	48.71
Amazon	美国	1436.90	3561.88	147.89
Facebook	美国	2175.10	3315.74	52.44
腾讯	中国	1358.90	2317.22	70.52
阿里巴巴	中国	2583.60	2190.96	−15.20
eBay(＋Paypal)	美国	697.20	856.58	22.86
Priceline	美国	597.00	769.01	28.81
百度	中国	799.60	568.86	−28.86
SalesForce	美国	389.10	449.11	15.42
京东	中国	395.00	385.54	−2.39
Yahoo	美国	478.50	365.05	−23.71
网易	中国	129.87	316.79	143.93
携程	中国	212.00	186.40	−12.08
Twitter	美国	300.00	115.41	−61.53
微博	中国	30.47	86.80	184.87

具体从中美上市平台企业的对比来看，在搜索类引擎平台企业方面，美国有代表性的为 Google，中国有代表性的有百度、搜狐；在电商平台企业方面，美国有代表性的为亚马逊，中国有代表性的为阿里巴巴；在语音即时通信方面，美国有代表性的平台企业为 Facebook，中国有代表性的为腾讯；在共享交通方面，美国有代表性的平台企业为 Uber，中国有代表性的平台企业为滴滴出行。在相同的细分行业，中美两国的上市平台企业在业务范围与模式上存在相似性，如表 5 所示，Google 与百度主要存在辅业平台、产品服务、合作平台和兼并平台四方面的业务模式，在每种业务模式板块中，具体的业务内容都存在不同程度的相似性。

表5　Google 与百度的业务模式对比

辅业平台	产品服务	合作平台	兼并平台
Google 视频、图书、音乐、图片、学术搜索、新闻	Google 输入法、浏览器、Picasa、SketchUp	汇丰银行、国际有线电视集团	YouTube、摩托罗拉移动
百度视频、mp3、贴吧、图片、知道、百科	百度输入法、百度浏览器、百度影音、千千静听、百度阅读器	诺基亚手机、湖南卫视、优酷视频、亚马逊	Hao123

资料来源：徐晋《平台竞争战略》，上海交通大学出版社，2013。

互联网平台企业的经营主要以顾客体验为中心，因此，平台中的用户数量是比较不同平台企业的一个指标。如表 6 所示，从月活跃用户数指标看，中美大型平台企业都具有规模较大的用户数。但总体而言，即时语音通信类的用户规模要更庞大，其次是电子商务平台，然后是共享租赁平台等。但从实现收益的收费户数比例来看，即时通信类的平台收费户数比例较低，如腾讯与 Netflix 相比较。从全球市场的用户规模来看，美国在全球市场中的用户规模更大，特别是在海外市场的市场份额上具有绝对优势。我国主要是国内互联网用户规模较大，对于我国平台企业的发展是一个较大的优势。

表6 中美上市平台企业对比

单位：百万户

企业	月活跃用户数	收费户数
腾讯	1097	160.30
阿里巴巴	699	
Facebook	2320	
Twitter	321	
Netflix	137.1	130.2

资料来源：Wind 资讯。

从企业员工的生产率比较，美国平台企业的人均生产率相比我国仍具有较大竞争力。如表7所示，人均生产率排在前5名的都为美国企业。我国的腾讯和阿里巴巴虽然人均生产率排到了第6、7名，但与同类的美国企业相比，仍显得竞争力薄弱。除了国内规模巨大的用户群体支撑以外，我国在国外的市场份额和盈利能力上没有特别的竞争优势存在，且业务范围也要比美国同类企业的小很多。

表7 中美平台企业人均生产率比较情况

单位：人，万美元

公司简称	员工数	人均创收	公司简称	员工数	人均创收
Netflix	4700	187.89	亚马逊	341400	39.83
苹果	116000	185.90	IGG	969	33.25
Google	72053	125.29	网易	17248	32.79
微软	124000	72.54	京东	120622	31.95
推特	3583	70.60	微博	3062	21.40
腾讯	38775	58.21	搜狐	10000	16.50
阿里巴巴	50097	46.80	新浪	7308	14.11

3. 竞争与合作

目前，中美平台经济产业的发展关系更多地偏向竞争，有部分平台也进行了合作，如滴滴出行与 Uber 中国业务的重组。作为平台经济的基础技术，中美两国在 5G 技术上的竞争已到白热化状态，这种基础技术的竞争态势也

影响了中美平台经济的竞争与合作。对于中美在全球布局的平台型企业，各行业都存在竞争对手。如 Google 与百度、阿里巴巴与亚马逊、腾讯与 Facebook 等。以阿里巴巴与亚马逊为例，主要存在三方面的竞争：一是电商市场的全球市场竞争，澳大利亚、新加坡以及印度成为两家电商巨头竞争的战场；二是云计算业务的竞争，亚马逊云计算服务（AWS）作为全球最大的云服务提供商，营收规模达到 174 亿美元，而阿里的云服务营收规模为 43.85 亿元；三是现代物流业务的竞争，亚马逊的 FBA 服务是全球领先的现代物流服务，它利用亚马逊全球的物流网络，已经占据了全球较大的市场份额，如美国、欧洲、日本和加拿大，现在，阿里巴巴也在发展自己的菜鸟物流，其目标是通过 5~8 年打造一个开放的社会化物流大平台。

三　结论及建议

平台经济呈现明显的发展趋势。一是交易平台逐渐由双边向多边、开放化发展。二是交易内容由生产化向服务化发展。三是交易方式逐渐由线上向线上线下融合化发展。四是以互联网平台为载体的新经济模式不断涌现。同时，平台经济的发展仍存在一些典型问题：消费者权益保护问题、税收问题和垄断问题。

比较中美两国的平台经济发展情况，可以发现，总体上，中美两国的平台经济各有优劣，美国的平台经济整体经济规模相对中国更具有竞争力。但在细分行业中，中美两国的竞争力各有不同，如中国在移动支付、共享交通、电子商务等平台的发展上相对于美国具有较大优势，而在搜索引擎、租赁平台等方面相对于美国不具有优势。中国在互联网产业生态方面相比美国具有更大的优势，即相比美国，中国的网民消费者群体规模更大，政策更支持互联网企业与其他产业的融合，更有利于互联网企业平台化转型发展；同时，在"互联网＋"政策以及信息化政策的推动下，工业等制造业企业也在转型发展，催生了许多工业和制造业平台的发展；另外，中国的互联网产业政策相比美国而言具有更大的优势，有益于中国互联网企业增加市场份额，增强国际竞争力。在互联网产业平台和互联网平台型企业方面，中国相比美国竞争力不强。

在平台经济发展的问题方面，中国相比美国存在更多的问题，如在消费者权益保护方面、税收方面和垄断方面，美国具有更完善的法律机制、消费者维权机制、税收体系以及反垄断机制，能够更好地解决这些问题。而中国在这些方面还有很长的路要走，尤其是中国还处于市场机制不断完善的发展阶段，在平台经济的发展方面还要处理好市场监管和平台治理的关系。

结合中美两国平台经济发展现状以及中国平台经济发展存在的问题，应该从如下几个方面制定政策来促进中国平台经济发展：①完善互联网应用方面的监管和法律制度，保障网络信息的真实性，保障消费者权益；②建立知识产权保护制度，保障发明创新的收益；③建立互联网产业融合后新型平台经济的税收体制，保障收益的公平性；④在产业发展中不断完善互联网产业标准，减小扶持性政策的力度，促进互联网平台企业建立自己的核心竞争力。

参考文献

李允尧、刘海运、黄少坚：《平台经济理论研究动态》，《经济学动态》2013 年第 7 期。

叶秀敏：《平台经济的特点分析》，《河北师范大学学报》（哲学社会科学版）2016 年第 2 期。

长城企业战略研究所：《平台经济：新的经济增长模式》，《新材料产业》2017 年第 7 期。

吴卓群：《平台经济的特点、现状及经验分析》，《竞争情报》2014 年第 2 期，第 42～52 页。

区　域　篇

Regional Reports

B.10
中国新经济发展的区域差异

姚鹏　李蕾[*]

摘　要： 2008 年金融危机以来，各国尤其是发展中国家开始逐渐认识到
新经济或者新产业对经济发展的重要作用。2016 年李克强总理
在政府工作报告中首次提出"新经济"，他指出，"中国再让传
统动能继续保持高增长，不符合经济规律。要让'新经济'形
成新的'S 型曲线'，带动起中国经济新的动能"。可见新经济
在我国转变经济增长方式、由高速增长转向中高速增长中的重
要作用。本文将从创新能力、全球化、绿色化、数字化、网络
化和智能化六个方面构建指标，分析中国新经济指数发展现状
及区域差异。

* 姚鹏，经济学博士，中国社会科学院工业经济研究所助理研究员；李蕾，经济学博士，河南
财经政法大学讲师。

关键词： 中国　新经济指数　新产业　区域差异

一　中国推进新经济的政策措施

最近几年我国高度重视新经济的发展，从各方面出台支持新经济发展的政策，这对我国新经济的长足发展起到了重要的推动作用。

2019 年 7 月 17 日，李克强总理主持召开国务院常务会议，确定支持平台经济健康发展的措施，壮大优结构促升级增就业的新动能；部署进一步加强知识产权保护工作，切实保护各类市场主体合法权益。会议指出，互联网平台经济是生产力新的组织方式，是经济发展新动能，对优化资源配置、促进跨界融通发展和"双创"、推动产业升级、拓展消费市场尤其是增加就业，都有重要作用。

为落实党中央、国务院决策部署，破解制约新动能成长和传统动能改造提升的体制机制障碍，强化制度创新和培育壮大经济发展新动能，加快新旧动能接续转换，2017 年 1 月 20 日，国务院出台了《关于创新管理优化服务培育壮大经济发展新动能加快新旧动能接续转换的意见》。

加快发展智能制造，是培育我国经济增长新动能的必由之路，是抢占未来经济和科技发展制高点的战略选择，对于推动我国制造业供给侧结构性改革，打造我国制造业竞争新优势，实现制造强国具有重要战略意义，2016 年 12 月 8 日，工业和信息化部、财政部联合制定了《智能制造发展规划（2016～2020 年）》。

2016 年 5 月 23 日，国务院印发《关于深化制造业与互联网融合发展的指导意见》，部署深化制造业与互联网融合发展，协同推进"中国制造 2025"和"互联网＋"行动，加快制造强国建设。该意见指出，制造业是国民经济的主体，是实施"互联网＋"行动的主战场。推动制造业与互联网融合，有利于形成叠加效应、聚合效应、倍增效应，加快新旧发展动能和生产体系转换。要以激发制造企业创新活力、发展潜力和转型动力为主线，

以建设制造业与互联网融合"双创"平台为抓手,围绕制造业与互联网融合关键环节,积极培育新模式新业态,强化信息技术产业支撑,完善信息安全保障,夯实融合发展基础,营造融合发展新生态,充分释放"互联网+"的力量,发展新经济,加快推动"中国制造"提质增效升级。

"互联网+"是把互联网的创新成果与经济社会各领域深度融合,推动技术进步、效率提升和组织变革,提升实体经济创新力和生产力,形成更广泛的以互联网为基础设施和创新要素的经济社会发展新形态。2015 年 7 月 1日,国家出台了《国务院关于积极推进"互联网+"行动的指导意见》,到2018 年,互联网与经济社会各领域的融合发展进一步深化,网络经济与实体经济协同互动的发展格局基本形成。经济发展进一步提质增效;社会服务进一步便捷普惠;基础支撑进一步夯实提升;发展环境进一步开放包容。到2025 年,网络化、智能化、服务化、协同化的"互联网+"产业生态体系基本完善,"互联网+"新经济形态初步形成,"互联网+"成为经济社会创新发展的重要驱动力量。

为加快实施创新驱动发展战略,适应和引领经济发展新常态,顺应网络时代"大众创业、万众创新"的新趋势,加快发展众创空间等新型创业服务平台,营造良好的创新创业生态环境,激发亿万群众创造活力,打造经济发展新引擎,国务院于 2015 年 3 月 11 日出台《关于发展众创空间推进大众创新创业的指导意见》。

二 新经济指数指标体系构建

(一)新经济指数指标体系构建

为了准确、直观反映新经济发展水平及其变化趋势,按照党的十九大要求,坚持以"创新、协调、绿色、开放、共享"五大发展理念为理论指导,在指标体系的构建过程中坚持前瞻性、问题导向性、可操作性、整体监测与局部监测相结合的原则来构建新经济发展的评价指标体系。

表 1　新经济指数评价指标体系

一级指标	二级指标	度量指标	指标类型
创新能力	全社会 R&D 投入强度	研发支出占 GDP 的比例	+
	研发人员数量	每百万人口 R&D 人员数量	+
	专利授权数	专利申请授权数量	+
	人力资本	平均受教育年限	+
	企业创新能力在全球的排名	进入全球创新企业前 100 的企业数量①	+
	大学的国际排名	进入全球大学排名前 100 的大学数量②	+
全球化	外国直接投资（FDI）	外商直接投资净流入占 GDP 的比例	+
	对外直接投资（OFDI）	对外直接投资净流出占 GDP 的比例	+
	货物和服务贸易出口	货物和服务出口占 GDP 的比例	+
	货物和服务贸易进口	货物和服务进口占 GDP 的比例	+
	技术的进出口	技术贸易出口额	+
	吸引留学生人数	按原籍国入境的国际流动学生	+
绿色化	能源利用效率	GDP 单位能源消耗	−
	碳生产率	单位 GDP 二氧化碳排放量	−
	水资源利用效率	单位 GDP 水资源利用率	−
	单位 GDP 废水排放	废水排放量/GDP	−
	单位 GDP 废气排放	废气排放量/GDP	−
	单位 GDP 固废排放	固体废物排放量/GDP	−
	环保设备制造企业的竞争力	环保设备制造业位居全球前 10 的企业数量	+
	新能源汽车制造企业的竞争力	新能源汽车制造企业排在全球新能源汽车企业（销售收入）前 10 的企业数③	+
数字化	电子商务占比	有电子商务交易活动的企业数占比	+
	移动支付占比	移动支付占比 90% 以上为 1，其余为 0	+
	数字化政府占比	各省市政府透明度指数④	+
	大数据公司在全球的竞争力	大数据发展指数⑤	+
	3D 打印机制造企业竞争力	3D 打印机制造企业销售收入排全球前 10 的企业数量	+
	软件产业的竞争力	软件产业的市场占有率	+
网络化	在线人口（互联网普及率）	互联网用户 - 每百人	+
	宽带通信	宽带用户 - 每百人	+
	移动端口数量	手机网民规模	+
	互联网企业在全球的竞争力	互联网企业在全球前 10 位的企业数	+

续表

一级指标	二级指标	度量指标	指标类型
智能化	机器人的数量	机器人数量	+
	计算能力	各省市距离我国排全球前十的超级计算机所在省市的平均距离	−
	高端芯片制造能力	各省市距离我国排全球前十的芯片设计公司所在省市的平均距离	−
	无人机产业的国际竞争力	无人机企业位居全球前 10 的企业数[⑥]	+
	智能手机生产企业的国际竞争力	智能手机生产企业位居全球前 10 的企业数量[⑦]	+
	云计算	云计算企业排名全球前 10 的企业数量[⑧]	+
	集成电路	各省市距离我国排全球前十的集成电路企业所在省市的平均距离	−

注：[①]Clarivate Analytics，2016 Top 100 Global Innovators，2016，https：//www. antpedia. com/news/34/n－1289434. html；Clarivate Analytics，2016 Top 100 Global Innovators，2016，https：//clarivate. com/blog/news/clarivate－analytics－names－2016－top－100－global－innovators。

[②]USNews，Best Global Universities，2015，https：//www. usnews. com/education；USNews，Best Global Universities，2016，https：//www. usnews. com/education。

[③]中商产业研究院：《全球新能源乘用车销量排行榜》，2015，http：//s. askci. com/stock/1/；中商产业研究院：《全球新能源乘用车销量排行榜》，2016，http：//s. askci. com/stock/1。

[④]中国社会科学院法学研究所：《中国法治发展报告 No. 15（2017）》，社会科学文献出版社，2018，第 191～202 页。

[⑤]国家信息中心、南海大数据研究院：《2017 年中国大数据发展报告》，2018，http：//www. 199it. com/archives/568646. html。

[⑥]https：//www. sohu. com/a/109242171_ 282196。

[⑦]https：//baijiahao. baidu. com/s? id＝1607604018207276033&wfr＝spider&for＝pc。

[⑧]http：//www. 360doc. com/content/16/0307/10/31263272_ 540141576. shtml。

资料来源：作者根据以上文献整理。

（二）指标体系的测算方法

本研究通过权重设定、标准化处理、指数合成的方法来对指标体系进行测算。

1. 权重设定

本指标体系是以 2015 年的指标值为基数，通过时序变化观察创新能力、全球化、绿色化、数字化、网络化以及智能化六方面指标的指数值和综合指数值的变动趋势。

通过设定均等权重的方法将经过标准化后的三级指标值加总得到二级指标值，进而得到6个一级发展指标及最终的综合指标。

表2 指标处理过程中的权重设置

指标	一级指标	二级指标	三级指标
权重	均等权重	均等权重	均等权重

2. 标准化处理

首先对各个指标进行无量纲化处理，这样可以确保各个指标层能够相加。

（1）正向指标标准化方法：$P_i = \dfrac{X_i - X_{\min}}{X_{\max} - X_{\min}}$

P_i 是经过无量纲化处理后得到的标准值，X_i 为各指标的原始数据，$X_{\max}$ 和 $X_{\min}$ 分别为所有省市同一指标同一年份的最大值和最小值。

（2）逆向指标标准化方法：$P_i = \dfrac{\dfrac{1}{X_i} - \dfrac{1}{X_{\max}}}{\dfrac{1}{X_{\min}} - \dfrac{1}{X_{\max}}}$

3. 指数合成

利用指数加权方法计算出各级指标的指数值，并且最后求得总的新经济指数值。指数加权分析法的基本公式为：

$$新经济指数\ I = \Sigma P_i \times W_i$$

其中，P_i 是在无量纲化处理后而得到的标准值，该标准值乘以相应的权重 W_i 可得到一个分指标的值，W_i 是第 i 个分指标的权重值；分别计算出各项分指标的分值后再进行加总就得到新经济指数。

三 中国新经济指数的区域差异

经济发展进入新常态，我国经济从高速度增长阶段转向高质量发展阶段，必须转变增长方式，坚持高质量增长，加快速度实现新旧动能转化，大

力发展新经济。那么目前中国的新经济发展状况如何？中国在发展新经济的过程中还存在哪些不足以及需要从哪些方面进行改善？这都是构建新经济指数的重要原因。

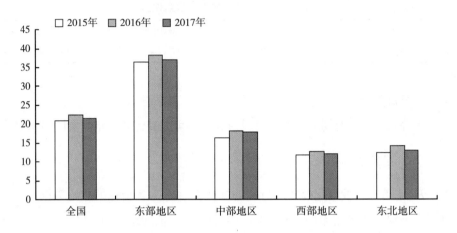

图1　2015～2017年中国新经济指数及区域差异

从图1中可以看出，中国新经济指数2016年比2015年有较大幅度上升，从2015年的20.8上升到2016年的22.4，但是在2017年出现了小幅度的下降趋势，下降为21.6。分区域来看，东部新经济指数处于较高水平，并且2016年较2015年也呈现上升趋势，2016年东部地区新经济指数为38.2，2017年较2016年有小幅度的下降，下降为36.8。从全国来看，东部地区不仅仅高于中部、西部和东北地区，而且也远远高于全国平均水平，这说明东部地区新经济发展水平较高，东部地区在经济全球化与网络化的背景下，大力发展新经济，打造创新高地，率先实现产业升级。例如，浙江省将培育发展新动能作为今后工作的重点，在具体的路径上，浙江将加大新经济培育力度，加强科技创新，在人工智能、柔性电子、量子通信、集成电路、生物医药、新材料、清洁能源等领域实施一批重大科技攻关项目，切实加强知识产权保护，推动科技成果资本化产业化。2018年，国务院批复《山东新旧动能转换综合试验区建设总体设计方案》，山东在未来的几年里也将在新旧动能转换上下大功夫，破除不利于经济的旧动能，大力培育新经

济新动能。而中部地区、西部地区和东北地区的新经济指数低于全国的平
均水平。

图 2 描述的是构成新经济指数的六大指数的区域差异，从图中可以看
出，东部地区的六大指数都高于全国平均水平。图 3 描述的是构成中国新经
济指数的六大指数的情况，从图中可以看出，中国创新能力指数处于较高的
水平，是拉动新经济指数较高的重要原因，其次是数字化与网络化，绿色化
与智能化次之，最后是全球化，可以看出，中国在创新能力、网络化与数
字化方面做出了较大的努力，也有很大的收获；随着空气质量越来越成为
人们关注的焦点，近年来各省份都做出了较大的努力，大力倡导节能减
排，发展绿色经济，绿色化取得了较大的成就，但与创新能力、网络化与
数字化相比，存在一定的差距，还需要在今后的工作中加大对绿色化的培
育力度。全球金融危机以来，各个国家为了重新振兴本国经济，纷纷提出
回归制造业，这在一定程度上造成全球化指数处于相对较低的水平，而近
年来刚刚提出的智能制造，还处于起步酝酿阶段，发展较为缓慢，所以中
国智能化相较于创新能力、数字化与网络化还存在差距，但是近年来智能
化水平慢慢提升，尤其是 2017 年，我国的智能化已经取得了长足的发展，
处于较高的水平。

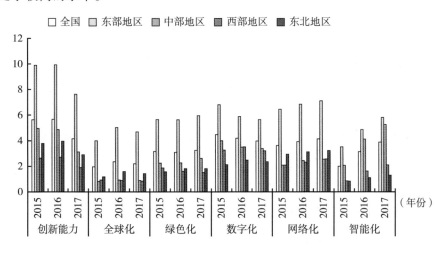

图 2　2015～2017 年新经济指数六大指数区域差异

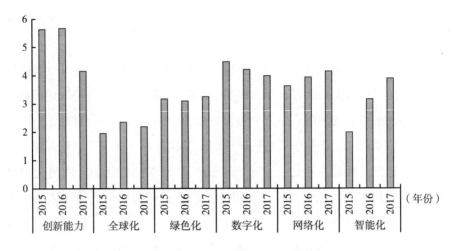

图 3　2015～2017 年新经济指数六大指数情况

四　构成新经济指数的六大指数发展现状及区域差异

本部分将对构成新经济指数的六大指数进行具体的分析，并分析各区域的具体情况。

（一）创新能力指数

图4描述的是创新能力指数，从图中可以看出，近年来全国创新能力指数出现下降趋势，从2015年的5.6下降到2017年的4.2，分区域来看，东部地区的创新能力指数最高，远远高于全国的平均水平，其次是中部地区、东北地区，最后是西部地区，并且中部、东北和西部地区的创新能力指数低于全国的平均水平，这说明东部地区近年来创新能力处于较高的位置，东部地区为了提升创新能力实行了一系列措施，而中部、西部、东北地区还需要继续努力。从时间上来看，无论是全国还是分区域来看，2017年较2016年出现了较为明显的下降趋势，这可能与国内外环境有关，受金融危机和从高速发展向中高速发展阶段转变的影响，企业压力较大，投入创新的资金会受到影响。

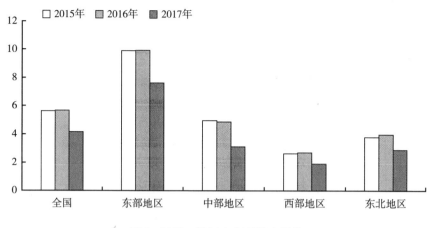

图4 2015～2017 年创新能力指数

（二）全球化指数

图5 描述的是全球化指数，从图中可以看出，2017 年较 2016 年有小幅度的下降趋势，从 2016 年的 2.3 下降到 2017 年的 2.2，但是较 2015 年还是有所上升。分区域来看，东部地区的全球化指数最高，高于全国的平均水平，而东北地区、中部地区和西部地区的全球化指数低于全国的平均水平。分省份来看，排在前五名的分别为上海、广东、北京、天津和江苏，全球化指数分别为 9.3、7.7、7.1、5.7 和 5.0，这一现象也符合现实预期，上海是我国的金融中心，北京是我国的国际交往中心，广东也是改革开放最先试验改革的省份。2015 年 4 月 21 日，中国（天津）自由贸易试验区正式挂牌。中国（天津）自由贸易试验区为中国北方第一个自贸区。江苏省作为我国发达沿海省份，全球化水平不断提高。但是省份之间的全球化指数还是存在较大差距，排名第一的上海市是排名最末的青海省的 4 倍多。

（三）绿色化指数

图6 描述的是绿色化指数，从图中可以看出，中国绿色化指数呈现上升

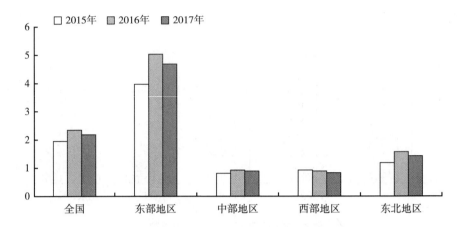

图5　2015~2017年全球化指数

趋势，虽然在2016年有小幅度的下降，但是2017年出现了上升趋势，从2016年的3.1上升到2017年的3.2。分区域来看，东部地区绿色化指数高于全国的平均水平，2017年东部地区绿色化指数为6，是全国平均水平的2倍左右、中部地区的2倍多、东北地区的3倍、西部地区的4倍。分省份来看，绿色化指数排名前三的是北京、浙江和广东，分别为11.2、8.5、7.5，第一名北京市是最后一名宁夏的差不多10倍。

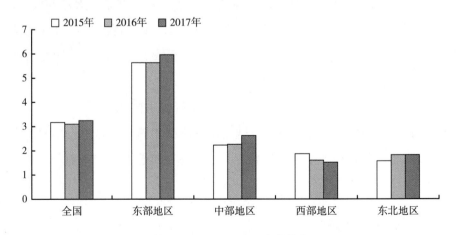

图6　2015~2017年绿色化指数

（四）数字化指数

图7描述的是数字化指数，从图中可以看出，中国的数字化指数出现了小幅度下降趋势，从2015年的4.5下降到2017年的4。分区域来看，东部地区的数字化指数最高，其次是中部地区和西部地区，东北地区数字化指数最低。分省份来看，排名前三的分别是北京、广东与江苏，数字化指数分别为8.4、8.0、6.7，第一名北京市是最后一名青海省的差不多8倍。

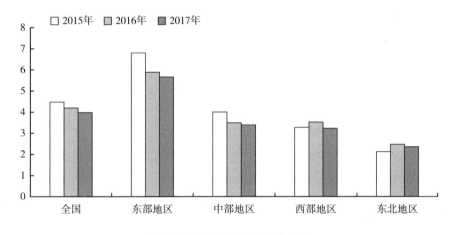

图7　2015～2017年数字化指数

（五）网络化指数

图8描述的是网络化指数，从图中可以看出，中国网络化指数近年来呈现上升趋势，从2015年的3.6上升到2017年的4.1。分区域来看，东部地区网络化指数最高，其次是东北地区和中部地区，最后是西部地区，但是从时间趋势来看，近年来呈现上升趋势。分省份来看，网络化指数排名前三的是广东、北京和浙江，分别为13.1、11.8和11.4，第一名的广东是最后一名云南的12倍多。

（六）智能化指数

图9描述的是智能化指数，从图中可以看出，近年来中国智能化指数呈

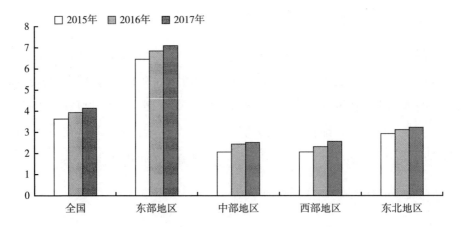

图8 2015~2017年网络化指数

现上升趋势,从2015年的2.0上升到2017年的3.9,上升幅度较大。分区域来看,东部地区和中部地区智能化指数高于全国的平均水平,中部地区在智能化指数这一方面表现较为突出,这主要是因为近年来中部地区承接东部地区产业转移,中部地区逐渐成为制造业中心,汽车、机械制造、钢铁等行业发展较快,比如中国六大产业集群集中于中部地区,这也是中部地区在智能化指数表现比较突出的重要原因之一。

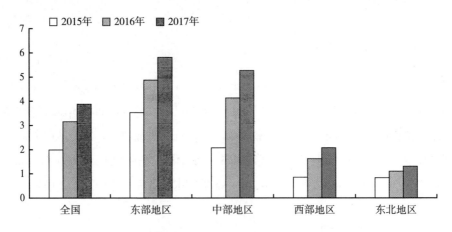

图9 2015~2017年智能化指数

五 总结与政策建议

从新经济指数的情况来看，东部地区新经济较中部、西部和东北地区处于较高的水平，并且高于全国的平均水平，从政策梳理也可以看出，我国在发展新经济过程中做出了很多的努力，在新旧动能转换、新产业、互联网、"双创"等方面都有所涉及。中国创新能力指数处于较高的水平，是拉动新经济指数较高的重要原因，其次是数字化与网络化，绿色化与智能化次之，最后是全球化，可以看出，中国在创新能力、网络化与数字化方面做出了较大的努力，也获得了很大的收获，随着空气质量越来越成为人们关注的焦点，近年来各省份都做出了较大的努力，大力倡导节能减排，发展绿色经济，绿色化取得了较大的成就，但与创新能力、网络化与数字化相比，存在一定的差距，还需要在今后的工作中加大对绿色化的培育力度。全球金融危机以来，各个国家为了重新振兴本国经济，纷纷提出回归制造业，这在一定程度上造成全球化指数处于相对较低的水平，而近年来刚刚提出的智能制造，还处于起步酝酿阶段，发展较为缓慢，所以中国智能化相较于创新能力、数字化与网络化还存在差距，但是近年来智能化的水平慢慢提升，尤其是2017年，我国的智能化已经取得了长足的发展，处于较高的水平，分区域来看，东部地区的新经济指数高于全国平均水平，中部地区次之，东北地区第三，而西部地区新经济指数最低。结合中国发展新经济政策与本文构建的新经济指数分析，本文提出以下几点建议。

1.优化政府服务，深化"放管服"改革

政府应不断深化简政放权、放管结合、优化服务改革。通过深化行政审批、收费管理、商事等制度改革，创造更加宽松的创业创新环境。要按照"多服务、少干预，多帮忙、少添乱"的原则，坚持政策性引导、市场化促进、规范化管理和高效性服务相结合，提高政府及公共事业单位对新经济企业的管理水平和服务质量。政府要转变思路，时刻保持服务意识，要从以往的管理为主向服务为主、管理为辅转变，处理好服务与管理之间的关系，要

充分发挥市场的主体作用，做好对市场的全方位的精准服务。

2. 完善包容审慎的监督管理方式

为发展新经济，培育经济发展新动能，监管部门要主动作为，从以往"事前监管"为主转变为"事后监管"，做好企业的坚实后盾，该管的管，不该管的一定要放手让企业去做，要更加突出政策的引导作用，鼓励创新，宽容失败，建立容错机制，逐步构建有利于新经济发展的政策与制度体系。防止简单化的"一刀切"式监管，对处于初期的新经济要有宽容态度，对拿不准的不要随便监管，要精准监管和适度监管，避免撒胡椒面式的监管和过度监管。

3. 为新经济发展提供优良的政策环境

实施大数据应用工程，提供优良的大数据整合平台。激发和保护企业家精神，为企业家提供优良和宽松的营商环境，既要保证能引得人才，又要保证能留得住人才。强化新经济人才服务，对发展新经济需要的人才，要敢于亮底牌、亮绿灯，对这些人才的合理要求要尽量满足，优先提供充实的后勤保障，在户籍办理、子女入学、医疗保障、安家等方面提供优先保障。

参考文献

戚聿东、李颖：《新经济与规制改革》，《中国工业经济》2018年第3期，第5～23页。

李海舰、朱芳芳、李凌霄：《对新经济的新认识》，《企业经济》2018年第11期，第45～54页。

胡鞍钢、王蔚、周绍杰、鲁钰锋：《中国开创"新经济"——从缩小"数字鸿沟"到收获"数字红利"》，《国家行政学院学报》2016年第3期，第4～13＋2页。

许宪春：《新经济的作用及其给政府统计工作带来的挑战》，《经济纵横》2016年第9期，第1～5页。

陈曦、王中华：《加快构建我国新经济监测评价指标体系——美国新经济指数对我国的启示》，《价格理论与实践》2017年第3期，第112～115页。

赵放、任雪：《新经济下制造业与互联网的体验式融合发展》，《当代经济研究》2017年第6期，第78～83页。

陈维涛：《"新经济"的核心内涵及其统计测度评析》，《南京社会科学》2017年第11期，第23～30页。

B.11
粤港澳大湾区与旧金山湾区
新经济发展比较

胡文龙*

摘　要： 本文从产业类型、创新能力和全球化程度三个维度分析了粤港澳大湾区与旧金山湾区的新经济发展特征。结果发现：①两大湾区新经济产业发展上的相同点是都以高新技术产业作为主导发展产业，且形成了适宜高新技术企业发展孕育的成熟产业生态；但在科技创新产业的集聚程度、产业体系的复杂程度和政府在新经济发展的干预程度上具有明显不同。②两大湾区新经济在创新能力上各有优势：在创新动力和源泉方面，旧金山湾区相对更具优势；在创新主体实力和潜力方面，粤港澳大湾区更占优势。综合来看，旧金山湾区科技创新生态相对更为成熟，粤港澳大湾区科技创新优势潜力更大。③两大湾区新经济发展的全球化程度有所差异：从自身的基础资源禀赋来看，粤港澳大湾区各类经济要素的规模相对更大；从反映经济全球化程度的指标来看，粤港澳大湾区目前已经远远超过旧金山湾区。这表明粤港澳大湾区在世界经济中的全球化程度已超越旧金山湾区。

关键词： 粤港澳　湾区经济　新经济指数　产业分析

---

* 胡文龙，中国社会科学院工业经济研究所副研究员，主要研究领域为财务会计理论、企业竞争力、财务战略、业绩评价、管理会计、环境会计等。

粤港澳大湾区与旧金山湾区是中美两国最为知名的新经济领先发展区域。当前，粤港澳大湾区是我国知名的科技和产业创新中心，是我国新经济发展的南方主战场；旧金山湾区是美国西海岸以高新技术中心闻名的世界科技创新中心，"硅谷"已成为世界各国高科技聚集区的代名词。两地独特的湾区经济发展区位，相似的高新技术产业定位，类似的以创新为主要支撑的经济体系和发展模式，使两者在新经济发展上具有一定的可比性。本文重点分析比较粤港澳大湾区和旧金山湾区新经济的发展情况，以期为我国湾区新经济发展提供参考借鉴。

一 两大湾区新经济发展的产业分析

1. 粤港澳大湾区新经济的相关产业

粤港澳大湾区一般分为湾区西岸、东岸以及港澳地区。目前，粤港澳大湾区西岸主要为技术密集型产业带，以现代服务业、装备制造业和优势传统农业为主，主要包括新材料、新能源、农业产品、电子加工等产业类型。东岸主要为知识密集型产业带，以现代服务业、战略性新兴产业和高科技产业为主，主要包括互联网、人工智能、电子制造等产业类型。港澳地区在大湾区中起到促进向外发展、加强对内融合的作用。其中，澳门积极发展旅游休闲服务业、博彩旅游，同时也担任葡语国家交流平台中心的角色；香港重点发展金融服务业、贸易及物流业、专业及工商业支援服务业、旅游业等现代服务产业类型，担任金融中心、贸易中心、航运中心等角色。粤港澳拥有世界上最大的海港群和空港群，是具有世界级影响力的制造中心、投资中心、企业孵化中心和新经济策源地，区内产业结构以先进制造业和现代服务业为主，有300多个各具特色的产业集群，互补性、协同性较强，综合竞争优势明显。

从新经济发展的产业类型来看（见表1），香港、深圳、广州、珠海等粤港澳大湾区各具体城市的优势产业各不相同，但城市间的产业链条相对完整，产业生态较为完善。比如：香港有金融服务业、旅游业、贸易及物流业、专业及工商业支援服务业四大支柱产业；深圳在文化创意产业、高新技术产业、现代物流业、金融业、生物产业、新能源产业、互联网产业上具有明显优势；广州传统汽车制造业、电子制造业、石油化工制造业转型升级加快，新一代信息技术、人工智能、生物医药等战略性新兴产业动能强劲；珠海在电力能源、生物医药、精密机械制造、家电电气、电子信息、石油加工等产业发展迅速。总体来看，粤港澳大湾区新经济产业的覆盖面广，产业生态相对成熟，产业市场潜力巨大。粤港澳大湾区新经济发展的产业类型，正从过去三十年"前店后厂"单一加工贸易和港口经济的经贸格局，向科技创新产业和现代服务业有机融合转型。全球先进制造业、新一代信息技术、生物技术、高端装备制造、互联网、新材料、国际金融、文化创意等战略性新兴产业和现代服务业，正成为粤港澳大湾区新经济发展的核心主导产业。打造具有重要国际影响力的科技和产业创新中心，是粤港澳大湾区新经济产业发展的主要目标。

2. 旧金山湾区新经济的相关产业

旧金山湾区内新经济相关产业主要是信息技术和生物技术，包括计算机和电子产品、通信、多媒体、生物科技、环境技术，以及银行金融业和服务业等产业类型（见表1）。旧金山湾区分成北湾、旧金山市区、东湾、半岛和南湾共5个区域。具体来看，旧金山市是重要海军基地和著名贸易港，产业类型以旅游业、商业服务业和金融业为主，工商业尤其发达，是美国西部最大的金融中心。东湾是湾区最早发展起来的区域，港口经济是旧金山湾区经济的起点，二战期间军事造船业涌入东湾的奥克兰，奥克兰造船业由此兴起。目前东湾的产业类型以重工业、金属加工和船运为主，主要包括电动设备、玻璃、化学、数控机械、儿童食品、汽车和生物制药等重点产业。北湾是美国著名的酒乡和美食之都，北湾的产业类型以葡萄酒产业、休闲养老产业为主，据称全美90%的葡萄酒都产于此。北湾的马林县被认为是美国最富有的行政区，这里有眺望旧金山市的最好豪宅。南湾是硅谷的所在地，许多高科技企业诸如英特尔、升阳、Applied Materials、NVIDIA、AMD、雅虎等公司的总部位于此地，连接旧金山市和南湾的半岛，则房地产业发达。总体来看，旧金山湾区包括硅谷，是美国乃至世界信息技术的摇篮和中心，主

要新经济产业有信息技术业、生物医药业、金融业、对外贸易和旅游业等类型。目前，湾区内部产业联系紧密，产业集群相对成熟，产业结构趋向于生态化，湾区内产业分工缺乏政府主导，主导产业的类型相对简单。作为曾经的军事电子产品生产基地，随着半导体、微处理器和基因技术的出现，科技创新导致的硅谷崛起成为旧金山湾区新经济发展的最大助推力。

表1　两大湾区新经济相关产业比较

湾区	核心城市	新经济支柱产业
旧金山湾区	旧金山	金融业、旅游业及生物制药
	圣何塞（南湾）	信息通信、电子制造、航天航空装备等高新技术产业
	奥克兰（东湾）	装备制造、临港经济
粤港澳大湾区	香港	金融服务、旅游、贸易及物流、专业及工商服务业
	广州	汽车制造业、电子制造业、石油化工制造业、新一代信息技术、人工智能、生物医药
	深圳	文化创意产业、高新技术产业、现代物流业、金融业、生物产业、新能源产业、互联网产业
	珠海	电力能源、生物医药、精密机械制造、家电电气、电子信息、石油加工
	东莞	电子信息、电气机械及设备、纺织服装鞋帽、食品饮料加工、造纸及纸制品业
	澳门	博彩业、旅游业
	佛山	家具、家电、灯饰、陶瓷、机械设备
	惠州	数码、石化、服装、制鞋、水泥、汽车及零部件
	中山	医药、电子、电器、化工、五金、灯饰、服装、家具
	江门	机电、纺织服装、食品、电子信息、造纸及纸制品、建材
	肇庆	新能源汽车、先进装备制造、节能环保

资料来源：课题组收集整理。

3. 两大湾区新经济发展的产业比较

新经济产业在两大湾区的发展主要有两个相同点。一是科技创新产业都是两大湾的主导产业。旧金山湾区的硅谷是世界级高新技术的创新之都，粤港澳大湾的深圳则是中国创新城市的后起之秀，两大湾区新经济发展的优势产业十分类似。以信息通信、电子制造、航天航空装备等为主的高新技术产业是硅谷的支柱产业，谷歌、脸书、惠普、英特尔、苹果公司、思科、特斯拉、甲骨文等多家互联网巨头均坐落于此；而粤港澳大湾区的电子信息产业与装备制造业也蓬勃发展，拥有华为、腾讯等全球著名科技公司。二是相对都形成了较为成熟的新经济发展生态。旧金山湾区的硅谷、粤港澳大湾区的深圳，已经成为世界知名的新经济产业、产品和业态的创新高地，两地已经形成相对成熟的新经济发展生态。

新经济产业在旧金山湾区与粤港澳大湾区的发展主要有三个不同点。一是科技创新产业集聚度不同。旧金山湾区的硅谷相对较为集中，高新技术企业集聚程度较高；而粤港澳大湾区的高新技术企业主要集中在深圳，且企业集聚发展的程度相对较低。二是产业结构复杂度不同。旧金山湾区产业结构简单集聚，粤港澳大湾区产业结构相对更复杂多元。由于区域面积、国家制度、产业基础、市场空间等条件不同，旧金山湾区高新技术产业相对集中在信息通信、电子制造、航天航空装备、生物装备等领域，粤港澳大湾区新经济涉及金融服务、人工智能、生物医药、文化创意、高新技术、现代物流、新能源、互联网等更多领域。三是政府在新经济发展上发挥的作用程度不同。旧金山湾区新经济产业发展政府干预较少，粤港澳大湾区中新经济产业发展在大陆几乎都纳入各级政府的产业发展规划。

二 两大湾区新经济发展的创新能力比较

科技创新能力是现代湾区新经济发展的强力引擎。一般而言，一个地区高等教育越发达，研究型大学越多，该区域提供的科技创新人才数量就越多，质量就越高，同时涌现出的高科技型企业数量就越多，本地区新经济发展的创新生态就越好，科技创新活力就越强。因此，本节重点分析比较两大湾区知名研究型大学和进入《财富》世界 500 强企业在科技创新方面的全球竞争力。

1.两大湾区知名大学比较

大学是科技创新的动力和源泉。本文首先分析两大湾区的知名大学在各类排行榜上的差异，以及其在湾区科技创新能力上的作用（见表 2）。《泰晤

士高等教育世界大学排名》（简称"THE"）、《QS世界大学排行榜》（简称
"QS"）、《美国新闻与世界报道世界大学排名》（简称"US News"）、《上海
交通大学"世界大学学术排名"》（简称"ARWU"）是目前世界上最具影响
力的较为权威的大学排行榜，上述榜单通常选择全球学术声誉、师生比、师
均论文发表数、国际教职工比例、国际学位生比例、教师质量、学生素质等
指标作为大学的评价依据。本文以两大湾区知名度相对较高的几所大学为对
象，分析比较其在各类大学排行榜上的位次，以此作为两大湾区知名大学的
科技创新能力的评价依据。

表2　两大湾区知名大学排名对比情况

大学区位	大学名称	THE(2019)	QS(2019)	US News(2018)	ARWU(2018)
旧金山湾区	斯坦福大学	3	2	3	2
	加州大学伯克利分校	15	27	4	5
	加州大学戴维斯分校	59	100	52	96
	加州大学圣克鲁兹分校	167	336	47	101~150
	加州大学旧金山分校	42	7	15	21
	匹兹堡大学	110	136	48	90
	卡耐基梅隆大学	24	46	77	91
粤港澳大湾区	香港大学	36	25	103	101~150
	香港科技大学	46	37	135	201~300
	香港中文大学	55	49	142	151~200
	香港城市大学	110	55	172	201~300
	香港理工大学	173	106	225	201~300
	中山大学	319	295	224	101~150
	华南理工大学	511	480	361	201~300
	澳门大学	376	443	612	501~600

资料来源：课题组收集整理。

从两大湾区知名大学排名对比情况（见表2）可以看出，旧金山湾区和
粤港澳大湾区都已成为世界名校聚集的区域，但旧金山湾区知名大学的整体
排名要远靠前于粤港澳大湾区。从表中不难发现，旧金山湾区内有斯坦福大
学、加州大学伯克利分校、加州大学戴维斯分校、加州大学旧金山分校和加

州大学圣克鲁兹分校五个世界级的研究型大学，且斯坦福大学、加州大学伯克利分校等在四大榜单中均处于世界大学排名前十（前50），且排名相对比较稳定；其他诸如加州大学戴维斯分校、加州大学圣克鲁兹分校、加州大学旧金山分校、匹兹堡大学、卡耐基梅隆大学等，也属于世界百强的顶尖研究型大学。而粤港澳大湾区中，香港大学、香港科技大学、香港中文大学、香港城市大学、香港理工大学、中山大学、华南理工大学、澳门大学等知名大学虽然也属于世界知名的500强大学，但在各榜单中排名相对靠后，且排名在各榜单中差异较大。从高等学校的数量来看，由于两大湾区区域面积、人口数量等差异，粤港澳大湾区的高等大学数量比旧金山湾区相对多一些。统计数据显示，目前在粤港澳大湾区分布着近150所高校、43个国家重点实验室；旧金山湾区仅有30多所大学（不包括数量最为广泛的以本科教学和职业教育为主的社区大学）、5个国家级研究实验室。综合而言，粤港澳大湾区中知名大学的整体综合实力和科技创新能力与旧金山湾区中知名大学的差距还是较为明显的。旧金山湾区有世界顶尖的大学，但总量相对较少；粤港澳缺乏顶尖大学，但梯队完备，潜力大。

从知名研究型大学在科技创新引领上的作用来看，旧金山湾区内的知名大学相对粤港澳大湾区的知名大学对新经济的促进作用更大。旧金山湾区的五个重要组成部分分别都有世界一流大学为引领的高水平大学集群。其中：旧金山市有世界排名第15的世界一流大学加州大学旧金山分校为引领的旧金山大学、旧金山艺术大学、金门大学、多明尼克大学等高水平大学组成的集群；南湾有世界排名第二的世界一流大学斯坦福大学、排名第三的加州理工学院、排名第47的加州大学圣克鲁兹分校以及享有较高世界学术声誉的圣何塞州立大学、圣塔克拉拉大学等高水平大学组成的集群；北湾有世界一流大学排名第四的加州大学伯克利分校；半岛上也有美西部享有极高学术声誉的大学等。这种多中心互补组团式大学集群发展模式形成了跨区域的高等教育知识网络，孕育出有利于旧金山湾区新经济发展的独特科技支撑模式，为湾区涌现出一大批全球著名的科技型产业集群营造了知识资源共享的氛围，拓展了新经济相关知识交流的频度、广度和深度。而粤港澳大湾区由于

全球领先的知名研究型大学较少，仅香港大学、香港科技大学等少量高校在科技创新引领上能够发挥支撑作用，因此难以形成促进新经济发展的强大科技创新动力。与此同时，由于国家体制机制、历史发展阶段、经济发展水平等各方面的影响，湾区内大学在学术交流、人才流动、就业创业等各方面发展仍然相对独立，湾区内大学呈典型的散点式独立发展状态，研究型大学集聚创新融合发展的良好科技创新生态并没有形成，这使香港知名的研究型大学在引领粤港澳大湾区新经济发展上更加先天不足。

2. 两大湾区知名企业比较

企业是科技创新的主体和载体。作为科技及经济最发达的地区之一，两大湾区是世界 500 强企业的主要聚集地。通过分析两大湾区进入《财富》世界 500 强的企业的全球竞争力，详细分析两大湾区上榜企业的数量、排名、行业分布等重要指标，可以有效识别两大湾区新经济发展在创新实力上的区别，以及由此对两大湾区的新经济产业分布进行深入观察。

通过粤港澳大湾区《财富》世界 500 强企业排名情况（见表3）可以看出，粤港澳大湾区入围《财富》世界 500 强的企业近年来呈逐年增多趋势，入围企业数由 2016 年的 15 家增加至 2019 年的 20 家。除入围多年的香港来宝集团在 2019 年没有上榜外，粤港澳大湾区几乎每年都有新增入榜企业。从产业分布来看，粤港澳大湾区的入围企业所属行业相对较为分散，20 家上榜企业基本涵盖了从汽车、家电、房地产、互联网到金融保险等现代产业体系的主要部门。比如，2019 年入围企业的行业分布为：金融业 4 家，房地产业 3 家，通信、信息技术等高新科技业 3 家，零售业 2 家，家电行业 2 家，汽车制造业、电力行业和有色金属行业各 1 家，多元化企业 3 家。从区域分布来看，粤港澳大湾区入榜企业主要集中在深圳、香港、广州、佛山等地。比如，2019 年入围企业的总部分别为：深圳 7 家，香港 8 家，广州 3 家，佛山 2 家。从排名次序来看，粤港澳大湾区入榜企业排名历年来呈总体上升趋势。比如：除格力电器 2019 年新上榜外，2019 年粤港澳大湾区上榜企业中，有 15 家排名相对 2018 年上升，其中 6 家企业排名上升超过 30 位。碧桂园从 2018 年的第 353 位上升到 2019 年的第 177 位，上升最快；腾讯公司 2019 年排名第 237 位，比 2018 年的第 331 位上升了 94 位。总体来看，粤港澳大湾区入围《财富》世界 500 强的企业数量近年来逐年增多，且排名整体有较大幅度提升。值得注意的是，粤港澳大湾区 20 家入围企业的平均营业收入约为 598.59 亿美元，远低于旧金山湾区 11 家入围企业的平均营业收入水平（约 1010.72 亿美元），且粤港澳大湾区入围企业的平均利润水平远远低于旧金山湾区的平均利润水平。

表 3 粤港澳大湾区《财富》世界 500 强企业排名情况

企业名称	总部所在地	2019 年	2018 年	2017 年	2016 年
平安保险	深圳	29	29	39	41
华为	深圳	61	72	83	129
中国华润	香港	80	86	86	91
南方电网	广州	111	110	100	95
正威国际	深圳	119	111	183	190
恒大集团	深圳	138	230	338	496
碧桂园	佛山	177	353	467	—
招商银行	深圳	188	213	216	189
广汽集团	广州	189	202	238	303
联想	香港	212	240	226	202
腾讯	深圳	237	331	478	—
招商局	香港	244	280	—	—
万科企业	深圳	254	332	307	356
怡和集团	香港	280	283	279	273
雪松控股	广州	301	361	—	—
美的集团	佛山	312	323	450	481
长江和记实业	香港	352	374	319	473
友邦保险集团	香港	388	295	383	456
格力电器	珠海	414	—	—	—
中国太平洋保险集团	香港	451	465	—	—
来宝集团	香港	—	339	205	116

资料来源：作者根据《财富》世界 500 强企业榜单收集整理。

通过旧金山湾区《财富》世界 500 强企业情况（见表 4）可以看出，旧金山湾区进入《财富》世界 500 强的企业数量在 2016 年以来相对比较稳定。2016 年为 10 家，2017～2018 年均为 12 家，2019 年减少为 11 家。但在

2014 年之前,《财富》世界 500 强的企业中有 30 家左右位于旧金山湾区内,旧金山湾区是美国《财富》世界 500 强企业数量仅次于纽约的地区。从产业分布来看,旧金山湾区入围《财富》世界 500 强的企业主要是科技型的高新技术企业。比如,在 2019 年 11 家上榜企业中,企业所属产业主要分布在计算机、办公设备(3 家),互联网服务和零售(2 家),网络、通信设备(1 家),银行(1 家),批发保健(1 家),计算机软件(1 家),炼油(1家),半导体、电子元件(1 家),生物制药(1 家)等行业领域,其中有 8家属于计算机与互联网产业,包括耳熟能详的苹果公司、脸书、惠普、英特尔、思科、甲骨文等公司。从区域分布来看,旧金山湾区入榜企业相对更为分散,在湾区内布局更为均匀合理。比如:在 2019 年入围企业中,除帕洛阿尔托市有 2 家外,库佩蒂诺、圣雷蒙、山景城、都柏林、旧金山、圣克拉拉、门罗帕克、圣何塞、雷德伍德城均各有 1 家世界 500 强企业。从上榜企业的排位次序来看,以科技创新为主的高新技术企业在世界排名中相对稳定,个别龙头企业表现亮眼。比如:苹果、Alphabet、惠普、脸书、英特尔等科技型公司表现十分突出,在世界 500 强中排名相对靠前。这些企业无论营收体量还是专利数量,都在全球占据重要位置。尤其是脸书在 2016 年尚没有上榜,但到 2019 年已快速提升到第 184 位。整体来看,尽管旧金山湾区目前入围《财富》世界 500 强的企业数量比粤港澳大湾区的数量少,但旧金山湾区高新技术企业集聚程度更高,高新技术企业的产业集中优势进一步凸显。尤其值得一提的是,作为高新技术企业集聚地,旧金山湾区入围《财富》世界 500 强的企业在平均营收和利润两项重要指标中在四大湾区中长期排名第一。

表 4　旧金山湾区《财富》世界 500 强企业排名情况

企业名称	总部所在地	2019 年	2018 年	2017 年	2016 年
苹果公司	库佩蒂诺	11	11	9	9
雪佛龙	圣雷蒙	28	33	45	31
Alphabet	山景城	37	52	65	94
康德乐	都柏林	38	34	35	50

企业名称	总部所在地	2019 年	2018 年	2017 年	2016 年
美国富国银行	旧金山	69	62	61	67
英特尔公司	圣克拉拉	135	146	144	158
惠普公司	帕洛阿尔托	173	190	194	48
脸书	门罗帕克	184	274	393	—
思科公司	圣何塞	225	212	187	183
甲骨文公司	雷德伍德城	307	302	280	260
慧与公司	帕洛阿尔托	404	409	181	—
Gilead Sciences 公司	福斯特城	—	455	358	316

资料来源：课题组根据《财富》世界 500 强企业榜单收集整理。

通过入围《财富》世界 500 强的湾区企业榜单可以发现，从数量规模来看，粤港澳大湾区入围企业的数量较多，但企业平均营业收入和利润规模相对较小；从行业分布来看，旧金山湾区入围企业的产业集中度相对较高，高新技术企业特征非常明显，粤港澳大湾区的产业分布相对较为分散，电子制造、汽车工业、互联网、房地产、金融保险和能源等行业的产业协同有优势；从区域分布来看，粤港澳大湾区知名企业相对集中于香港、深圳和广州等经济相对发达城市，旧金山湾区知名企业在硅谷城市带中的分布相对较为分散。综合来看，旧金山湾区以科技创新为核心的企业集群式发展进一步深化，"硅谷"科技创新之都的地位十分巩固；粤港澳大湾区在互联网、高技术制造领域的国际竞争优势正逐步显现，未来前景广阔，潜力巨大。

三 两大湾区新经济发展的全球化程度分析

1. 两大湾区的基础资源禀赋比较

粤港澳大湾区是由香港、澳门两个特别行政区和广东省的广州、深圳、珠海、佛山、中山、东莞、惠州、江门、肇庆九市组成的城市群（9＋2），是继美国纽约湾区和旧金山湾区、日本东京湾区之后的世界第四大湾区。

2017 年，粤港澳大湾区 GDP 突破 10 万亿元，总量规模超过俄罗斯，在世界国家排行中名列第 11 位，与韩国持平，是中国开放程度最高、经济活力最强的区域之一，在我国国家发展大局中具有重要战略地位。旧金山湾区是指环绕美国西海岸旧金山海湾一带的地域，通常是指地处美国加利福尼亚州北部的大都会区域，位于沙加缅度河下游出海口的旧金山湾和圣帕布罗湾四周，包含西侧的旧金山，南侧的圣马刁县、圣克拉拉谷地区，东侧的阿拉米达县、康特拉科斯塔县、索拉诺县，以及北侧的马林县、纳帕县和索诺马县，共 9 个县 101 个城市，是全美第五大都会区。目前，旧金山湾区是世界上最重要的高科技研发中心之一，也是世界最重要的科教文化中心之一，拥有全美第二多的世界 500 强企业总部（仅次于纽约），也是美国西海岸最重要的金融中心。2015 年，湾区 GDP 高达 7855 亿美元，仅次于世界 18 个国家。世界著名的高科技研发基地硅谷即位于湾区南部。

由于相似的发展历程、相近的产业定位，粤港澳大湾区作为最年轻的湾区，常常被拿来与美国旧金山湾区进行比较，我国规划建设粤港澳大湾区在一定程度上也重点借鉴了旧金山湾区的发展经验。但在新经济产业发展的基本禀赋上，两大湾区还是存在较大的差异（见表5）。从区域面积来看，粤港澳大湾区总面积约 5.6 万平方公里，旧金山湾区面积约 1.8 万平方公里，粤港澳大湾区面积约是旧金山湾区的 3 倍；从人口总数来看，粤港澳大湾区2018 年末总人口已达 7000 万人，旧金山湾区区域内 2018 年末人口约计 777万人，粤港澳大湾区人口总数约是旧金山湾区的 9 倍；从人口密度来看，2018 年粤港澳大湾区每平方公里为 1242 人，旧金山湾区每平方公里为 428人，粤港澳大湾区人口密度约是旧金山湾区的 2.9 倍；从经济总量来看，2018 年，粤港澳大湾区 GDP 为 1.54 万亿美元，旧金山湾区 GDP 为 0.88 万亿美元，粤港澳大湾区约为旧金山湾区的 1.75 倍；从人均 GDP 来看，粤港澳大湾区 2018 年为 22097 美元，旧金山湾区约为 113000 美元，粤港澳大湾区约为旧金山湾区的 20%。总的来看，粤港澳大湾区面积更大，人口更多，经济总量更大；旧金山湾区人口密度相对较小，但人均 GDP 是粤港澳大湾区的 5 倍。

表 5   两大湾区新经济的基础条件比较（2018 年）

基本情况	粤港澳大湾区	旧金山湾区
面积（平方公里）	56000	17955
人口（万人）	6956.93	777
人口密度（人/平方公里）	1242	428
GDP（亿美元）	15373	8780
经济体量排名	第 11 位	第 19 位
人均 GDP（美元）	22097	113000

资料来源：课题组收集整理。

2. 两大湾区经济全球化指标比较

世界级湾区是全球经济网络的重要节点，发挥着重要的全球枢纽功能，推动着人（才）流、货物流、信息流、资金流等经济要素在全球范围内流动。湾区全球化程度越高，参与全球经济交流的程度越深，全球枢纽经济的地位就越重要。本节重点从进出口额、国际机场个数（见表 6）、劳氏百强港口数量、机场旅客吞吐量和港口集装箱吞吐量来分析比较粤港澳大湾区和旧金山湾区的经济全球化程度（见表 7）。

表 6   两大湾区主要机场比较

单位：亿人次

机场名称		职能	客流量	
			2015 年	2018 年
旧金山湾区	旧金山机场	国际航线	0.71	0.857
	奥克兰机场	国际、国内廉价航线		
	圣荷西机场	国内及墨西哥航线		
粤港澳大湾区	香港国际机场	国际航线	1.68	1.94
	广州白云机场	国内、国际航线		
	深圳宝安机场	国内为主		
	珠海金湾机场	国内为主		
	澳门机场	国内、国际航线		

资料来源：课题组收集整理。

表7　两大湾区经济全球化指标比较

全球化指标	粤港澳大湾区		旧金山湾区	
	2018 年	2015 年	2018 年	2015 年
进出口额(亿美元)*	20174	15000	1654	1549
国际机场个数(个)	5	5	3	3
机场旅客吞吐量(亿人次)	1.94	1.68	0.857	0.71
机场货邮吞吐量(万吨)	830	737	90	86
劳氏百强港口数量(个)	6	6	1	1
港口集装箱吞吐量(万 ETC)	6721	6247	255	227

*整个加州(58 郡)数据,非旧金山湾区(11 郡)进出口额数据。

资料来源:课题组收集整理。

从进出口贸易额来看,2015 年,粤港澳大湾区进出口贸易额为 15000亿美元,到 2018 年增长至 2 万亿美元左右;2015 年,旧金山湾区所在的加州地区进出口贸易额约为 1549 亿美元,2018 年这一数据增长至 1654亿美元。由于加州可被划分为九大经济区域且涉及 58 个郡,旧金山湾区仅涉及其中的 11 郡,其产值仅为加州的 27%,因此旧金山湾区进出口总额会远远低于加州地区进出口额。从进出口贸易额的比较来看,粤港澳大湾区进出口额不仅高于旧金山湾区,还远远高于旧金山湾区所在的加州进出口额。

从联通世界的航空交通运输来看,2018 年,粤港澳地区进入国际机场协会(ACI)公布的《全球最繁忙机场排名 100 强》的国际性机场所在地有广州、香港、深圳、澳门、珠海 5 个,其中香港国际机场、广州白云机场和深圳宝安机场排名相对靠前;而旧金山湾区同类型的国际性机场仅有旧金山机场、奥克兰机场、圣荷西机场 3 个。从机场旅客吞吐量来看,2018 年,粤港澳大湾区中的香港国际机场(全球第 8,全国第 2)、广州白云机场(全球第 13,全国第 4)、深圳宝安机场(全球第 7)等 5 个机场的旅客吞吐量为 1.94 亿人次,远超旧金山湾区机场的 0.857 亿人次;2015 年,粤港澳大湾区上述 5 个机场的旅客吞吐量为 1.68 亿人次,远超旧金山湾区的 3 大国际机场旅客吞吐量 0.71 亿人次。2018 年，粤港澳大湾区机场货邮吞吐量超过 830 万吨，远远高于旧金山湾区机场货邮吞吐量的规模。因此，无论是从机场数量还是运输规模来看，粤港澳大湾区机场群目前已经远远超过旧金山湾区的机场群。值得一提的是，粤港澳大湾区不仅航空客货总量世界第一，而且保持高速增长。欧美金融危机以来的十年，纽约、伦敦、东京三大机场群的年均增速不到 2%，但粤港澳大湾区机场群的年均增速超过 8%。如此大规模且高速增长的吞吐量，粤港澳大湾区机场群未来前景值得期待。

从世界海运交通运输来看，英国劳氏日报历年都对全球 100 大集装箱港口进行了排名。可以看出，2018 年和 2015 年中国大陆均有 21 家港口上榜，美国均有 9 个港口上榜，数量基本保持不变。粤港澳大湾区 2018 年的上榜港口共有 6 家，分别是深圳港（第 4）、广州港（第 5）、香港港（第 7）、东莞港（第 46）、泉州港（第 77）、珠海港（第 81）；2015 年度粤港澳大湾区上榜港口共 6 家，分别是深圳港（第 3）、香港港（第 4）、广州港（第 7）、东莞港（第 54）、中山港（第 94）、汕头港（第 97）。旧金山湾区上榜企业仅有奥克兰港 1 家，2018 年排第 73 位，2015 年排第 70 位。旧金山湾区其他知名港口诸如里士满港、旧金山港、红杉市港在 2015 年和 2018 年均没有上榜。从上榜百强港口的集装箱吞吐量来看，2018 年，粤港澳大湾区港口（仅包括广州、深圳和香港港口）集装箱吞吐量为 6721 万吨，远超同年旧金山湾区港口（仅包括奥克兰港）集装箱吞吐量（255 万吨）；2015 年，粤港澳大湾区港口集装箱吞吐量为 6247 万吨，也远超同年旧金山湾区港口（仅包括奥克兰港）集装箱吞吐量（227 万吨）。不难发现，在海运交通基础设施和运输规模上，粤港澳大湾区远远超过旧金山湾区。

四　两大湾区新经济发展的基本结论

综合来看，粤港澳大湾区与旧金山湾区新经济发展具有不同的基本特征。

首先，两大湾区新经济在产业上有两大相同点、三大不同点。相同点：一是以信息通信、电子制造、航天航空装备等为主的高新技术产业，目前都

是两大湾区的主导发展产业；二是两大湾区目前都具备了新经济发展的成熟生态。不同点如下。一是科技创新产业集聚度不同。旧金山湾区的硅谷相对较为集中，高新技术企业集聚程度较高；粤港澳大湾区的高新技术企业主要集中在深圳，且企业集聚发展的程度相对较低。二是产业体系的复杂程度不同。旧金山湾区产业结构相对简单，主要集中在信息通信、电子制造、航天航空装备、生物装备、金融业等领域；粤港澳大湾区的产业体系相对更多元，新经济产业涉及金融服务、人工智能、生物医药、文化创意、高新技术、现代物流、新能源、互联网等更多领域。三是政府在新经济发展上发挥的作用程度不同。旧金山湾区新经济产业发展政府干预较少，粤港澳大湾区中新经济产业发展政府干预相对较多。

其次，两大湾区新经济在创新能力上各有优势。在创新动力和源泉方面，旧金山湾区有世界顶尖的研究型大学，湾区内多中心互补组团式的大学集群发展模式，有利于创新人才的培养和促进创新要素在湾区内集聚发展；粤港澳大湾区缺乏顶尖大学，散点式独立发展的大学发展模式对新经济的促进作用相对较小，但粤港澳大湾区大学数量多，梯队完备，潜力大。在创新主体实力和潜力方面，粤港澳大湾区入围《财富》世界500强企业数量相对较多，但企业平均规模和经济效益相对较小；旧金山湾区入围《财富》世界500强的企业行业集中度相对更高，高新技术企业特征非常明显，但地域分布相对分散；粤港澳大湾区入围《财富》世界500强的企业行业分布相对较为分散，但地域集中度较高。综合来看，旧金山湾区科技创新生态相对更为成熟，粤港澳大湾区科技创新优势潜力更大。

最后，两大湾区新经济发展的全球化程度有所差异。从自身的基础资源禀赋来看，粤港澳大湾区无论人口、土地，还是经济总量等各类经济要素的规模相对更大，但在人均产出等效率效益指标上，旧金山湾区基础相对更高。从反映经济全球化程度的指标来看，粤港澳大湾区在进出口额、国际机场个数、劳氏百强港口数量、机场旅客吞吐量和港口集装箱吞吐量等指标上都远超旧金山湾区，表明粤港澳大湾区在世界经济中的全球化程度已超越旧金山湾区。

参考文献

鲁志国、潘凤、闫振坤：《全球湾区经济比较与综合评价研究》，《科技进步与对策》2015 年第 11 期。

林贡钦、徐广林：《国外著名湾区发展经验及对我国的启示》，《深圳大学学报》（人文社会科学版）2017 年第 9 期。

伍凤兰、陶一桃、申勇：《湾区经济演进的动力机制研究——国际案例与启示》，《科技进步与对策》2015 年第 12 期。

申明浩、杨永联：《国际湾区实践对粤港澳大湾区建设的启示》，《发展改革理论与实践》2017 年第 7 期。

刘艳霞：《国内外湾区经济发展研究与启示》，《城市观察》2014 年第 3 期。

B.12
中美典型城市新经济发展比较

徐 娟*

摘 要： 大型城市对于新经济的发展提供更有力的支撑作用和重要的
空间依托。选取中美 20 个典型城市，对比分析了 2017 年新
经济指数。结果显示，中国典型城市平均新经济发展水平落
后于美国。排名前十的中国城市有北京 (4)、深圳 (6)、上
海 (8)、杭州 (9)，美国城市有旧金山 (1)、纽约 (2)、
波士顿 (3)、西雅图 (5)、洛杉矶 (7) 和休斯敦 (10)。
旧金山以 70.93 的总指数居典型城市首位，并在几乎所有指
标上具有绝对优势，尤其是创新能力、数字化和智能化方面。
纽约的相对优势在绿色化、数字化和网络化。波士顿在创新
能力和绿色化上的优势较为明显。各指标横向比较中，北京
在创新能力和数字化水平上具有相对优势。西雅图在绿色化
和网络化两项指标上有相对优势。深圳的全球化和智能化优
势明显。洛杉矶各项指标分布比较平均。上海全球化水平最
高，但其他指标水平均未进入前五，其中绿色化水平相对较
低。杭州和休斯敦的智能化水平相对较高。华盛顿特区的网
络化和芝加哥的数字化是两城市相对排名靠前的指标。广州
的智能化和全球化水平比较突出，之所以排位靠后，是受到
其他指标，特别是创新能力的影响。武汉、天津、重庆、西
安的指数则与其他城市差距较大。最后，借鉴旧金山、纽约

---

* 徐娟，经济学博士，西北大学公共管理学院，副教授，研究方向为公共政策与产业竞争力。

与波士顿的新经济发展做法，从培育创新创业环境，打造"智核"与加快发展高等教育及科研机构，加快创新要素的聚集吸引和全球联系，提升空间集聚收益和拓展产业发展空间，对应新经济产业特点与自身资源禀赋优势结合等方面提出我国城市新经济发展的启示。

关键词： 城市新经济　智核　创新创业环境

一　中美典型城市新经济总体分析

位于中心城市的区域整合了企业、教育机构、创业者、学校、医疗、创新、高回报投资等一系列要素，并由交通体系链接、新能源支撑、数字科技联网，体现出多样性的"城市特质"。这种"城市特质"使它们拥有相较于中小城市难以企及的优势。本文选取了纽约、洛杉矶、芝加哥、华盛顿特区、旧金山、休斯敦、费城、波士顿、亚特兰大、西雅图等十个美国典型城市[①]与上海、北京、深圳、广州、重庆、天津、成都、武汉、杭州、西安等十个中国城市[②]。从六项一级指标，即创新能力、全球化、绿色化、数字化、网络化、智能化，对中美典型城市 2017 年新经济发展进行比较分析。

表 1 显示了 2017 年中美 20 个典型城市的新经济总指数以及总体排名。总体上看，中美典型城市总体平均新经济总指数为 26.64；中国典型城市均新经济总指数为 21.34，低于中美典型城市总体平均水平；美国典型城市平均新经济总指数为 31.93，高于中美典型城市总体平均水平。旧金山以70.93 的新经济总指数遥遥领先，位列中美典型城市总体第一；西安以10.35 的新经济总指数排名最后。排名前五的城市为旧金山、纽约、波士

---

① 2017 年这些城市 GDP 全美排名依次为第 1、2、3、5、6、7、8、9、10、11。
② 2017 年中国典型城市 GDP 全国排名依次为第 1、2、3、4、5、6、8、9、10、24。

顿、北京、西雅图；排名后五位的城市为成都、武汉、天津、重庆、西安。
北京指数与波士顿和西雅图接近；深圳和上海的指数与洛杉矶接近；杭州指
数与休斯敦较为接近。广州和亚特兰大总指数接近；成都总指数接近费城。
武汉、天津、重庆、西安的指数和其他城市的差距则较大。中国城市中有 3
个城市的总指数超过中美典型城市总体平均水平，分别是北京、深圳和上
海；美国城市中有 5 个城市的总指数超过中美典型城市总体平均水平，分别
是旧金山、纽约、波士顿、西雅图和洛杉矶。北京、深圳、上海和杭州这 4
个城市的总指数高于中国典型城市平均水平；旧金山、纽约、波士顿、西雅
图和洛杉矶这 5 个城市的总指数高于美国典型城市平均水平。

表 1 中美典型城市新经济总指数

排名	城市	总指数
1	旧金山	70.93
2	纽约	39.34
3	波士顿	38.39
4	北京	37.34
5	西雅图	36.26
6	深圳	33.53
7	洛杉矶	32.60
8	上海	29.47
9	杭州	24.96
10	休斯敦	23.55
11	华盛顿特区	20.27
12	芝加哥	19.77
13	亚特兰大	19.34
14	广州	19.06
15	费城	18.87
16	成都	17.52
17	武汉	16.95
18	天津	13.01
19	重庆	11.18
20	西安	10.35
中美典型城市总体平均		26.64
中国典型城市平均		21.34
美国典型城市平均		31.93

资料来源：产业竞争力数据库。

表 2 反映了 2017 年 20 个中美典型城市新经济指数各一级指标以及排名。从总体来看，除全球化这项指标外，中国典型城市新经济指数的各项指标平均水平均低于美国城市和总体平均水平。具体而言，旧金山以 22.36 的创新能力指数位列中美典型城市总体第一，波士顿、北京、西雅图、纽约位列二到五位。上海以 10.35 的全球化指数位列中美典型城市总体第一，深圳、武汉、广州、休斯敦位居其后。纽约以 8.97 的绿色化指数位列中美典型城市总体第一，第二到五位的城市依次为波士顿、西雅图、成都、洛杉矶。旧金山以 11.43 的数字化指数位列中美典型城市总体第一，其次是纽约、北京、洛杉矶和西雅图。旧金山以 10.36 和 16 的指数位列网络化和智能化中美典型城市第一。

表 2　中美典型城市新经济指数一级指标

城市	总排名	创新能力		全球化		绿色化		数字化		网络化		智能化	
		排名	指数	排名	指数	排名	指数	排名	指数	排名	指数	排名	指数
旧金山	1	1	22.36	12	4.28	6	6.51	1	11.43	1	10.36	1	16
纽约	2	5	13.93	19	1.42	1	8.97	2	5.00	2	10.03	6	0
波士顿	3	2	18.61	16	1.66	2	8.86	13	1.25	5	8.02	6	0
北京	4	3	16.15	6	6.30	7	6.17	3	4.24	13	4.47	6	0
西雅图	5	4	14.92	15	1.89	3	8.74	5	2.01	3	8.71	6	0
深圳	6	10	6.37	2	9.54	8	5.98	9	1.68	12	5.95	2	4
洛杉矶	7	6	11.77	13	3.54	5	7.70	4	3.02	10	6.57	6	0
上海	8	7	9.55	1	10.35	11	4.67	7	1.83	15	3.06	6	0
杭州	9	13	5.70	7	5.74	12	3.53	8	1.69	8	6.97	5	1.33
休斯敦	10	14	5.31	5	6.70	20	0.47	11	1.40	7	7.00	3	2.67
华盛顿特区	11	8	8.02	20	0.00	15	2.52	10	1.52	4	8.22	6	0
芝加哥	12	12	6.22	14	2.05	14	2.90	6	1.96	9	6.64	6	0
亚特兰大	13	11	6.28	18	1.56	10	5.36	20	0.00	11	6.15	6	0
广州	14	18	1.62	4	7.77	13	2.91	15	1.11	14	4.38	3	2.67
费城	15	9	7.63	17	1.62	19	1.16	12	1.27	6	7.19	6	0
成都	16	17	1.92	8	5.52	4	8.41	17	0.40	18	1.27	6	0
武汉	17	20	0.23	3	8.81	9	5.83	16	0.44	20	0.25	6	0
天津	18	15	3.71	10	4.92	17	1.89	18	0.30	17	2.18	6	0
重庆	19	19	1.21	11	4.92	18	1.49	14	1.17	16	2.40	6	0
西安	20	16	1.97	9	5.20	16	2.38	19	0.12	19	0.69	6	0
城市总体平均		8.18		4.69		4.82		2.09		5.52		1.33	
中国城市平均		4.84		6.91		4.33		1.30		3.16		0.80	
美国城市平均		11.51		2.47		5.32		2.88		7.89		1.87	

资料来源：产业竞争力数据库。

二　中美典型城市新经济
指标分析

（一）创新能力指数

新经济中的大部分增长，都来自知识和创新。创新能力是经济增长的基本驱动力，是当代经济竞争的核心。本部分的创新能力指标包含以下指标：全社会 R&D 投入强度、人力资本、企业创新能力的全球竞争力和大学的全球竞争力。

从表2中看出，中国典型城市创新能力平均指数低于总体平均水平，美国典型城市创新能力平均指数高于总体平均水平。创新能力指数高于总体平均水平的中美城市有 7 个，占中美城市总数的 35%，按从高到低排列分别为旧金山、波士顿、北京、西雅图、纽约、洛杉矶和上海；创新能力指数高于中国平均水平的中国城市有 4 个，占中国城市总数的 40%，按从高到低排列分别为北京、上海、深圳和杭州；创新能力指数高于美国平均水平的美国城市有 5 个，占美国城市总数的 50%，按从高到低排列分别为旧金山、波士顿、西雅图、纽约和洛杉矶。旧金山总体创新能力位列中美典型城市第一，远远高于总体平均水平；武汉总体创新能力位列中美典型城市最后，远远低于其他中美城市。

表3反映了 20 个中美典型城市中创新能力相关指标排名前五和后五的城市。在全社会 R&D 投入强度方面，北京和深圳分别位于第二名和第五名，领先中国其他城市，且均高于总体平均水平；旧金山全社会 R&D 投入强度高于其他中美典型城市，且远远高于总体平均水平，居首位。在人力资本方面，北京位于第四名，除北京略高于总体平均水平外，中国其他城市均低于总体平均水平，且排在最后五名的都是中国城市；进入前五名的美国城市有华盛顿特区、旧金山、波士顿和西雅图。在企业创新能力的全球竞争力方面，指标为 0 的城市占比为 50%，中国城市占其中的 35%，且中国典型城

市没有进入前五名。在大学的全球竞争力方面，指标为 0 的城市占比为 40%，中国城市占其中的 35%，且北京位于第五名。

表3　中美典型城市中新经济指数创新能力相关指标①排名前五和后五

	排名	全社会 R&D 投入强度②	指数	人力资本③	指数	企业创新能力的全球竞争力④	指数	大学的全球竞争力⑤	指数
前五名	1	旧金山	8.57	华盛顿特区	6.86	旧金山	5.14	纽约	3.43
	2	北京	7.24	旧金山	6.36	纽约	5.14	波士顿	3.43
	3	西雅图	7.23	波士顿	6.16	洛杉矶	3.86	洛杉矶	3.43
	4	波士顿	7.10	北京	5.34	西雅图	2.57	旧金山	2.29
	5	深圳	5.17	西雅图	5.12	波士顿	1.93	北京	2.29
后五名	16	休斯敦	0.29	西安	1.39	西安	0	西安	0
	17	亚特兰大	0.22	成都	0.71	成都	0	成都	0
	18	广州	0.11	广州	0.11	广州	0	广州	0
	19	华盛顿特区	0.02	深圳	0.07	深圳	0	深圳	0
	20	武汉	0.00	重庆	0.00	重庆	0	重庆	0

注：①由于数据可获得性及中美城市数据的统计口径不同，此处创新能力二级指标调整为四项，并按原指标体系权重做出相应调整。
②以 R&D 投入占地区 GDP 比重衡量。https：//www.nsf.gov/statistics 及各市 2018 年统计年鉴。
③以各市（大都市圈）本科及以上学历比例衡量。
④以《福布斯》杂志发布 2018 年全球最具创新力企业百强榜单中各城市企业数衡量。https：//www.forbes.com/innovative-companies/list/。
⑤以 QS2018/19 大学排名中各城市学校数衡量。
资料来源：产业竞争力数据库。

相比于美国典型城市，中国典型城市的创新能力指数总体低于美国城市，与美国还有较大的差距，说明中国创新能力还不足，这就要求中国提升技术创新能力，努力接近世界平均水平。从全社会 R&D 投入强度来看，中国城市平均水平接近总体平均水平，且北京和深圳进入排名前五，处于领先地位，这两个城市重视科技发展，对于科研的投入非常大，有全国最好的科研基地；从人力资本指标来看，中国城市平均水平低于总体平均水平的 50%，北京位于第四名，北京的教育资源丰富，教育水平比较高；从企业创新能力的全球竞争力来看，中国城市平均水平低于总体平均水平的 25%，

且中国城市大部分指标为0，表明中国企业在创新方面存在一定差距；在大学的国际排名指标上，中国城市平均水平低于总体平均水平的50%，北京位列第五，北京多所大学在国际上有一定影响力。

（二）全球化指数

如果说旧经济是国家范围内的，那么新经济就是世界的。全球化意味着国际关系行为体之间联系日益紧密，是世界经济发展的重要趋势。本部分的全球化指标包含以下指标：外国直接投资（FDI），货物及服务出口和高新技术产品出口。

从表2中看出，中国典型城市全球化平均指数高于总体平均水平，美国典型城市全球化平均指数低于总体水平。全球化指数高于总体平均水平的中美城市有11个，占中美城市总数的55%，按从高到低排列分别为上海、深圳、武汉、广州、休斯敦、北京、杭州、成都、西安、天津、重庆；全球化指数高于中国平均水平的中国城市有4个，占中国城市总数的40%，按从高到低排列分别为上海、深圳、武汉和广州；全球化指数高于美国平均水平的美国城市有3个，占美国城市总数的15%，按从高到低排列分别为休斯敦、旧金山和洛杉矶。上海总体全球化位列中美典型城市第一，远远高于总体平均水平；华盛顿特区总体全球化指标为0，位列总体最后。

表4反映了20个中美典型城市中全球化相关指标排名前五和后五的城市。在外国直接投资（FDI）方面，北京、成都、武汉、西安和天津分别位于第一到第五名，领先其他中美典型城市，且远远高于总体平均水平；美国典型城市没有进入前五名。在货物及服务出口方面，武汉、深圳、上海、杭州和广州位居前五，均高于总体平均水平；纽约、波士顿、旧金山、费城和华盛顿特区五个美国城市排在最后五名。在高新技术产品出口方面，进入前五名的中国城市有广州、上海、深圳，远远超过总体平均水平；美国的休斯敦和旧金山分别位于第二名和第五名。

表 4 中美典型城市中全球化相关指标①排名前五和后五

	排名	外国直接投资(FDI)②	指数	货物及服务出口③	指数	高新技术产品出口④	指数
前五名	1	北京	4.67	武汉	4.67	广州	4.67
	2	成都	3.74	深圳	4.05	休斯敦	4.65
	3	武汉	3.69	上海	3.35	上海	4.28
	4	西安	3.62	杭州	2.28	深圳	4.17
	5	天津	2.85	广州	2.01	旧金山	3.39
后五名	16	旧金山	0.66	纽约	0.28	西安	0.49
	17	纽约	0.52	波士顿	0.23	武汉	0.40
	18	洛杉矶	0.36	旧金山	0.23	亚特兰大	0.31
	19	西雅图	0.13	费城	0.22	西雅图	0.25
	20	华盛顿特区	0.00	华盛顿特区	0.00	华盛顿特区	0.00

注：①由于数据可获得性及中美城市数据统计口径不同，此处全球化二级指标调整为三项，并按原指标体系权重新做出相应调整。

②以城市 FDI 占地区 GDP 比重衡量，美国数据以各城市 FDI 人员数占全美 FDI 人员数比例乘以全美 FDI 总额替代，https：//apps. bea. gov/iTable/iTable. cfm？ReqID = 2&step = 1，中国城市数据来源各市统计年鉴。

③以各地货物及服务出口占地区 GDP 比重衡量，https：//www. census. gov/foreign – trade/data/，中国各市统计年鉴。

④以高新技术产品（High-Tech）出口额衡量，http：//itif. org/technation，中国各市统计年鉴。

资料来源：产业竞争力数据库。

　　相比于美国典型城市，中国典型城市的全球化指数总体高于美国城市，这说明中国典型城市在全球化程度上较高。从外国直接投资（FDI）来看，中国城市平均水平高于总体平均水平，且排名前五的都是中国城市，可以看出中国的外国直接投资力度较大；从货物及服务出口来看，中国城市平均水平也高于总体平均水平，且排名前五的也都是中国城市，这些城市的出口贸易占 GDP 比重较高；从高新技术产品出口贸易额来看，中国城市平均水平与总体平均水平基本持平，广州、上海和深圳分别位列第一、三和四。

（三）绿色化指数

绿色化是以经济与环境的和谐为目的而发展起来的一种新的经济形式。本部分绿色化指标包含以下指标：新能源消费占比、能源利用效率和新能源汽车制造企业竞争力。

从表2中看出，中国典型城市绿色化平均指数接近总体平均水平，美国典型城市绿色化平均指数高于总体平均水平。绿色化指数高于总体平均水平的中美城市有10个，占中美城市总数的50%，按从高到低排列分别为纽约、波士顿、西雅图、成都、洛杉矶、旧金山、北京、深圳、武汉和亚特兰大；绿色化指数高于中国平均水平的中国城市有5个，占中国城市的50%，按从高到低排列分别为成都、北京、深圳、武汉和上海；绿色化指数高于美国平均水平的美国城市有6个，占美国城市的60%，按从高到低排列分别为纽约、波士顿、西雅图、洛杉矶、旧金山和亚特兰大。纽约总体绿色化位列中美典型城市第一，远远高于总体平均水平；休斯敦总体绿色化位列总体最后，远远低于其他中美城市。

表5反映了20个中美典型城市中绿色化相关指标排名前五和后五的城市。在新能源消费占比方面，中国典型城市没有进入前五名；西雅图、波士顿、纽约、洛杉矶和亚特兰大五个美国城市位居前五，均高于总体平均水平。在能源利用效率方面，成都和武汉进入前五名，领先中国其他城市，分别位于第一和第三名；在新能源汽车制造企业竞争力方面，指标为0的城市占比80%，中国城市占其中的35%。

表5　中美典型城市中绿色化相关指标[①]排名前五和后五

	排名	新能源消费占比[②]	指数	能源利用效率[③]	指数	新能源汽车制造企业竞争力[④]	指数
前五名	1	西雅图	6.86	成都	6.86	旧金山	2.29
	2	波士顿	5.17	纽约	4.31	北京	2.29
	3	纽约	4.66	武汉	4.03	深圳	2.29
	4	洛杉矶	4.25	波士顿	3.69	上海	2.29
	5	亚特兰大	4.21	洛杉矶	3.46	纽约	0

	排名	新能源消费占比②	指数	能源利用效率③	指数	新能源汽车制造企业竞争力④	指数
	16	广州	1.53	上海	0.40	西雅图	0
	17	重庆	1.49	杭州	0.35	杭州	0
后五名	18	华盛顿特区	1.33	天津	0.32	天津	0
	19	休斯敦	0.28	休斯敦	0.19	休斯敦	0
	20	费城	0.00	重庆	0.00	西安	0

注：①由于数据可获得性及中美城市数据统计口径不同，此处绿色化二级指标调整为三项，并按原指标体系权重重新做出相应调整。

②https：//www. energy. gov/maps/renewable - energy - production - state，及各市统计年鉴。

③https：//www. eia. gov/todayinenergy/detail. php？id = 36754，及各市统计年鉴。

④全球十大新能源汽车制造商中各市所占企业数。

资料来源：产业竞争力数据库。

相比于美国典型城市，中国典型城市的绿色化指数总体接近美国城市。从新能源消费占比来看，中国城市平均水平接近总体平均水平，但中国城市没有进入前五名，中国城市新能源消费比例有待进一步提高；从能源利用效率来看，中国城市平均水平接近总体平均水平，成都和武汉这两个城市进入前五，能源利用效率较其他中国城市更高；从新能源汽车制造企业竞争力来看，虽然中国城市存在大部分指标为0，但是中国城市平均水平略高于总体平均水平，且北京北汽、深圳比亚迪、上海上汽与旧金山特斯拉在全球新能源前十排行榜中各占据一席。

（四）数字化指数

在新经济时代，交易份额的很大部分是通过数字方式进行的。数字化是指在计算机和现代通信技术的基础上，人类社会在信息化和网络化环境中的经济形式。本部分数字化指标包含以下指标：电子商务交易额、大数据公司在全球的竞争力和3D打印机制造企业竞争力。

从表2中看出，中国典型城市数字化平均指数低于总体平均水平，美国典型城市数字化平均指数高于总体平均水平。数字化指数高于总体平均水平的中美城市有4个，占中美城市总数的20%，按从高到低排列分别为旧金山、纽约、北京和洛杉矶；数字化指数高于中国平均水平的中国城市有 4 个，占中国城市总数的 20%，按从高到低排列分别为北京、上海、杭州和深圳；数字化指数高于美国平均水平的美国城市有 2 个，占美国城市总数的 10%，按从高到低排列分别为旧金山和纽约。旧金山总体数字化位列中美典型城市第一，远远高于总体平均水平；亚特兰大总体数字化位列总体最后，远远低于其他中美城市。

表 6 反映了 20 个中美典型城市中数字化相关指标排名前五和后五的城市。在电子商务贸易额方面，北京和上海分别排名第三和第五，均高于总体平均水平；进入前五名的美国城市有纽约、洛杉矶和芝加哥。在大数据公司在全球的竞争力方面，指标为 0 的城市占比为 80%，中国城市占其中的 40%，且北京位于第二。在 3D 打印机制造企业竞争力方面，指标为 0 的城市占比为 95%，中国城市占其中的 50%。

表 6　中美典型城市中数字化相关指标[1]排名前五和后五

	排名	电子商务交易额[2]	指数	大数据公司在全球的竞争力[3]	指数	3D 打印机制造企业竞争力[4]	指数
前五名	1	纽约	3.02	旧金山	5.00	旧金山	5.00
	2	洛杉矶	2.24	北京	2.00	北京	0
	3	北京	1.96	西雅图	1.00	西雅图	0
	4	芝加哥	1.83	杭州	1.00	杭州	0
	5	上海	1.68	上海	0	上海	0
后五名	16	武汉	0.44	武汉	0	武汉	0
	17	成都	0.40	成都	0	成都	0
	18	天津	0.30	天津	0	天津	0
	19	西安	0.12	西安	0	西安	0
	20	亚特兰大	0.00	亚特兰大	0	亚特兰大	0

注：①由于数据可获得性及中美城市数据统计口径不同，此处数字化二级指标调整为三项，并按原指标体系权重新做出相应调整。

②全美电子商务交易额（https://unctad.org/en/Pages/DTL/STI_ and_ ICTs/ICT4D - Measurement.aspx）乘以各城市占全国 GDP（https://www.bea.gov/data/gdp/gdp - metropolitan - area）占比及各市统计年鉴。

③大数据公司全球前十中各城市企业数量。

④3D 打印机企业全球前十中各城市企业数量。

资料来源：产业竞争力数据库。

相比于美国典型城市，中国典型城市的数字化指数总体低于美国城市，中国要加速全球数字化的进程，建设数字中国，为世界提供中国样本和中国方案。从电子商务贸易额来看，中国城市平均水平接近总体平均水平，且北京和上海进入排名前五；从大数据公司在全球的竞争力来看，中国城市平均水平低于总体平均水平的70%，北京和杭州位于第二和第四；从3D打印机制造企业竞争力来看，中国城市平均水平低于总体平均水平，且中国城市所有为0，表明中国的3D打印制造企业竞争力相对落后。

（五）网络化指数

网络化是一种建立在计算机网络基础之上，以现代信息技术为核心的新的经济形态。本文中网络化指标包含以下指标：平均网速、宽带覆盖率和互联网企业在全球的竞争力。

从表2中看出，中国典型城市网络化平均指数低于总体平均水平，美国典型城市网络化平均指数高于总体平均水平。网络化指数高于总体平均水平的中美城市有12个，占中美城市总数的60%，按从高到低排列分别为旧金山、纽约、西雅图、华盛顿特区、波士顿、费城、休斯敦、杭州、芝加哥、洛杉矶、亚特兰大和深圳；网络化指数高于中国平均水平的中国城市有4个，占中国城市总数的40%，按从高到低排列分别为杭州、深圳、北京和广州；网络化指数高于美国平均水平的美国城市有5个，占美国城市总数的50%，按从高到低排列分别为旧金山、纽约、西雅图、华盛顿特区和波士顿。旧金山总体网络化位列中美典型城市第一，远远高于总体平均水平；武汉总体网络化位列总体最后，远远低于其他中美城市。

表7反映了20个中美典型城市中网络化相关指标排名前五和后五的城市。在平均网速方面，中国典型城市没有进入前五名；进入前五名的是美国城市休斯敦、纽约、华盛顿特区、波士顿和费城。在宽带覆盖率方面，杭州、广州、深圳三个中国城市位居第一、二、三名；进入前五名的美国城市有华盛顿特区和纽约。在互联网企业在全球的竞争力方面，指标为0的城市占比为65%，中国城市占其中的35%。

表7　中美典型城市中网络化相关指标①排名前五和后五

	排名	平均网速②	指数	宽带覆盖率③	指数	互联网企业在全球的竞争力④	指数
前五名	1	休斯敦	5.00	杭州	5.00	旧金山	5.00
	2	纽约	4.69	广州	4.36	洛杉矶	1.67
	3	华盛顿特区	4.49	深圳	4.28	纽约、西雅图	1.67
	4	波士顿	4.38	华盛顿特区	3.73	北京	1.67
	5	费城	4.00	纽约	3.67	深圳、杭州	1.67
后五名	16	重庆	0.20	休斯敦	2.00	休斯敦	0
	17	成都	0.11	天津	1.96	天津	0
	18	西安	0.11	成都	1.16	成都	0
	19	广州	0.02	西安	0.58	西安	0
	20	深圳	0.00	武汉	0.00	武汉	0

注：①由于数据可获得性及中美城市数据统计口径不同，此处网络化二级指标调整为三项，并按原指标体系权重重新做出相应调整。

②https：//broadbandnow.com/report/us–states–internet–coverage–speed–2018/，《中国信息统计年鉴》，城市数据《中国宽带普及状况报告》（2018Q1）。

③https：//broadbandnow.com/report/us–states–internet–coverage–speed–2018/，《中国信息统计年鉴》，城市数据《中国宽带普及状况报告》（2018Q1）。

④全球前十大互联网企业中各城市企业数。

资料来源：产业竞争力数据库。

　　相比于美国典型城市，中国典型城市的网络化指数总体低于美国城市。从平均网速来看，中国城市平均水平低于总体平均水平的20%，且中国典型城市没有进入前五名；从宽带覆盖率来看，中国城市平均水平接近总体平均水平，且杭州、广州和深圳进入前五名；从互联网企业在全球的竞争力来看，旧金山三家，洛杉矶、纽约、西雅图各一家，北京、深圳、杭州各一家。从分布看，全球互联网行业有竞争力的企业较为集中在中美两国大城市。

（六）智能化指数

　　智能化是现代人类文明发展的趋势。本文中智能化指标包含以下指标：云计算能力和无人机产业竞争力。

从表 8 中看出，中国典型城市智能化平均指数低于总体平均水平，美国典型城市智能化平均指数高于总体平均水平。智能化指数高于总体平均水平的中美城市有 4 个，占中美城市总数的 20%，按从高到低排列分别为旧金山、深圳、休斯敦和广州；智能化指数高于中国平均水平的中国城市有 3 个，占中国城市总数的 30%，按从高到低排列分别为深圳、广州和杭州；智能化指数高于美国平均水平的美国城市有 2 个，占美国城市总数的 20%，按从高到低排列分别为旧金山和休斯敦。旧金山总体智能化位列中美典型城市第一，远远高于总体平均水平；纽约、波士顿、北京、西雅图、洛杉矶、上海、华盛顿特区、芝加哥、亚特兰大、费城、成都、武汉、天津、重庆和西安这 15 个城市指标为 0，总体智能化指数并列总体最后。

表 8 反映了 20 个中美典型城市中智能化相关指标排名前五和后五的城市。在云计算能力方面，指标为 0 的城市占比为 85%，中国城市占其中的 40%。在无人机产业竞争力方面，指标为 0 的城市占比为 80%，中国城市占其中的 40%，且深圳和广东并列第二。

表 8　中美典型城市中智能化相关指标[1]排名前五

	排名	云计算能力[2]	指数	无人机产业竞争力[3]	指数
前五名	1	旧金山	8.00	旧金山	8.00
	2	深　圳	1.33	深　圳	2.67
	3	杭　州	1.33	休斯敦	2.67
	4	休斯敦	0	广　州	2.67
	5	广　州	0	北　京	0

注：①由于数据可获得性及中美城市数据统计口径不同，此处网络化二级指标调整为二项，并按原指标体系权重重新做出相应调整。

②全球前十大云计算企业中各城市企业数。

③全球前十大无人机企业中各城市企业数。

资料来源：产业竞争力数据库。

相比于美国典型城市，中国典型城市的智能化指数总体低于美国城市，中国要加快发展智能产业，迎接中国智能化新时代。从云计算能力来看，中国城市平均水平低于总体平均水平，深圳和杭州并列第二；从无人机产

业竞争力来看，中国城市平均水平低于总体平均水平，深圳和广州并列第二。

三 中美典型城市新经济分析结果概述

综合排名方面，旧金山在各城市中排名第一，处于领先地位，该城市创新能力指数远远高于其他城市，这主要是因为其临近高新技术产业区硅谷，以及它本身是世界最重要的高新技术研发基地之一。另外，旧金山的数字化、网络化和智能化这三个指标排名也是总体第一。纽约排在第二名，作为美国第一大城市，创新能力、数字化和网络化指数均排名靠前。此外，最近几年，纽约市在减少经济对环境的影响方面取得了长足发展，目前已成为美国最为绿色的城市之一。波士顿排在第三名，该市拥有众多由世界顶级大学如哈佛大学、麻省理工学院支持的软件、硬件和生物制药公司，是影响该市和整个区域的主要因素，它们将高技术产业吸引到该市，由此在创新能力方面排名第二。北京总体排在第四名，在中国城市中排名第一，作为中国的科技创新中心、高等院校的中心以及世界国际化城市，北京的各项指标的指数都较高。其中，创新能力和数字化指数在单项排名方面都排名第三。西雅图排在第五位，不仅因为其软件和航空方面的实力，也因为其在普吉特海湾地区打造的创业温床以及数字技术在该地区各部门的普遍应用。此外，西雅图被公认为美国生活质量最高的城市，绿色化程度仅次于纽约和波士顿。

深圳总体排在第六名，在中国城市中排名第二，它的高排名是由于深圳是中国的经济特区，是国家化综合交通枢纽，也是国际科技产品创新中心。洛杉矶排在第七名，数字化方面排在第四名，绿色化方面排在第五名。该城市拥有许多世界知名的高等教育机构，因此创新能力排名较前。上海总体排在第八名，在中国典型城市中排名第三，仅次于北京和深圳。由于上海是中国经济、贸易、科技创新中心，其在全球化方面总体排名第一。杭州排在第九名，虽然该城市没有一项指标排名第一，但是大多数指标的指数都较高。通过近十年的发展，杭州已经变成中国新经济蓬勃发展的城市之一，智慧城市建设也居于前列。这离不开以阿里巴巴为代表的数字经济企业的带动作用。休斯敦排在第十名，它在国际上的经济地位非常高，其全球化指标排在第五名。

华盛顿特区、芝加哥、亚特兰大、费城这四个美国城市分别排在第十一、第十二、第十三、第十五名。其中，华盛顿特区在网络化指标上排名第四。广州、成都、武汉、天津、重庆、西安这六个中国城市分别排在第十四、第十六、第十七、第十八、第十九、第二十名。其中，武汉和广州在全球化指标上分别排名第三和第四，成都在绿色化指标上排名第四。

四　中美典型城市新经济发展异同

首先，从排名靠前的城市与该市富裕程度关系看，中国城市的整体排名和地区 GDP 之间有很强的相关性；美国城市虽然也有类似规律，但不如中国明显。然而财富并不是各城市适应新经济进程的单一决定因素。一些 GDP 较高的城市得分却较低，如芝加哥、华盛顿特区、费城、重庆、天津；而另一些收入较低的城市得分却较高，如西雅图和杭州。

其次，对于一些美国和中国的城市来说，虽然它们看起来具有很强的技术基础，但其指数得分却不尽如人意。例如，尽管华盛顿特区和西安两座城市拥有多所大学和受过高等教育的劳动力，并且拥有众多国家级实验室，但它们的排名却只是第 11 位和第 20 位。在这两个城市里，市区以外的地区经济仍然根植于旧经济——传统的制造业、农业、低端服务业、低学历的劳动力、欠发达的创新基础设施。这些例子表明，多数城市的经济是各地方经济的复合体，而各地方经济与新经济在结构上存在一定程度的差异。

另外，不论是总排名还是分项指标排名中，中国排名靠前的均为京津冀、长三角、珠三角等东部地区及沿海城市，美国城市分布区域则较为分散。新经济发展突出的城市除了东西海岸，中部卡罗拉多州的丹佛，犹他州的盐湖城，南部得克萨斯州的奥斯汀、休斯敦、达拉斯在美国城市新经济发展中均扮演着重要角色。而我国不少城市也在大力发展新经济的相关产业。

如贵阳瞄准大数据产业，福州大力发展数字经济，杭州聚焦信息经济，成都建设最适宜新经济发展的城市等。

此次分析中所选城市基本按照 GDP 高低选取，以期与中国同纬度城市进行比较。但实际上，美国还有大量新经济表现极佳的城市未被纳入本文分析范围。例如，多佛所在特拉华州拥有商业友好型的企业法，吸引了国内外众多企业并支持高收入贸易服务部门的发展。该地区由于在创业水平、R&D 投资、绿色经济等方面的改善，近年来新经济表现持续提升。例如，卡罗拉多州最大城市和州府丹佛，是美国中部的一个风险投资温床，该地区劳动力受教育程度较高，因此经济保持高度的活力。犹他州的盐湖城和普罗沃城周围的高科技制造业集群使其在制造业附加值方面成效显著。

五　部分城市新经济经验及对我国城市新经济的启示

新经济是由智慧产业发展、科学技术进步和金融制度创新所推动，以新技术、新产业、新产品、新业态、新模式为特征，以知识经济、信息经济、数字经济、绿色经济、共享经济和转型经济等为主要发展方向的新兴经济形态。美国于 20 世纪 90 年代开始发展新经济并持续繁荣，研究美国典型城市新经济发展的途径和特点有助于我国城市汲取有益经验，促进国内城市新经济的发展与建设。本部分以美国三个城市——旧金山、纽约和波士顿为代表，分别对其新经济发展经验进行总结以期为中国城市新经济提供借鉴。

（一）旧金山——湾区经济与城市数字融合

旧金山湾区是世界级技术创新之都，在高新技术产业、国际贸易、高等教育等方面成绩卓越。在经济全球化的国际背景及我国"一带一路"倡议下，湾区经济借助临海优势，协同周围城市群集结发展，主导产业、城市文化、政府策略将发挥重要作用。深圳与旧金山在优势产业、创业文化、研发环境等方面较为类似，都是以高科技产业为主导，多方位开拓新兴产业。不同的是，部分深圳 IT 企业停留在模仿硅谷著名企业创意阶段，企业缺乏自主创新和独立研发能力。同时大多数企业局限于国内市场和国际低端市场的体量取胜，缺乏对国际高端市场的开拓。

旧金山毗邻全球高新技术创新发展中心——硅谷，周边聚集着众多全球顶尖科研院校以及高科技创新企业，使数字信息领域的新兴科研产品和服务可在第一时间传播到旧金山，旧金山也因此能够成为美国乃至世界数字信息技术发展的重要孵化器和最新产品、服务的实验与推广基地。基于这一独特的区位优势，旧金山政府提出"城市数字融合"战略，旨在提升城市的科技和创新竞争力，使全民共享互联网经济红利，促进社会不同群体的融合。① 该战略分别从加强基础设施建设、普及网络功能应用、强化网络安全和完善互联网服务角度出发，各个项目之间互相融合，从整体上推动了城市实现智能化和数字化建设，将高科技渗透至市民日常生活，实现了真正的"城市数字融合"。更值得关注的是，这一战略的实施并非仅依靠市政力量，一方面，政府、企业、社会组织、社区、市民和学校科研机构有机会即时体验数字信息技术发展的最新成果，共享科技红利；另一方面，多方协同合作，充分发挥各自资源、信息、经济等各方面优势，保障战略顺利实施。

（二）纽约——创新型企业区位选择新趋势

金融危机爆发后，纽约以新产业革命为契机，在资本市场的助力下迅速崛起为仅次于硅谷的全球第二大创新基础中心和高科技枢纽。在城市发展动力依靠资本与创新双引擎的背景下，信息与互联网技术的广泛应用正在改变创新型企业的传统空间区位，呈现创新型企业区位选择的新趋势：向大都市中心城区集聚。这种趋势改变了过去以商业和商务办公推动中心区更新的模式，形成了大都市中心城区复兴的新路径。创新型企业在中心城区集聚的典型实践案例即被誉为美国"东部硅谷"的"硅巷"，其位于纽约市曼哈顿

---

① 该战略具体包括六大项目：（1）普及免费和低成本的互联网应用；（2）普及计算机和基本使用技能；（3）网络安全和责任；（4）普及基础数字和信息技能；（5）提供多语种的互联网信息和服务；（6）为残障人士、老年人以及其他有困难群体提供更便利的计算机和互联网服务。

区，是一个拥有众多高科技企业群的无边界高科技园区，目前已成为纽约经济增长的重要引擎。"硅巷"已成为一个覆盖纽约大都市区，横跨地理与虚拟网络的庞大科技创新生态系统。"硅巷"建设的成功案例对于我国打造国家科技创新示范区、构建区域创新系统有诸多重要启示。

（三）波士顿——城市创新区与高科技人才

波士顿有着美国城市最高的青年人口比例，其生物医药、高等教育、电子信息以及金融保险等现代产业创业热土，在美国有着极高的知名度和影响力，同时，拥有麻省理工学院、哈佛大学、波士顿学院、波士顿大学等世界名校，高学历人员的人数比例排名靠前，对波士顿城市发展和新经济建设都发挥了重要作用。

作为世界首个明确提出城市创新区概念的城市片区开发案例，波士顿滨海创新区的建设为国内创新城市的发展提供了重要的参考。第一，城市创新区的规划和建设需由稳定的团队领导以有利于区域招商建设以及公共空间设计。第二，城市创新区规划应基于创新行业的发展规律，在城市建设过程中应遵从创新行业人员工作和生活的特点，最大限度满足创新创业企业的实际需求，构建多元且富有生活气息的氛围。第三，创新区建设过程中应充分听取居民、企业和创新企业家的意见，协调各方需求，保障区域和谐发展。

（四）启示

第一，提供政策支持，培育创新创业环境。以纽约市为例，纽约出台了多项"融资激励计划"，政府联合风投公司共同设立"纽约创业基金"，为早期阶段的本地新创企业提供资金。同时政府应重视完善知识产权制度，从法律上保障科研者和创新者权益，提升科技人员从事科技创新活动激励，激发科研人才创新热情与活力。

第二，打造"智核"，加快发展高等教育和科研机构建设。高等教育是高层次人才的聚集地。具有国际水准的高等教育，是城市发展新经济、迈向国际化的主要标志之一。例如，广州、深圳未来加快引进高校步伐，结合本地产业发展，建立几个国家实验室，例如智能机器人，使科研机构和科创企业都能密切结合市场需求。政府可针对中心城区大学特性，建设开放型校区，推动校区功能向城区扩张，实现大学等高校科研机构和创新型企业在空间和功能上交错相融。在北京、上海、杭州通过建设世界级一流大学和科研机构，为产业技术创新和企业发展提供源源不断的人才和技术补充。

第三，持续优化城市基础设施，加快创新要素的聚集吸引和全球联系。良好的 ICT 基础设施是实现信息快速传递的重要载体。我国城市千人宽带上网人数与美国城市存在较大差距。与高速 WiFi 全程覆盖的纽约更是差距明显。信息基础设施是城市新经济建设的一部分，以此为纽带，加强创新要素的聚集吸引和全球联系，进而提升在全球创新网络中的地位。

第四，提升空间集聚收益，拓展产业发展空间。一方面，发展更加完备的产业链，布局重点项目，优化产业空间，为技术创新提高效率，降低成本。另一方面，借鉴位于中心区的"硅巷"模式，相比传统位于城郊的科技园区拥有更完善的城市硬环境和软环境，能为创新企业集聚带来更多的额外收益，更有利于催生新兴信息技术类的创新型企业并推动其发展。

第五，对应新经济产业特点与自身资源禀赋优势结合。很多城市都很重视新经济新产业的发展，但没有抓住自己有特色有潜力的独特切入点，容易"面面俱到"，造成千城一面或者产业雷同。例如，切入点可以是北京、上海等一线城市的人才优势，也可以是杭州的企业氛围、贵阳的自然条件、成都的产业基础和文化氛围。总体来说，对应新经济产业特点，与自身资源禀赋结合，并通过一定的政策把相关的资源集聚起来，形成自己在某些领域的竞争优势，才能更好地发展。

参考文献

李欧美、李钢：《经济学家如何看"新经济"——基于中国经济学人调查问卷的分析》，《经济研究参考》2017 年第 25 期，第 17～23＋120 页。

吴志强：《美国新经济的表现及对我国的启示》，《中国商论》2018 年第 28 期，第 63～65 页。

吴明：《上海与纽约、伦敦和东京创新力比较研究》，《科学发展》2019 年第 2 期，第 53～60 页。

张微：《纽约科技创新要素集聚路径与启示借鉴》，载《2017 年北京科学技术情报学会年会——"科技情报发展助力科技创新中心建设"论坛论文集》，北京科学技术情报学会，2017，第 4 页。

赵峥：《规划视角下的城市创新与"创新人"——美国纽约的经验与启示》，《城市观察》2017 年第 6 期，第 112～118 页。

莫大喜：《纽约建设创新引领型全球城市的经验及启示》，《特区实践与理论》2019 年第 1 期，第 59～64 页。

李天树、崔可心：《创新驱动型城市总部经济发展模式研究——基于杭州"聚变"模式与纽约"裂变"模式的比较分析》，《中国集体经济》2018 年第 22 期，第 19～22 页。

孙晨光、朱文一：《布鲁斯·卡兹"城市创新区"理论的解读及其对北京的启示》，《城市设计》2018 年第 1 期，第 22～33 页。

孙晨光、朱文一：《波士顿滨海创新区发展及对中关村西区的启示》，《城市设计》2018 年第 2 期，第 72～83 页。

专题篇

Special Reports

B.13

中美上市公司全要素生产率比较

许 明*

摘　要：　本报告基于BVD-OSIRIS全球上市公司数据库对中美两国上市公司的全要素生产率进行测算，并且依据全要素生产率的测算数据，进行了整体层面、细分行业层面、不同行业类别以及重点上市公司层面的全要素生产率比较。本文发现，中美两国全要素生产率的差距明显，但差距存在缩小趋势，且中国上市公司的全要素生产率增速更快；中国在食品和混凝土等产业的全要素生产率高于美国，在木材等行业的全要素生产率低于美国，在电子信息行业上，两国差距较小；不同类别行业的全要素生产率对比显示，两国全要素生产率的差距在于劳动密集型产业，而技术差距主要体现在高技术行业

* 许明，经济学博士，中国社会科学院工业经济研究所副研究员。

并不是非高技术行业；在重点上市公司比较上，中国的食品相关行业的重点公司具有更高的全要素生产率，但是电子信息行业和运输行业等均低于美国。通过对 2000 年、2008 年、2018 年中美上市公司全要素生产率前 50 名的排名统计发现，中国上榜上市公司排名波动大，所属行业变化大；而美国上榜上市公司排名和所属行业保持稳定。

关键词： 中国　美国　上市公司　全要素生产率

党的十九大报告指出，我国经济已由高速增长阶段转向高质量发展阶段，必须坚持质量第一、效益优先，以供给侧结构性改革为主线，推动经济发展质量变革、效率变革、动力变革，提高全要素生产率。这意味着现阶段的重点是推动经济的高质量发展，加快从要素驱动、投资规模驱动转向创新驱动。全要素生产率增长率通常用来衡量除去所有有形生产要素的纯技术进步的生产率的增长，是衡量经济高质量发展的核心指标之一，反映了一国或企业的国际竞争力。现有研究表明，中国全要素生产率约为美国全要素生产率的 40% 左右。虽然中国和美国之间的全要素生产率差距较大是不争的事实，但是企业作为经济发展的微观主体，相关研究尚缺乏来自微观企业的证据，忽视了企业在提升全要素生产率中的角色定位。基于此，本文系统测算中国和美国上市公司的全要素生产率，一方面，既揭示中国和美国上市公司全要素生产率的真实差距，又提供了一个测算微观企业全要素生产率的方法，对推动我国经济高质量发展具有重要的理论和现实意义。另一方面，目前中美贸易摩擦存在不确定性，美国对中国出口产品的关税加收以及对部分企业的贸易制裁加剧了我国上市公司企业的经营困难，在此背景下，准确地测算出我国与美国上市公司的全要素生产率对我国上市公司实现更好的企业转型和生产率提升具有重要参考价值。

目前，有关上市公司的全要素生产率的测算方法大体可以划分为两类，第一类测算方法是非参数估计方法，国内运用 DEA-Malmquist 指数法进行上市公司的全要素生产率的测算研究较多，例如，蔡跃洲和郭梅军（2009）对我国 11 家上市商业银行的全要素生产率进行测算，结果显示，商业银行的上市公司的 TFP 总体呈现下降趋势，其变化可能是与宏观经济调控以及市场信贷政策相关。张才明等（2011）测算了软件上市公司的 TFP，结果发现我国的软件业上市公司的 TFP 平均增长率达到 23.3%，上市公司全要素生产率的提高主要是由于技术进步和纯技术效率改善。类似的研究如陈一博和宛晶（2012）、高宿清和徐宏毅（2018）以及路妍和李刚（2018）等。第二类测算方法是 Olley 和 Pakes（1996），Levinsohn 和 Petrin（2003）提出的半参数法，国内学者鲁晓东和连玉君（2012）等对该类方法进行拓展并推广，后来的研究中，例如，何珊珊（2018）分别采用最小二乘法（OLS 法）和半参数法（OP 法和 LP 法）对 A 股上市公司的全要素生产率进行测算；任胜钢等（2019）采取了 LP 方法测度我国上市公司的全要素生产率，测算结果显示全要素生产率基本呈逐步上升趋势，而 2008 年上市公司的全要素生产率的大幅下滑可能由金融危机导致。类似的研究还有程晨（2017）、郑宝红和张兆国（2018）以及王薇和艾华（2018）等。

基于以上研究，本文采取 ACF 两步法对中美两国的上市公司的全要素生产率进行测算，本文的边际贡献在于：在测算方法上，采用 ACF 两步法对中美两国上市公司进行系统测算，对中美两国上市公司全要素生产率情况有一个较为清晰的了解，找准中国与美国上市公司在全要素生产率上的差距。在研究视角上，本文从不同角度分析中美两国上市公司的全要素生产率差异，即从总体层面、细分不同行业、不同类别行业以及重点上市公司层面对中美全要素生产率进行比较，能够细致全面地反映出中美两国在上市公司全要素生产率上的差距，为我国实现经济高质量发展提供有效参考。在研究结论上，本文发现：①美国上市公司的全要素生产率显著高于中国，但两者之间的差距呈现缩小的趋势，并且中国的上市公司全要素生产率的增长速度更快；②细分行业的结果显示，中国在食品和混凝土等产业的上市公司全要素生产率高于美国，在木材等行业的上市公司全要素生产率低于美国，在电

子信息行业上，两国差距较小；③不同类别行业的全要素生产率对比显示，两国全要素生产率的差距在于劳动密集型产业，而技术差距主要体现在高技术行业并不是非高技术行业；④在重点上市公司比较上，中国的食品相关行业上的重点公司具有更高的全要素生产率，但是电子信息行业和运输行业等均低于美国。

本文的其余结构安排包括：第一部分介绍本文测算中美两国上市公司的全要素生产率的数据来源；第二部分阐述了中美上市公司全要素生产率测算的数据处理过程与指标测算方法；第三部分是文章的核心部分，即从总体层面、细分不同行业、不同类别行业以及重点上市公司层面等四个部分进行中美上市公司的全要素生产率的比较分析；第四部分是文章的结论与政策建议。

一 数据来源

本文的数据来源于 BVD-OSIRIS 全球上市公司数据库。该数据库覆盖全球各国证券交易所内 155 个国家超过 80000 家上市公司，统计指标范围广泛，包括企业基本信息、详细财务经营信息等。本报告旨在测算中国和美国的企业全要素生产率，从该数据库 2000～2018 年获取了企业基本信息（包括企业名称、企业所属行业等）、企业销售收入、原材料投入、就业人数、固定资产净值等指标。企业销售收入等金额计量单位均为千美元，就业人数计量单位为 1 人。

二 数据处理与指标测算方法

（一）数据处理

从 BVD-OSIRIS 下载的数据包括工业、银行业和保险业三类企业，本文的主要目的是测算和比较中国和美国制造业企业全要素生产率，因此，根据企业所在行业分类（美国标准行业分类，Standard Industry classification，

SIC），保留制造业行业。此外，还删除企业销售收入、原材料投入、就业人数和固定资本净值缺失的观测值。最后，用于生产函数估计的中国和美国的样本量分别为 36054 和 15935，企业个数分别 6142 和 1461，样本期限均为 2000 ~ 2018 年。

（二）全要素生产率的测算

构建以下超越对数生产函数

$$q_{ft} = f(x_{ft};\beta) + \varphi_{ft} + \varepsilon_{ft} \tag{1}$$

其中，x 表示要素投入向量，企业就业人数作为劳动力投入 l，固定资产净值衡量资本投入 k，中间投入品合计表示原材料投入 m，企业销售收入作为产出变量 q。

根据 Levinsohn 和 Petrin（2003），企业原材料需求是资本投入 k、企业生产率 φ_{ft}，以及其他影响原材料需求变量向量 z_{ft} 的函数，函数表达式为：

$$m_{ft} = m_t(k_{ft},\varphi_{ft},z_{ft}) \tag{2}$$

其中，z_{ft} 包括城市虚拟变量和行业虚拟变量。假设原材料需求是企业生产率 φ_{ft} 的单调函数，本文将其转换为生产率的函数表达式：

$$\varphi_{ft} = h_t(k_{ft},m_{ft},z_{ft}) \tag{3}$$

将（3）式代入（1）式中，生产函数重新表达为：

$$q_{ft} = \phi_t(l_{ft},k_{ft},m_{ft},z_{ft}) + \varepsilon_{ft} \tag{4}$$

为了消除对产出值不可观测的冲击和测量误差，对（4）式中 $\phi_t(l_{ft},k_{ft},m_{ft},z_{ft})$ 构建三阶多项式，但是 z_{ft} 中的城市虚拟变量和行业虚拟变量仍然为线性形式，估计得到产出变量的拟合值 $\hat{q}_{ft}$。

假设企业生产率满足马尔科夫链性质：

$$\phi_{ft} = g(\phi_{f,t-1}) + \xi_{ft} \tag{5}$$

其中，生产率可以表示要素参数系数 β 的函数：

$$\varphi_{ft}(\beta) = \dot{q}_{ft} - \beta_l l_{ft} - \beta_m m_{ft} - \beta_k k_{ft} - \beta_{ll} l_{ft}^2 - \beta_{mm} m_{ft}^2 - \beta_{kk} k_{ft}^2$$
$$- \beta_{lm} l_{ft} m_{ft} - \beta_{lk} l_{ft} k_{ft} - \beta_{mk} m_{ft} k_{ft} - \beta_{lmk} l_{ft} m_{ft} k_{ft} \qquad (6)$$

将（6）式代入（5）式，然后采用 ACF 两步法估计生产函数，得到要素产出弹性系数的估计值 $\hat{\beta} = (\hat{\beta}_l, \hat{\beta}_m, \hat{\beta}_k, \hat{\beta}_{ll}, \hat{\beta}_{mm}, \hat{\beta}_{kk}, \hat{\beta}_{lm}, \hat{\beta}_{lk}, \hat{\beta}_{mk}, \hat{\beta}_{lmk})$。

在获取超越对数生产函数各个要素投入及其组合的产出弹性系数之后，进一步采用索洛残差的方法得到企业的全要素生产率估计值为：

$$\hat{\phi}_{ft} = \dot{q}_{ft} - f(x_{ft}; \hat{\beta}) \qquad (7)$$

三　中美上市公司的全要素生产率比较分析

（一）总体比较

首先，从总体上比较中国和美国上市公司的全要素生产率的变化趋势，图 1 显示美国的全要素生产率的水平值整体上高于中国的全要素生产率，2000～2018 年，中国上市公司的全要素生产率从 0.949 增长至 1.984，均值达到 1.700；与此相比，美国上市公司的全要素生产率从 2.381 上升至 2.575，均值达到 2.502。中美两国的上市公司的全要素生产率虽然依旧存在差距，但差距表现出明显缩小的态势。进一步比较两国上市公司全要素生产率的增长速度，根据图 1，中国的上市公司全要素生产率增速明显快于美国，经过计算，中国从 2000 年到 2018 年的上市公司全要素生产率平均增速达到 4.424%，而美国上市公司全要素生产率的平均增速只有 0.449%，在图形上也可以明显地看出中国的全要素生产率的增长速度在 2010 年之前显著高于美国，这主要是与中国 21 世纪初期以劳动力和资本推动经济高速发展有关。

（二）细分行业比较

进一步对比中美上市公司分行业的全要素生产率，如表 1 所示，表中的

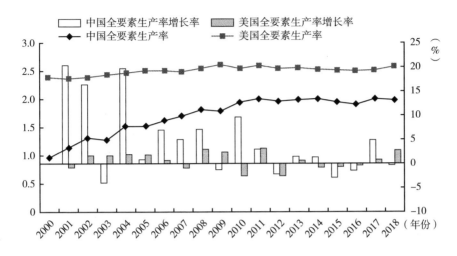

图1 中美上市公司全要素生产率比较（2000～2018年）

资料来源：作者计算。

第3列是美国上市企业与中国上市企业全要素生产率的差值，其数值大于零则表明美国该行业的全要素生产率高于中国，数值小于零，则表明中国该行业的全要素生产率高于美国。从数值分布可以看出，中美两国在不同行业的全要素生产率上的差异比较明显，以"纺织产品（15.510）""木材及木制品、家具除外（25.084）""纸和相关产品（1.412）""印刷、出版及有关行业（3.826）""石油精炼及相关行业（5.452）"等劳动密集型产业为例，美国在该类行业上的全要素生产率是显著高于中国的，究其原因，一方面在于美国的劳动生产率显著高于中国；另一方面，美国这类行业早已采用机器替代人的生产模式，美国的纺织产品等行业已经不能被称为传统上的劳动密集型行业，其实质上已经属于资本密集型和技术密集型行业范畴；而在"食品和相关产品（-1.063）""石、黏土，玻璃和混凝土制品（-8.463）"等行业上，中国的全要素生产率明显高于美国，这可能是与中国拥有更为丰富的矿石储备资源有关；在"电子及其他电气设备及元器件，计算机设备除外"和"交通运输设备"等技术密集型产业上，两国的全要素生产率的差异较小，表明两国之间的技术差距存在缩小的趋势。

表1 中美上市公司分行业的全要素生产率比较（2000～2018年）

分类	中国上市企业	美国上市企业	美国－中国
食品和相关产品	3.229	2.166	－1.063
纺织产品	－1.071	14.439	15.510
纺织物及类似材料制成的服装等成品	4.791	1.657	－3.135
木材及木制品、家具除外	－20.686	4.398	25.084
家具及固定装置	10.468	－0.197	－10.665
纸和相关产品	0.580	1.992	1.412
印刷、出版及有关行业	－2.808	1.018	3.826
化学品及有关制品	1.951	2.339	0.388
石油精炼及相关行业	－4.607	0.845	5.452
橡胶杂塑料制品	1.529	3.376	1.847
石、黏土、玻璃和混凝土制品	2.924	－5.539	－8.463
主要金属产业	0.767	2.526	1.759
金属制品、机械和运输设备除外	0.883	1.247	0.364
工业和商业机械和计算机设备	2.235	3.389	1.155
电子及其他电气设备及元器件,计算机设备除外	2.251	2.829	0.578
交通运输设备	1.421	2.215	0.795
测量、分析及控制仪器、摄影、医疗及光学用品钟表	2.717	2.551	－0.166
其他制造行业	3.094	2.219	－0.876

资料来源：作者计算。

为了解释美国为什么在"纺织产品""木材及木制品、家具除外""纸和相关产品""印刷、出版及有关行业"等劳动密集型产业明显高于中国的全要素生产率，这里从中国与美国上市公司的劳动生产率进行分析。在表2中，2000年中国上市公司的劳动生产率为45.949千美元/人，美国上市公司的劳动生产率却高达236.363千美元/人，为中国的5倍左右。2000～2018年，两国上市公司的劳动生产率均在显著增长，到2018年中国上市公司的劳动生产率为188.403千美元/人，而美国上市公司的劳动生产率达到501.869千美元/人，比中国上市公司的劳动生产率高出313.466千美元/人。两国之间的劳动生产率差距导致了美国在劳动密集型产业表现出更高的全要素生产率。

表2 中美上市公司的劳动生产率 (2000～2018年)

单位：千美元/人

年份	中国劳动生产率	美国劳动生产率	年份	中国劳动生产率	美国劳动生产率
2000	45.949	236.363	2010	222.055	386.589
2001	105.309	219.400	2011	211.019	513.833
2002	111.882	223.673	2012	321.856	504.079
2003	103.154	246.029	2013	174.519	524.314
2004	149.304	320.418	2014	159.605	517.839
2005	166.777	316.747	2015	134.757	474.041
2006	179.272	322.025	2016	128.084	460.138
2007	195.984	347.995	2017	172.947	473.244
2008	215.882	397.694	2018	188.403	501.869
2009	158.330	410.080	平均值	165.531	389.282

资料来源：作者计算。

为了进一步刻画中美两国上市公司在重点行业上的全要素生产率的差距变化，本文对中美两国在"纺织产品（22）""化学品及有关制品（28）""工业和商业机械和计算机设备（35）""电子及其他电气设备及元器件，计算机设备除外（36）"等行业的全要素生产率差距的年度值进行分析，在表3中，通过纵向对比可以发现四种行业的全要素生产率的差距随着时间的推移表现出逐年递减的趋势。以"纺织产品（22）"为例，2000年的中美两国纺织产品行业的全要素生产率的差值为15.698，到2018年两国在该行业上的差距已经缩减为14.878；同样，中美两国在"化学品及有关制品（28）""工业和商业机械和计算机设备（35）""电子及其他电气设备及元器件，计算机设备除外（36）"的全要素生产率差距也明显缩小。

表3 中美上市公司重点行业的全要素生产率差距比较 (2000～2018年)

年份	22	28	35	36
2000	15.698	0.868	1.800	1.091
2001	15.507	0.655	1.561	0.846
2002	15.373	0.686	1.520	0.818

续表

年份	22	28	35	36
2003	15.411	0.755	1.483	0.885
2004	15.226	0.669	1.376	0.812
2005	15.171	0.620	1.383	0.797
2006	15.075	0.502	1.296	0.738
2007	15.177	0.405	1.217	0.663
2008	15.128	0.420	1.253	0.647
2009	23.784	0.408	1.215	0.561
2010	14.846	0.296	1.104	0.466
2011	14.829	0.378	1.094	0.489
2012	14.910	0.396	1.083	0.531
2013	15.005	0.391	1.113	0.564
2014	15.025	0.388	1.166	0.589
2015	15.158	0.457	1.222	0.708
2016	14.961	0.425	1.249	0.716
2017	15.410	0.388	1.196	0.621
2018	14.878	0.404	1.187	0.618

注：22 代表纺织产品；28 代表化学品及有关制品；35 代表工业和商业机械和计算机设备；36 代表电子及其他电气设备及元器件，计算机设备除外。

资料来源：作者计算。

（三）行业类别比较

进一步对比中美两国不同类型的行业在全要素生产率上的差异，在表 4 中，在劳动密集型行业上，中国的年均全要素生产率是 1.473，而美国高达 2.529，表明了美国在劳动密集型行业上的全要素生产率明显高于中国，进一步比较图 2 中的劳动密集型行业全要素生产率的变化趋势，能够看出美国的劳动密集型行业全要素生产率显著高于中国，且差距较大，并没有表现出缩小的趋势；与此对比，在资本和技术密集型行业上，中国的资本和技术密集型行业的全要素生产率为 1.993，而美国的资本和技术密集型行业的全要素生产率为 2.501，虽然美国在该类行业上的全要素生产率依旧高于中国，但是中美两国的差距呈现缩小的趋势。

表4 中美上市公司特殊行业的全要素生产率比较（2000～2018年）

国家	劳动密集型	资本和技术密集型	高技术	非高技术
中国	1.473	1.993	2.108	1.497
美国	2.529	2.501	2.680	2.061

资料来源：作者计算。

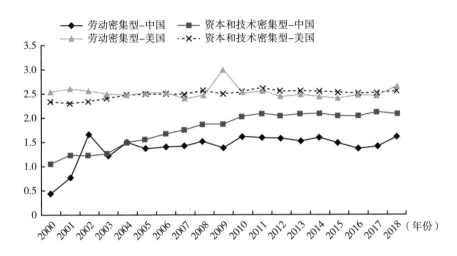

图2 中美上市公司不同类别行业的全要素生产率比较（2000～2018年）

资料来源：作者计算。

为了探究中美两国技术差距缩小的原因，进一步比较中美两国在高技术行业和非高技术行业的全要素生产率，从图3可以看出，美国的高技术行业的全要素生产率一直在2.5以上，逐年增长至2018年的2.8左右，而中国的高技术行业的全要素生产率从2000年的1.3左右增长至2018年的2.2左右。两国的高技术行业全要素生产率一直保持着较大的差距，且并没有表现出缩减的趋势，这表明中国的高技术行业的核心竞争力仍然不足，与美国的研发能力存在较大差距。而对比中美两国低技术行业的全要素生产率，可以发现中国的非高技术行业的全要素生产率增长迅速，从2000年的0.1左右增长至2018年的1.5左右，而美国的非高技术行业的全要素生产率大约是2，上下波动不明显，中美两国的非高技术行业的全要素生产率差距越来

小。综上，可以得出中美两国技术差距明显的原因在于高技术行业并不是非高技术行业，这一点也启示我国在高技术研发领域须进一步发力。

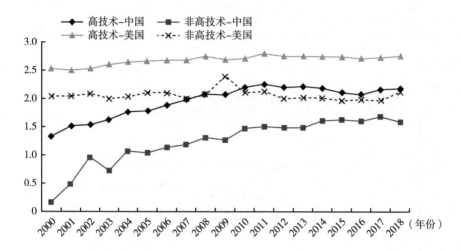

图3 中美上市公司的技术型行业的全要素生产率比较（2000～2018年）

资料来源：作者计算。

（四）重点上市公司比较

为了更直接地体现中美两国上市公司全要素生产率差异，本文分别从"交通运输设备""工业和商业机械和计算机设备""电子及其他电气设备及元器件，计算机设备除外""食品和相关产品"四类行业中选取10家重点的知名上市公司进行比较。在交通运输设备行业，通用汽车的全要素生产率为2.428，而上海汽车的全要素生产率是1.300；在机械设备行业，通用电气和戴尔的全要素生产率分别是3.648、4.204，高于中国的360和格力电器；在电子设备行业，美国高通公司的2.785也显著高于中国中兴通讯的2.225。除了食品行业之外，美国重点上市公司的全要素生产率基本上都高于中国公司，其中原因可以从两方面理解，一方面，美国重点上市公司的核心竞争力与技术研发水平始终高于中国，这一点与上文分析了高技术行业的全要素生产率差距原因相同；另一方面可能与近年来中美贸易摩擦有关，在中美两国的贸易摩擦中，美国制裁了我国的中兴、华为等企业，对其产品的关键零组件禁止出售，加剧了中兴等企业的经营压力，导致中美两国在重点上市公司的全要素生产率上的差距。

表5 中美重点上市公司的全要素生产率均值比较（2000～2018年）

所属行业	美国公司	全要素生产率	中国公司	全要素生产率
交通运输设备	通用汽车	2.428	上海汽车	1.300
工业和商业机械和计算机设备	通用电气	3.648	360	2.436
	戴尔	4.204	格力电器	2.186
电子及其他电气设备及元器件,计算机设备除外	高通	2.785	中兴通讯	2.225
食品和相关产品	百事可乐	2.037	伊利股份	3.052

资料来源：作者计算。

（五）上市公司全要素生产率前50名比较

本文进一步统计了2000年、2008年、2018年中美上市公司全要素生产率前50名的排名情况，结果发现如下。从集中行业来看，中国的上市公司全要素排名前50主要集中在家具及固定装置行业、纺织物及类似材料制成的服装等成品行业、食品和相关产品行业等，而美国主要集中在纺织产品行业、木材及木制品、工业和商业机械和计算机设备等。从公司变化来看，中国上市公司排名变化较大，三个代表性年份的公司连续上榜率不高，而美国上市公司的排名较为稳定，比如莫霍克工业公司（MOHAWK INDUSTRIES INC）连续三个代表年份都排名第一，而且各行业的上榜龙头企业全要素生产率排名波动不大。从行业变化看，中国上榜上市公司在2000年所属行业较为分散，涉及工业和商业机械和计算机设备、纺织、食品等多达10种不同的行业，但是2008年减少为4种，到2018年仅只有家具及固定装置和纺织物及类似材料制成的服装等成品2个行业；美国上榜的上市公司所在行业较为稳定，主要集中在纺织产品、木材及木制品以及工业和商业机械和计算机设备等行业。

四 结论与政策建议

为了实现我国经济的高质量发展以及在目前的中美经贸摩擦环境中更好地促进我国上市公司的生产率提升,本文将研究视角聚焦于中美两国的上市公司全要素生产率的发展现状。目前的学界虽然已经存在不少宏观层面的文献研究,但从微观层面对中美两国上市公司的全要素生产率的测算对比尚没有得到足够重视。本文首次采取 ACF 两步法对中美两国的全要素生产率进行测算,通过对整体层面、细分行业层面、不同行业类别以及重点上市公司层面的全要素生产率的比较,全面刻画了中美两国上市公司的全要素生产率的差异。

本文的主要结论如下。

①目前,美国的全要素生产率高于中国,但总体上来看,两国的全要素生产率的差距比宏观层面分析的差距要小,从两国全要素生产率的变化趋势来看,两国的全要素生产率的差距存在逐渐缩小的趋势,中国全要素生产率的增长速度显著高于美国。

②从细分行业进行比较,美国的纺织行业、木材行业和印刷行业的全要素生产率显著高于中国,这主要是由于美国的劳动生产率显著高于中国;在食品行业和混凝土制品行业上,中国的全要素生产率明显高于美国,这与中国的要素资源禀赋有关;而在电子信息行业上,中美两国的全要素生产率差距并不明显。

③通过比较中美两国在不同类别行业的全要素生产率的差异,美国的劳动密集型行业的全要素生产率显著高于中国,而中美两国在资本和技术密集型行业的全要素生产率的差距逐渐缩小。针对两国技术差距的原因,通过对比高技术行业以及非高技术行业的全要素生产率可以发现,高技术行业的全要素生产率的差距明显,而非高技术行业的全要素生产率的差距总体呈缩小趋势。

④通过对比中美两国的重点上市公司的全要素生产率的差异发现,在食

品相关行业上，中国重点上市公司的全要素生产率一般高于美国，而在运输行业、机械设备以及电子设备等行业，美国的全要素生产率显著高于中国。究其原因，一方面是由于美国重点上市公司具有更强的核心竞争力与研发能力，另一方面则与近年来中美两国的贸易摩擦有关。

⑤通过对2000年、2008年、2018年中美上市公司全要素生产率前50名的排名情况的统计，发现如下，中国上榜上市公司排名波动大，所属行业变化大，当前主要集中在家具及固定装置行业和纺织物及类似材料制成的服装等成品行业；美国上榜上市公司排名和所属行业保持稳定，主要集中在纺织厂产品、木材及木制品以及工业和商业机械和计算机设备等行业。

基于以上结论，本文针对中国上市公司的发展提出以下建议。

①提高中国劳动生产率。由于中国在劳动密集型行业的全要素生产率远低于美国，原因在于两国的劳动生产率差距较大，只有缩小两国的劳动生产率才能有效缓解两国全要素生产率差异，目前，我国人口老龄化程度加剧，劳动力红利逐渐消失，只有加速我国的制造业升级，实现产业优化和提升资源配置效率才能有效提高中国企业的劳动生产率。

②进一步提升国内研发投入与核心技术利用率。针对中美两国在高技术行业的全要素生产率的差距，应该更加强化我国高新技术产业的发展基础，具体来说，首先，需要清晰地分清楚政府和市场在促进企业创新能力上的关系，建立公开透明的市场竞争环境；其次，需要进一步优化创新产业政策，完善创新型人才政策，为了企业创新进一步降成本，提高企业创新投入；最后，扩大创新的开放水平，最大化全球创新资源，具有一定实力的上市公司可以收购海外技术，并且改进上市公司境外技术并购信息披露机制，提高上市公司的技术并购效率。

③在目前的中美贸易摩擦中，针对美国对中国上市公司实施的一些制裁措施，我国上市公司应当更加注重企业的自主研发能力的积累，更加注重高素质创新人才的吸引与培养。同时，针对美国政府对我国上市公司产品的限制政策，我国企业一方面可以通过大力拓展新客户和拓展国际其他市场等应对措施来降低美国征收关税带来的不利影响；另一方面，也要注重国内市场

的发展，积极提高产品质量，满足消费者个性化和多样化消费需求，适当降低对美国市场的依赖。

参考文献

Levinsohn，James，Amil Petrin，"Estimating Production Functions Using Inputs to Control for Unobservables"，*Review of Economic Studies*，2003，70（2），317 – 341.

Olley G S，Pakes A，"The Dynamics of Productivity in the Telecommunications Equipment Industry"，*Econometrica*，1996，64（6）：1263 – 1297.

蔡跃洲、郭梅军：《我国上市商业银行全要素生产率的实证分析》，《经济研究》2009 年第 9 期，第 52 ~ 65 页。

陈一博、宛晶：《创业板上市公司全要素生产率分析——基于 DEA-Malmquist 指数法的实证研究》，《当代经济科学》2012 年第 4 期，第 103 ~ 108 页。

程晨：《技术创新溢出与企业全要素生产率——基于上市公司的实证研究》，《经济科学》2017 年第 6 期，第 72 ~ 86 页。

高宿清、徐宏毅：《保险公司全要素生产率及其差异性分析》，《财会月刊》2018 年第 22 期，第 77 ~ 83 页。

何珊珊：《非房地产企业进入房地产行业对其全要素生产率的负面影响——基于中国 A 股上市公司数据的实证研究》，《当代财经》2018 年第 2 期，第 3 ~ 14 页。

鲁晓东、连玉君：《中国工业企业全要素生产率估计：1999 ~ 2007》，《经济学》（季刊）2012 年第 2 期，第 541 ~ 558 页。

路妍、李刚：《后危机时代中国商业银行全要素生产率研究——基于 DEA 模型的 Malmquist 指数分析》，《山西大学学报（哲学社会科学版）》2018 年第 5 期，第 94 ~ 104 页。

任胜钢、郑晶晶、刘东华、陈晓红：《排污权交易机制是否提高了企业全要素生产率——来自中国上市公司的证据》，《中国工业经济》2019 年第 5 期，第 5 ~ 23 页。

王薇、艾华：《政府补助、研发投入与企业全要素生产率——基于创业板上市公司的实证分析》，《中南财经政法大学学报》2018 年第 5 期，第 88 ~ 96 页。

张才明、周正卿、王烨：《我国上市软件公司全要素生产率实证研究》，《技术经济与管理研究》2011 年第 2 期，第 7 ~ 12 页。

郑宝红、张兆国：《企业所得税率降低会影响全要素生产率吗？——来自我国上市公司的经验证据》，《会计研究》2018 年第 5 期，第 13 ~ 20 页。

B.14
中国的新经济政策分析

伍业君 *

摘　要： 新经济是经济增长的新动能，中国新经济领域出台了相关产业政策。本文通过对中国产业政策演进和新经济产业政策的目标、手段、措施、效果进行分析，得出中国新经济政策在基础设施建设、产业生态营造、产业主体培育方面成果较为显著，但是在创新促进方面效果欠佳；同时，分析了中国新经济产业政策对中美合作的影响。结合中国产业政策演进逻辑，本文对未来中国新经济产业的走向做出初步判断。

关键词： 新经济　产业政策　演进

经过 40 多年的高速增长，中国成功实现了从低收入向中等收入的跨越。然而，这种依靠高投入、高消耗、高排放的粗放型增长模式，造成低水平产能过剩，高端技术受制于人，供需结构性矛盾突出等问题。随着工业化进程的推进，这种模式已越来越不能持续，政策刺激、大规模投资依然不能阻挡经济增速下滑，中国经济发展也正式进入新常态。在"三期叠加"的背景下，如何找到经济增长的新动力，促进经济高质量发展是当下中国面临的重大问题。当前，全球新一轮科技革命与产业变革接力式推进，以互联网、大数据、物联网、云计算、人工智能等新一代信息技术为核心的新经济正在从根本上重塑人类社会的生产生活方式。2016 年新经济被正式纳入政府工作

---

* 伍业君，经济学博士，铁道党校讲师，主要研究方向为产业经济与公共政策。

报告，2016年3月16日，李克强总理在答记者问时表示：要让新经济形成新的S型曲线，带动起中国经济新的动能。新经济具有低排放、低能耗、低污染、绿色环保的特征，最能体现新发展理念的要求，不仅本身就是新增长动能，而且还能催生新产业、新技术、新模式和新业态，改造提升传统产业，为产业结构转型升级提供动力，是实现中国经济结构转型、经济高质量发展的重要抓手。因此，政府相继出台了相关新经济产业政策，以促进新经济发展，为传统经济注入新动能。互联网、云计算、大数据、人工智能、物联网作为新经济时代的通用目的技术、基础设施、生产要素，是新经济发展的基础。因此，本研究重点关注新经济互联网、云计算、大数据、人工智能、物联网等基本要素领域，侧重分析这些领域的政策。

一　中国产业政策的演进

产业政策"该不该实施"及"如何有效实施"一直是学术界研究的重要议题，关于产业政策的争论也一直存在，可能会继续存在下去。但是，产业政策作为促进经济发展的重要手段，在世界范围内得到广泛应用。即使最发达的市场经济国家，产业政策也从未退出过历史舞台。尤其是2008年全球金融危机爆发后，全世界兴起了新一轮产业发展浪潮，包括美、德在内的发达国家，纷纷制定制造业振兴方面的产业发展政策，以求摆脱危机的困扰，在新一轮竞争中保持优势地位。产业政策对发展中国家而言就具有更加重要的意义和作用。从世界各国的产业政策实践看，存在两类不同的认识。一类是以日韩等国家为代表的选择性产业政策，这类产业政策以产业结构演变规律、市场失灵、规模经济等作为其理论依据。这类政策对发展中国家实现技术赶超的目标而言，起到过重要作用。但这类产业政策存在的问题是，如市场会失灵一般，政府也存在失灵。因此，在选择要扶持的产业、产品、技术路线时可能存在偏误。当经济发展到一定程度，一个国家已经站在技术发展的前沿时，尤其是在当前新经济条件下，新技术、新产业、新模式的发展方向均不确定时，政府要选择扶持的产业存在非常大的困难。另一类是以欧盟为代表的功能性产业政策。这类政策倡导市场主导、服从竞争政策的原则，强调政府在促进产业创新发展、结构演进与竞争力提升方面的重要作用，强调政府的服务职能，通过完善市场制度、改善营商环境、维护公平竞争，支持产业技术的创新与扩散，建立系统有效的公共服务体系，帮助劳动者提升技能以适应产业发展的需求（江飞涛、李晓萍，2018）。这类政策强调市场和政府作用的互补。

新中国成立后百业待兴，在发展国民经济、缩小和发达国家差距的战略背景下，在计划经济和从计划向市场转型时期，选择性产业政策成为中国当时较贴切的选择。这一时期的产业政策以"政府对微观经济运行的广泛干预，挑选赢家，扭曲价格等途径主导资源配置"为主要特征，当时极大地推动了经济的发展，也极大地推动了计划管理向市场转型的改革实践（蔡昉，2018）。随着社会主义市场经济体制的建立，市场在资源配置中的作用地位得到加强，在"符合建立社会主义生产经济体制的要求，充分发挥市场在国家宏观调控下对资源配置的基础性作用"的原则下，产业政策的实施完全取代了对微观经济的严格计划管理，企业逐渐成为市场主体，民营经济活力不断释放。随着中国对外开放进程加速，中国企业开始逐渐参与国际市场竞争，更大程度上发挥市场在资源配置中的基础性作用成为当时深化体制改革的进一步要求，同时，国际金融危机爆发成为中国产业政策的宏大背景。国家在调整振兴规划、战略性新兴产业方面，更加强调政府规划、政策引导的作用，及其对微观主体的干预。这一时期，中国的选择性产业政策体系得到强化，不只体现为对特定产业的选择性扶持（限制），还更多地表现为对特定技术路线、产品与特定企业的选择性扶持（限制）方面（江飞涛、李晓萍，2010），这种政策可能对支持技术研发与扩散等方面产生了重要作用，但是直接干预性的产业政策的不良效应日益突出，如产能过剩、僵尸产业僵而不死等。另外，随着第四次工业革命的到来，政府对新产业的甄别、选择方面可能会存在能力不足。

总体看，中国产业政策以中国体制改革为宏观背景，以赶超为目的。这一时期，选择性产业政策对中国从计划向市场的转型，从落后到追赶成功，发挥了不可磨灭的重要作用。政府选择性产业政策，在赶超时期有其合理性，但因为规定了产业发展的方向，会在一定程度上将创新限定在产业政策

鼓励发展的领域内，从长远看，不利于创新驱动型国家的建立。随着中国经济的发展，选择性产业政策的弊端日益突出，显现出不符合生产力发展的趋势，亟须对产业政策进行改革，以适应新形势下经济发展的需要。

十八大以来出台的相关新经济产业政策更加注重发挥市场在资源配置中的决定性作用，秉承"市场主导、政府引导"的基本原则。政策工具的选择方面，更加注重对产业发展环境的营造。这一时期的产业政策便开始从传统选择性产业政策向功能性产业政策转变。这既符合经济发展规律，也符合中国全面深化体制改革的宏大制度背景。

二 新经济产业政策的内容

新经济作为动能转换、结构转型、经济增长的动力源，国家层面非常重视，出台了关于新经济的相关发展战略，为新经济的发展指明了方向，提供了基本遵循。

1. 新经济政策目标

我国对于互联网、大数据、云计算、人工智能、物联网等新经济的发展都明确了总体发展目标（见表1），这些目标为新经济的发展和评估提供了指引。

表 1　新经济总体目标

新经济	目标
工业互联网	到 2020 年底,初步建成工业互联网基础设施和产业体系
大数据	到 2020 年,技术先进、应用繁荣、保障有力的大数据产业体系基本形成。大数据相关产品和服务业务收入突破 1 万亿元,年均复合增长率保持在 30% 左右,加快建设数据强国,为实现制造强国和网络强国提供强大的产业支撑
云计算	云计算成为信息化建设主要形态和建设网络强国、制造强国的重要支撑,推动经济社会各领域信息化水平大幅提高
人工智能	到 2020 年人工智能总体技术和应用与世界先进水平同步,人工智能产业成为新的重要经济增长点。到 2025 年人工智能基础理论实现重大突破,部分技术与应用达到世界领先水平,人工智能成为带动我国产业升级和经济转型的主要动力,智能社会建设取得积极进展。到 2030 年人工智能理论、技术与应用总体达到世界领先水平,成为世界主要人工智能创新中心

新经济	目标
物联网	实现物联网在经济社会各领域的广泛应用,掌握物联网关键核心技术,基本形成安全可控、具有国际竞争力的物联网产业体系,成为推动经济社会智能化和可持续发展的重要力量

资料来源:根据相关新经济产业发展规划整理。

除了以上总体目标外,各新经济领域的行动计划或指导意见均对总目标进行了分解。《国务院关于深化"互联网+先进制造业"发展工业互联网的指导意见》对工业互联网发展提出"四个初步"发展目标,即初步建成适用于工业互联网高可靠、广覆盖、大带宽、可定制的企业外网络基础设施;初步构建工业互联网标识解析体系;初步形成各有侧重、协同集聚发展的工业互联网平台体系,分期分批遴选10个左右跨行业跨领域平台,培育一批独立经营的企业级平台,打造工业互联网平台试验测试体系和公共服务体系,推动30万家以上工业企业上云,培育超过30万个工业APP;初步建立工业互联网安全保障体系,制定至少10项相关安全标准。

《大数据产业发展规划(2016~2020)》从技术、应用能力、生态体系、支撑能力、数据安全五个方面,提出了具体的发展目标。如,要求规划期内,基础软硬件、大数据获取、存储管理和处理平台技术领域达到国际先进水平,在数据挖掘、分析与应用等算法和工具方面处于领先地位。

《云计算三年行动计划(2017~2019)》从产业规模、应用、标准体系、企业发展、网络安全等方面提出了量化目标。到2019年,云计算产业规模达到4300亿元;突破一批核心关键技术,云计算服务能力达到国际先进水平;云计算在制造、政务等领域的应用水平显著提升,对新一代信息产业发展的带动效应显著增强;云计算新建数据中心PUE值普遍优于1.4;发布云计算相关标准超过20项,形成较为完整的云计算标准体系和第三方测评服务体系;云计算企业的国际影响力显著增强,涌现2~3家在全球云计算市场中具有较大份额的领军企业;云计算网络安全保障能力明显提高,网络安全监管体系和法规体系逐步健全。

《促进新一代人工智能产业发展三年行动计划（2018～2020）》在规划的基础上提出了近期发展目标：力争到2020年，一系列人工智能标志性产品取得重要突破。人工智能重点产品规模化发展，智能网联汽车技术水平大幅提升，智能服务机器人实现规模化应用，智能无人机等产品具有较强全球竞争力，医疗影像辅助诊断系统等扩大临床应用，视频图像识别、智能语音、智能翻译等产品达到国际先进水平。人工智能整体核心基础能力显著增强，智能传感器技术产品实现突破，设计、代工、封测技术达到国际水平，神经网络芯片实现量产并在重点领域实现规模化应用，开源开发平台初步具备支撑产业快速发展的能力。智能制造深化发展，复杂环境识别、新型人机交互等人工智能技术在关键技术装备中加快集成应用，智能化生产、大规模个性化定制、预测性维护等新模式的应用水平明显提升。重点工业领域智能化水平显著提高。人工智能产业支撑体系基本建立，具备一定规模的高质量标注数据资源库、标准测试数据集建成并开放，人工智能标准体系、测试评估体系及安全保障体系框架初步建立，智能化网络基础设施体系逐步形成，产业发展环境更加完善。

《物联网发展规划（2016～2020）》提出，到2020年基本形成具有国际竞争力的物联网产业体系，包含感知制造、网络传输、智能信息服务在内的总体产业规模突破1.5万亿元，智能信息服务的比重大幅提升。物联网感知设施规划布局方面，推动公众网络M2M连接数突破17亿。同时，物联网技术研发水平和创新能力显著提高，并初步形成适应产业发展的标准体系、泛在安全的物联网体系。

相关新经济行业的政策目标体现出以下特点。首先，具体发展目标制定上仍体现出选择性产业政策的特征，体现出追赶特色。如，大多数产业仍然以追赶为主，以达到发达国家、国际水平为目标。对产业发展的相关技术路线给出了规定，而这些技术的选择基本以发达国家的相关产业发展为参照。这都体现出中国新经济领域与发达国家存在差距的事实，这种产业政策的制定因此也符合中国当前的经济发展特征。其次，注重产业发展生态建设，体现产业政策向功能性产业政策转型的特征。一方面，注重新经济产业基础设施建设。无论是规划还是具体的行动计划，新经济产业在基础设施方面均设定了相关的发展目标，旨在为经济发展提供良好的硬性基础条件。另一方面，注重标准体系的建立。对产业支撑体系、标准体系、测试评估体系、安全保障体系等，均提出了相关目标要求，为产业发展营造多方位良好的发展环境。这些政策虽然在新经济领域提出，但是对整个宏观经济和微观主体的发展是无偏向性的，具有普适性特征，符合功能性产业政策的特征。

2. 新经济政策手段

规划目标外，政府通过相应的行动、工程、行动计划等手段来保证政策目标的推进和实施。具体而言，工业互联网领域，《工业互联网行动计划》实施了包括基础设施、标识解析、平台建设、核心技术标准突破、新模式新业态培育、产业生态、安全保障、开放合作等八项行动推动相关目标的实现。具体如表2所示。

表2　《工业互联网行动计划》

政策手段	预期实现目标
基础设施能力提升行动	实现2020年前,企业外网络基本能够支撑工业互联网业务对覆盖范围和服务质量的要求,IPv6改造基本完成;实现重点行业超过100家企业完成企业内网络改造
标识解析体系构建行动	到2020年建成5个左右标识解析国家顶级节点,形成10个以上公共标识解析服务节点,标识注册量超过20亿
平台建设行动	2020年前,遴选10家左右跨行业跨领域工业互联网平台,培育一批独立经营的企业级工业互联网平台。建成工业互联网平台公共服务体系。推动30万家工业企业上云,培育30万个工业APP
核心技术标准突破行动	2020年前,制定20项以上总体性及关键基础共性标准,制定20项以上重点行业标准,形成一批具有自主知识产权的核心关键技术,建立5个以上的技术标准与试验验证系统,推出一批具有国内先进水平的工业互联网软硬件产品
新模式新业态培育行动	到2020年前,重点领域形成150个左右工业互联网集成创新应用试点示范项目,形成一批面向中小企业的典型应用,打造一批优秀系统集成商和应用服务商
产业生态融通发展行动	2020年前,建设1~2个跨行业跨领域开发者或开源社区,建设工业互联网创新中心,培育5个左右集关键技术、先进产业、典型应用等功能于一体的工业互联网产业示范基地,持续优化工业互联网产业生态建设与空间布局

政策手段	预期实现目标
安全保障水平增强行动	2020 年前,安全管理制度机制和标准体系基本完备。企业、地方、国家三级协同的安全技术保障体系初步形成
开放合作实施推进行动	推进企业、产业组织以及政府间对话合作。通过成立工业互联网专项工作组、工业互联网战略咨询专家委员会,每年召开会议,研究讨论工业互联网发展重大事项。滚动开展工业互联网发展情况评估

资料来源：根据工业互联网相关规划整理。

大数据领域,在推动数据资源整合方面,主要通过政府数据资源共享开放工程、国家大数据资源统筹发展工程、政府治理大数据工程、公共服务大数据工程四大工程来推进。产业培育方面,主要采用了两类措施,一类是新兴业态,实施了大数据与相关产业,如新兴产业、现代农业的大数据工程;另一类大数据产业主体培育,主要实施了产业集聚区创建工程。在网络安全方面,推行了网络和大数据安全保障工程。标准体系方面,实施了重点标准研制及应用示范和大数据公共服务体系建设两项工程。

云计算领域,主要采取技术增强行动,从核心技术能力、标准体系、能力测评等方面提升技术水平。在产业发展方面,主要采取支持软件企业向云计算转型、培育骨干龙头企业、推动生态体系建设等措施。云计算的应用方面,主要通过积极发展工业云和政务云协同推进。同时,产业政策在云计算安全保障、市场监管等方面也匹配了相应措施。

人工智能领域,对智能产品培育,智能开发框架、算法库、工具集等研发,开源平台建设,人工智能应用、融合发展方面,均出台了相应的政策手段。如,智能产品的培育通过发展智能控制、培育智能理解产品、推动智能硬件普及等措施来促进。

物联网领域,《物联网发展专项行动计划》部署了包括顶层设计、标准制定、技术研发、应用推广、产业支撑、商业模式、安全保障、政府扶持措施、法律法规保障、人才培养专项十项行动计划和关键技术突破工程、重点领域应用示范工程推动物联网有序发展。

3. 新经济政策执行机构

为保证政策执行效果，除了制定相应目标和具体政策手段外，相关新产业政策将政策的执行分配给相关机构予以负责，形成了目标—手段—执行—效果评估的闭环。

工业互联网。该领域的十项行动计划均由相关责任部门负责，每项行动计划均有责任主体，这是政策得到落实的首要保证（见表3）。在推动政策落地方面，涉及机构最多，共17个，但具体负责内容各有差异。工业和信息化部负责落实开展工业互联网网络安全、平台责任、数据保护等以及新兴应用领域信息保护、数据流通、政府数据公开、安全责任等法律问题研究，开展工业互联网相关法律、行政法规和规章立法工作。工业和信息化部、国家发展改革委、科技部、财政部、商务部、应急管理部、市场监督管理总局、知识产权局、国防科工局等部门共同负责构建融合发展制度，深化简政放权、放管结合、优化服务改革，激发各类市场主体活力。包括：建立部门间高效联动机制和中央地方协同机制，促进跨部门、跨区域系统对接；健全协同发展机制，壮大工业互联网产业联盟等产业组织，联合产业各方开展技术、标准、应用研发以及投融资对接、国际交流等活动。财政部、税务总局、国家发展改革委、科技部、工业和信息化部等部门研究制定支持工业互联网总体方案并上报国务院；通过工业转型升级资金启动支持工业互联网建设；落实固定资产加速折旧等相关税收优惠政策。中国人民银行、银保监会、证监会、国家发展改革委、财政部、税务总局、工业和信息化部负责推动银行业金融机构探索数据资产质押、知识产权质押、绿色信贷、"银税互动"等在工业互联网领域的应用推广；推动非金融企业债务融资工具、企业债、公司债、项目收益债、可转债等在工业互联网领域的应用；支持保险公司根据工业互联网风险需求开发相应的保险产品。教育部、科技部、工业和信息化部、人力资源和社会保障部、知识产权局、卫生健康委、国家发展改革委、财政部、国资委负责依托国家重大人才工程项目和高层次人才特殊支持计划，引进一批工业互联网高水平研究性科学家和高层次科技领军人才，建设工业互联网智库；建

立工业互联网高端人才引进绿色通道，完善配套政策；完善技术入股、股权期权激励、科技成果转化收益分配等机制。

表3　工业互联网行动计划责任部门

行动计划	责任部门
基础设施能力提升行动	工业和信息化部、国家发展改革委、财政部
标识解析体系构建行动	工业和信息化部、国家发展改革委、财政部
工业互联网平台建设行动	工业和信息化部、财政部、国资委
核心技术标准突破行动	工业和信息化部、市场监督管理总局（国家标准委）、科技部、财政部、知识产权局
新模式新业态培育行动	工业和信息化部、国家发展改革委、财政部、商务部、国防科工局、国资委
产业生态融通发展行动	工业和信息化部、科技部
安全保障水平增强行动	工业和信息化部、国家发展改革委、财政部
开放合作实施推进行动	工业和信息化部
加强统筹推进	工业和信息化部
推动政策落地	工业和信息化部、国家发展改革委、科技部、财政部、商务部、应急管理部、市场监督管理总局、知识产权局、国防科工局、税务总局、中国人民银行、银保监会、证监会、教育部、人力资源和社会保障部、卫生健康委、国资委

资料来源：根据工业互联网相关规划、行动计划整理。

在大数据、云计算、人工智能等领域，财政部、科技部主要发挥中央财政资金引导作用，政策性银行、产业投资机构和担保机构则针对相关产业的特征、具体产品和服务，开发合适的金融创新产品，加大授信支持力度，简化办理流程等，对新经济产业进行金融支持。政府相关部门，主要针对新经济应用，如大数据服务、云计算、人工智能产品等方面，加大采购力度和应用推广。教育部、科研机构、人力资源和社会保障部、高校、企业则主要针对人才培养、引进制订可执行计划，促进人才培养与企业需求匹配。除以上基础措施外，物联网建立了物联网发展部际联席会议制度，以做好部门、行业、区域、军民之间的统筹协调，加强对重大政策和重大问题研究。物联网专项行动计划执行机构详见表4。

表 4 物联网专项行动计划执行机构

专项行动计划	牵头部门
顶层设计	国家发展改革委、工业和信息化部
标准制定	国家标准委
技术研发	科技部
应用推广	工业和信息化部、国家发展改革委
产业支撑	工业和信息化部
商业模式	工业和信息化部
安全保障	工业和信息化部、国家发展改革委、公安部
政府扶持措施	国家发展改革委、工业和信息化部
法律法规保障	工业和信息化部
人才培养	教育部

资料来源：根据物联网专项行动计划整理。

4. 新经济政策效果

工业互联网。工业互联网进入实质性落地阶段，技术体系、基础设施日益完善，网络层和平台层快速发展。区域性工业互联网平台、行业性工业互联网平台均得到快速发展，到 2018 年 3 月，中国工业互联网平台数量超250 家，工业互联网平台的竞争不断升级。国家级跨行业、跨领域平台由于存在稀缺性，竞争优势有所增强，积累到一定数据量后有望实现平台级发展。标识解析体系建设快速推进。据 2019 年 2 月工业互联网产业峰会上工业和信息化部部长苗圩的讲话，中国已经初步建立五大国家顶级节点、十个行业和区域的二级节点。工业 APP 的承载基础不断加强，应用场景不断扩展。工业互联网作为新一代信息技术与制造业深度融合的产物，不仅能为制造业乃至整个实体经济数字化、网络化、智能化升级提供新型网络基础设施支撑，还催生了网络化协同、个性化定制、服务型制造等新模式新业态，有力促进了传统动能改造升级和新动能培育壮大。我国工业互联网应用正由家电、服装、机械等向飞机、石化、钢铁、橡胶、工业物流等更广泛领域普及。

大数据。据《大数据发展调查报告（2018）》，2017 年中国大数据产业

总体规模为 4700 亿元人民币，同比增长 30%；2017 年大数据核心产业规模为 236 亿元人民币，增速达到 40.5%，预计 2018～2020 年增速将保持在 30% 以上。大数据应用占比同比提升 4.5 个百分点[①]。"互联网 + 教育""互联网 + 医疗""互联网 + 文化"等民生保障的大数据一体化体系已经显现出巨大的生活便利，体现出大数据战略坚实落地。

物联网。2017 年以来，我国物联网数据规模及多样性持续扩大，行业生态体系逐步完善，细分领域创新成果不断涌现，产业技术和应用发展进入落地关键期。工业和信息化部数据显示，截至 2018 年 6 月底，全国物联网终端用户已达 4.65 亿户，我国物联网市场规模突破万亿元，物联网云平台成为竞争核心领域。物联网细分领域热度出现分化，技术演进驱动应用产品向智能、便捷、低功耗方向发展。我国物联网重点上市企业营收达 4833.8 亿元，同比增长 20.7%[②]，创近五年新高。国家级品牌建设初获成果。但是，从主要环节服务商发展情况看，传感器/芯片提供商这一领域技术水平较发达国家还有很大差距，特别是在高端产品市场。应用设备提供商发展快，但是以中小企业为主。软件应用开发商主要针对特定行业的企业，提供专业性的软件产品及解决方案。系统集成商集中于某一行业领域，缺乏关注多行业的大型公司。物联网运营商还未发展起来。

云计算。2017 年，国内云服务市场规模已达 640 亿元人民币，增速为 28%。我国云服务市场增速已超过国际市场。从三种类型的云平台发展看，IaaS 是我国云服务市场增长的主要动力。2017 年已达 234 亿元，占比 37%，2014～2017 年复合增长率超过 40%。我国 IaaS 市场目前呈现出寡头垄断格局，国内市场阿里云一家独大，份额达到 40.67%，中国电信和腾讯紧随其后。PaaS 市场相比 IaaS 和 SaaS 规模较小，但 PaaS 市场增速较快，PaaS 市场 2017 年增速达到 28.6%，超过云服务市场平均增速，PaaS 市场格局呈现出百家争鸣的状态，尚无具备绝对优势的龙头企业。SaaS 市场规模持续增

---

① https://www.sohu.com/a/229870248_465915.

② http://www.elecfans.com/d/777725.html.

长，2017 年市场规模已达 452 亿元，同时企业付费客户增长 91%①。

人工智能。从企业数量看，截至 2018 年底，全球共成立人工智能企业 15916 家，我国人工智能企业数量为 3341 家，位居世界第二②。从技术领域来看，中国人工智能企业的应用技术更集中于视觉和语音，而基础硬件占比偏小。从人工智能在行业的应用上来看，包括智能驾驶、无人机、AR/VR、大数据及数据服务等垂直领域的应用是国内外人工智能企业的主攻方向，但从占比上，国外要比国内高出 31%。从人才储备看，在人工智能人才的投入上，美国以累计 28536 人独占鳌头，占世界总量的 13.9%。中国位居世界第二，累计达 18232 人，占世界总量的 8.9%。而国际人工智能杰出人才大多投身于美、英、德、法、意等少数发达国家，中国等发展中国家的杰出人才比例明显偏低。中国在人工智能杰出人才数量上的占比是人工智能人才总量前十国家中最低的，仅占到本国人工智能人才总量的 5.4%，而其他领先国家的杰出人才占比均在 11.9%③以上。

三 中国新经济产业政策对中美合作的影响

中国的新经济政策在于发展新经济产业，培育相关产业体系，促进新产业与其他产业深度融合，为中国经济增长增添活力。从目前新经济在全世界内的发展状况看，中国新经济部分行业、部分领域在世界排名靠前，比如，物联网企业数量位居世界第二；阿里云在全世界云市场占有率排名前五。中国针对新经济的产业政策，对新经济的发展无疑能够起到推动作用。

新经济领域的基础设施相关产业政策，加速了网络基础设施的建设、布局和升级，为新经济、新业态的发展提供了良好的基础设施环境，这无疑会加快新经济向各领域的深度融合。而其中政府部门新经济采购和政府

① http://www.chyxx.com/industry/201803/619747.html.
② 《中国新一代人工智能发展报告 2019》，2019。
③ 《中国人工智能发展报告 2018》，2018。

的大力推进，会加快新经济的应用推进速度，为新经济产业发展提供更多数据、更多应用场景，有利于新经济相关产业发展。针对新经济的产业培育政策，有利于为新经济发展提供发展的良好土壤，加速新经济企业的成立和成长。针对新经济领域的相关产业扶持政策，比如相关基金、专项项目等，有利于集中科研机构、企业、高效等科研能力，进行项目攻关，有利于关键核心技术的突破。针对新经济的金融扶持，如银行、保险等金融机构针对新经济产品、业态开发的新金融产品，有利于缓解产业发展所需的资金约束。从这些角度看，新经济产业政策有利于中国相关产业的发展，提升产业整体竞争力，从而对美国相关产业构成竞争。但是，从目前的市场看，中国和美国的相关产业存在细分市场差异，中国在应用领域发展的新业态多，而基础硬件领域则发展少；中国在单个行业的应用设备提供和解决方案方面较有优势，而针对多行业的系统集成商则相对较少。因此，目前中国的新经济产业对美国不能构成实质性竞争，但是部分企业之间的竞争加剧，会影响中美企业之间的合作；关键基础技术领域，中美之间的合作仍然是大趋势。

中国对新经济相关产业均提出加强知识产权保护方面的政策，知识产权也是一直是中美贸易争端的焦点之一。美国白宫贸易与生产制造政策办公室的研究称，中国在经济上的行为威胁到了美国及全世界的科技与知识产权，列出了中国的六类"经济侵权"战略，其中，第五项为从包括美国在内的其他国家获得关键技术与知识产权战略①。美国针对这些莫须有的战略，实行贸易保护，对中国相关产品征税，体现了美国对中国技术进步及可能对其带来的威胁的担忧。据《中国产业竞争力报告2018》的新经济指数排名，中国排名第二，仅次于美国。2008年全球金融危机后，世界经济复苏乏力，包括美国在内的发达国家均在寻找新的动能，希望能够重振制造业雄风，为了在新经济领域继续保持领先，美国可能会对其他国家从多方面施压，其中，对中国，知识产权仍然会是关注的焦点。这从近两年中国企

---

① https：//baijiahao. baidu. com/s？ id = 1605581243361271965&wfr = spider&for = pc.

业遭到来自美国的调查可见一斑。无论是出于对中国企业自身产权保护，还是出于应对美国的无端骚扰，尊重知识产权、加强产权保护百利而无一害。中国近年来十分重视知识产权的保护，在该方面已经取得了实质性的进步，相继出台、完善了相关法律，目前，国家、社会层面逐步形成了尊重他人知识产权、禁止侵犯的法律意识。但是，在法律执行层面做得仍有不够，这一方面可能会成为中美合作的障碍，另一方面，长期以来会不利于自身能力积累和技术进步。有法可依是第一步，下一步还必须做到有法必依、执法必严。因此，加强在知识产权保护方面的执法，将为中美的长期合作营造良好的环境。

新经济政策的保障措施中，均提到优化发展环境、加强国际交流合作。其中加强与共建"一带一路"国家的合作是重要内容。如人工智能产业提出要充分利用双边、多边国际合作机制，抓住"一带一路"建设契机，鼓励国内外科研院所、企业、行业组织拓宽交流渠道，广泛开展合作，实现优势互补、合作共赢。进一步扩大开放，尤其是与发达国家的交流有利于技术溢出，实现技术进步，扩大合作范围，对美国而言，合作环境更加友好；而对中国而言，更广泛的国际合作则有利于减少对美国及美国市场的单方面依赖。

四　中国新经济政策的未来走向

中国新经济产业政策实施取得良好成效，相关产业的基础设施、产业发展体系、产业发展环境等硬件条件得到很大程度的提升，基本完成了短期制定的目标。但是从核心技术的攻关看，基础技术、核心技术、基础硬件等方面的进展较为缓慢，而这些恰好是新经济产业发展的内核。从技术创新角度看，目前的政策对技术创新的促进作用未达到预期。这一方面说明，新经济领域的创新难度大，研发投资周期可能较长，短期的三年计划未能收到显著成效；另一方面说明，关于技术促进的政策本身的设计不够合理。新经济的特征是新，其本质是创新驱动，而新的一个体现就是创新方向之新。无论是

政策制定者，还是企业可能都无法预知未来创新的方向，发达国家同样如此。因此，未来针对新经济的产业政策，政府应该使用范围更广泛的政策，使政策相关行业与被规制的行业相比，能够为社会带来更多的学习效益，这样便能提升整个经济能力（张其仔，2018）。

从中国目前经济发展态势看，中国未来在世界经济中的比重会越来越大，引起的关注会越来越多，在逆全球化抬头的大环境下，中国面临的公平与不公平竞争将越来越激烈。但是，作为促进经济增长的重要手段之一，产业政策，如在包括发达国家在内的其他国家中一样，仍然将在中国经济发展中发挥重要作用。新的条件下，培育有自生能力的企业、世界一流企业，建设创新型国家是中国经济迫切需要解决的问题。中国全面深化经济改革也对产业政策的制定和实施提出了变革要求，这都要求中国产业政策必须开始转型。产业政策从选择性向功能性的转变，是中国未来产业政策发展的趋势，也是符合新经济特征和中国自身发展阶段的选择。未来新经济产业政策将逐步以鼓励创新和更加注重对产业环境的营造为主要关切点。在市场在资源配置中发挥决定性作用的同时，对创新的鼓励方式上，将更加注重合理的机制设计，以更好发挥政府作用。

从中国产业政策的演进看，中国未来的新经济产业政策不可能脱离中国全面深化改革的大背景，也不能脱离中国的整体制度背景。因此，从选择性产业政策突变为功能性产业政策的可能性极小。新经济产业政策未来的走向，应该会汲取中国改革成功的经验，遵循渐进式的步伐，逐步向功能性产业政策演进。

参考文献

蔡昉：《中国改革成功经验的逻辑》，《中国社会科学》2018 年第 1 期。

杜传忠、陈维宣、胡俊：《中国新经济发展存在的问题及监管思路》，《长白学刊》2018 年第 4 期。

江飞涛、李晓萍：《直接干预市场与限制竞争：中国产业政策的取向与根本缺陷》，

《中国工业经济》2010 年第 9 期。

江飞涛、李晓萍：《改革开放四十年中国产业政策演进与发展——建立中国产业政策体系的转型》，《管理世界》2018 年第 10 期。

张其仔：《第四次工业革命与产业政策的转型》，《天津社会科学》2018 年第 1 期。

张其仔等：《中国产业竞争力报告（2018）No. 7》，社会科学文献出版社，2018。

B.15
美国新经济政策分析

张航燕*

摘　要： 新经济是一种面向全球的可持续发展的经济，是以信息革命和全球化为基础的经济，也是产业结构不断调整和优化的经济。美国新经济开始于 20 世纪 80 年代，历届政府均十分重视以信息化为主的新经济对美国经济增长的突出作用，出台了大量新经济产业政策。从产业政策功效和特点来看，美国新经济产业政策以尊重市场机制和公平竞争基本原则为前提，政府发挥作用，营造最优产业发展环境，促使创新主体之间形成更为良好的竞争与合作关系，提高美国产业国际竞争力为主要内容的功能型和服务型政策工具。从 20 世纪 80 年代开始，美国新经济产业政策大致经历了突出产业创新与技术扩散、加强人才培养、聚焦先进制造业三个阶段。虽然三个阶段侧重各有不同，但是突出美国优先、保持美国领先地位的战略意图始终不变。特朗普上任美国总统之后，相继出台了《外国投资风险评估现代化法案》《出口管制改革法案》等法案对中美经贸合作产生了深远影响。强化美国优先，将中国作为美国"战略竞争者"，更加重视产业安全，采取多样化的手段加强对关键性技术的保护将是美国新经济产业政策未来走向。

关键词： 美国　新经济　产业政策走向

---

* 张航燕，中国社会科学院工业经济研究所副研究员，主要研究兴趣为财务会计、工业运行。

一 美国制定新经济政策的逻辑及政策属性

1. 美国新经济含义及特征

1996 年 12 月 30 日美国《商业周刊》发表一组关于新经济的文章。这组文章分析了 20 世纪 90 年代以来美国经济发展的轨迹，得出与以往大工业时期不同的发展趋势，凸显以信息网络技术为基础的知识经济，认为美国开始新经济时期，同时指出新经济是指以信息革命和全球化为基础的经济。1997 年 11 月 17 日，《商业周刊》再次载文指出，新经济并不意味着通货膨胀的消亡，不意味着永远不会再出现衰退，不意味经济周期已经不复存在，不意味着亚洲的金融危机不会影响美国。新经济指的是已经存在数年的两种广泛趋势：第一种是全球化；第二种是信息技术革命。新经济是一种面向全球的可持续发展的经济，是以信息革命和全球化为基础的经济，是产业结构不断调整和优化并迈上新台阶的经济。

原美国总统克林顿于 1997 年 2 月的一次公开演讲时说："新经济就是以知识为基础的知识经济，特别是以现代高新技术经济为基础的知识密集型经济。"美国财政部长劳伦斯·萨默斯说："新经济是建立在传统价值观之上的节俭、投资以及让自由市场自行发挥作用。"美国麻省理工学院教授、世界著名的经济学家保罗·克格鲁曼对新经济的解释较为谨慎，虽然他肯定新经济。他根据当时美国股市中与新经济概念相应的股份不断升高，媒体借此颂扬新经济的现象得出结论：新经济更多的是人们从股市的疯涨中感受到的，如果股市没有这么高的涨幅，人们根本就不会觉得新经济有如此美好[①]。保罗·克格鲁曼的观点得到日本、欧洲一些国家的经济学家和政治家的认同，认为新经济是利用股市上涨来掩盖泡沫经济的托词。总体而言，新经济主要呈现以知识为主要生产要素、以创新为核心、以信息网络技术为物质基础并且交易成本低的特征。

---

① 蔡则祥：《关于新经济的几个问题》，《兰州商学院学报》2000 年第 4 期。

美国新经济开始于20世纪80年代，历届政府均十分重视以信息化为主的新经济对美国经济增长的突出作用，出台了大量新经济产业政策，强调用科技创新来创造新的需求，由此激发了企业的创新精神，提高了国际竞争力，加快了其新经济的发展步伐。

2. 美国新经济政策制定的逻辑

20世纪70年代末，随着西欧和日本的崛起，美国钢铁、汽车等主导产业国际竞争力日趋减弱，而电子等新兴产业受到了严重的挑战，使美国政府不得不重新审视自己的经济发展战略，产业结构转型与升级由此被提上议程，产业政策在美国受到关注。为了维护美国在关键技术领域的领先地位，美国政府认为需要建立一套新的产业创新模式。例如，20世纪80年代里根政府采取了放松经济规制和减税等措施，推出了以技术创新为核心的产业政策，鼓励产业创新，开始了向以信息技术为核心产业转型过程。进入20世纪90年代，在经济全球化和新技术革命的背景下，克林顿政府更加重视产业政策的作用。1993年1月23日，克林顿签署总统令成立国家科学技术委员会（NSTC），在宏观上制定美国科技与产业发展战略。进入21世纪后，NSTC在2004年7月提出的《为了21世纪的科学》以及2006年1月31日布什宣布的《美国竞争力计划》，都从国家利益角度，明确提出要保持美国创新力和科技水平的领先地位。于是，适应美国市场经济的特点，以促进创新为核心的产业政策应运而生。

美国制定新经济产业政策的理论依据是基于市场失灵理论。传统产业政策制定的理论依据主要有市场失灵理论和赶超理论。市场失灵理论认为，由于市场机制存在诸如垄断、外部性、信息不对称等问题不能实现资源有效配置，因而需要政府制定产业政策进行干预。而赶超理论则从后发国家在劳动力成本、引进技术、规模经济等方面存在的"后发优势"出发，提出通过实施产业政策加快产业结构转换，进而实现快速追赶的发展目标。20世纪末以来，随着人们对市场失灵的认识逐步深化，制定产业政策的理论依据也得到拓展。罗德里克（Rodrik）和豪斯曼（Hausmann）等人从市场存在的"信息外部性"和"协调外部性"两方面缺陷阐述了产业政策的依据。由于信息外部性和协调外部性的存在，政府需要通过产业政策对建立新产业及其相关创新活动进行必要的支持，以保持产业不断进步的动力。美国新经济产业政策制定的依据是建立在其高度市场经济基础上的，对市场失灵领域补充和市场机能拓展，促进了产业创新活动。例如，1991年美国出台的《国家的关键技术》指出，信息产业是一个知识、技术密集型的产业，其发展的核心在于掌握先进的技术。1993年《国家信息基础设施的行动纲领》明确提出实施"信息技术产业政策"和建设"信息高速公路"计划。通过建立高性能的数字化大容量光纤通信网络，将高校、企业和研究机构、政府部门的计算机联网，从而加强产—学—研的协作，促进信息科技的研发创新，推动科技成果产业化。1996年颁布新的电信法案修改原有法律条款中涉及阻碍自由、开放、竞争方面的内容，引入竞争机制，减少企业发展中不合理的体制束缚，促进信息产业的自由竞争。2000年发布了《面向21世纪的信息技术计划》以开发先进的互联网技术满足高等教育的研究和教学的需要。2010年实施《国家宽带计划》，投资巨额资金用于发展宽带建设和无线互联网接入。国家宽带计划一方面使美国保持全球领先的高端技术优势，另一方面促进信息产业的基础设施建设，加快信息产业发展成果在全美的普及和发展。

美国新经济产业政策整体来看是一种功能型产业政策。依据功效不同，产业政策可以分为选择型产业政策（selective industrial policy）和功能型产业政策（functional industrial policy）。选择型产业政策源于贸易保护和产业保护的需要，它是指政府通过选择赢家，通过补贴、税收、金融甚至行政干预等手段促进产业发展目标的实现。这种产业政策存在由信息不对称和寻租行为而产生政府失灵的风险。功能型产业政策则从宏观角度，通过变革制度环境、完善金融市场、放松管制、资助研发和培训来改善投资环境，促进产业发展。由于缺乏针对性，选择型产业政策对于实现既定产业发展目标的作用过程非常缓慢。功能型产业政策则以创新能力建设为核心，对提升产业的国际竞争力起着重要的推动作用。与选择性产业政策相比，功能型产业政策有这样几个特点。①产业政策定位于对市场功能的补充和拓展，是一个通过

政府与私人部门密切合作、共同克服信息问题和协调问题的过程。②产业政策的对象不是针对某些特定产业，而是聚焦于产业创新能力的建设，通过对技术、市场信息、金融资本、基础设施、人力资本等要素的协调，分担创新活动的风险和成本，以增强企业"自我发现"的能力，从而促进产业创新活动。③在操作方式上，功能型产业政策是"匹配赢家"而非"选择赢家"，即通过政府与企业的双向互动、体验和学习，发现瓶颈，通过完善创新的制度环境，提供搜索网络和信息整合平台，使企业在创新过程中很快能找到相关的人或组织来解决需要解决的问题，不断提升对新环境的适应能力①。从功能型产业政策功效和特点来看，美国新经济产业政策以尊重市场机制和公平竞争基本原则为前提，政府发挥作用，创造良好的制度环境，促使创新主体之间形成更为良好的竞争与合作关系，在产业政策工具选择上主要采用的是功能性、服务性政策工具，如完善市场经济制度体系，创造良好的营商环境，对基础科学研究与基础、通用技术研究开发的支持，重视产业技术人才的培养与劳动者技能的提升等。②

具体而言，美国新经济产业政策是一种多维保障、多维支撑以营造最优产业发展环境为目标的复杂体系。美国新经济产业政策从基础技术研发、知识产权保护、财税补贴、监管、人才培养、区域发展等方面入手，多管齐下，充分发挥其战略引领作用。例如，生物医药产业，美国政府通过研发资金支持政策、专利保护政策、新药审批许可政策、药品监管政策、药品定价和费用补偿政策、区域发展政策等一系列制度安排，为美国生物医药产业提供了极为有利的发展环境，成就了美国生物医药产业在全球的领导地位。

二　美国新经济政策的主要内容及其变化

从 20 世纪 80 年代开始，美国新经济政策大致经历了三个阶段，虽然三

---

① 金乐琴：《美国的新式产业政策：诠释与启示》，《经济理论与经济管理》2009 年第 5 期。

② 江飞涛、李晓萍：《产业政策中的市场与政府——从林毅夫与张维迎产业政策之争说起》，《财经问题研究》2018 年第 1 期。

个阶段侧重各有不同，但是突出美国优先、保持美国领先地位的战略意图始终不变。

1. 突出产业创新与技术扩散阶段（1980～1999）

20 世纪 80 年代至 90 年代末，美国产业政策聚焦关键技术领域。20 世纪 80 年代里根政府推动了以技术创新为核心的产业政策，鼓励产业创新，开始了向以信息技术为核心产业转型过程，到 20 世纪 90 年代克林顿执政期间，美国完成了以传统制造业改造、高新技术产业扩张产业转型。

1988 年美国实施制造业扩展伙伴计划（MEP），侧重于通过建立区域性制造业技术服务与转移中心，将联邦实验室、高校和企业中产生的新技术与方法，以技术服务的方式，直接转移到中小型制造企业中。先进技术计划（ATP）是美国政府于 1990 年开始实施的一项旨在推动高技术成果商品化的官产共同投入的合作计划，也是体现美国推行关键技术发展战略的一项重要计划。ATP 通过费用分摊和竞标的形式，提供有限的资金帮助美国企业创造和应用共性技术及其研究成果，加速各种竞争前共性技术的开发，使重大的新的科学发现和技术能迅速商业化，以帮助美国企业提高其竞争地位，促进美国经济增长。克林顿政府加大经费支出，有效推动了美国经济增长。1990 年布什政府开始执行这项计划时，联邦政府拨付的经费仅有 1000 万美元，到了 1992 年经费也只有 4700 万美元。克林顿政府不仅增设了重点计划领域，而且增加经费，1994 年经费达到了 2.89 亿美元，1997 年更是达到了 7.5 亿美元①。

2. 加强人才培养阶段（2000～2007）

21 世纪初，美国国内在经历十年的繁荣期后逐步陷入经济衰退期，经济萧条所带来的就业问题成为美国国内日益突出的社会矛盾。21 世纪以来至金融危机爆发前，美国新经济产业政策重视人力资本培养以适应新兴产业

---

① 张保明：《促进美国经济增长的重要计划——美国先进技术计划（ATP）》，《国外科技动态》1995 年第 11 期。

对于高技能劳动力的需要，美国试图通过对新兴领域的扶持和创新人才的培养来提高国家竞争力。

2001 年美国发布《国家纳米战略》《国家能源政策报告》《国家氢燃料研究计划》，将纳米和新能源列为战略性新兴产业的优先领域；2004 年发布《创新美国》，2005 年发布《超越风暴》，2006 年发布《美国竞争力计划》，特别是 2007 年美国总统签署了"美国促进杰出技术、教育和科学之机会创造法"（简称美国"竞争"法），该法规终止了 ATP 项目，但是仍然允许对之前已经资助和 56 个 2007 年新获批准的项目继续支持，取而代之的是另一个计划：技术创新计划（Technology Innovation Program，简称 TIP）。这些法规作为美国创新能力建设的行动议程，明确基础研究和人才培养是美国国家竞争力提升的核心内涵，而支持基础科学研究和构建多层次的产业技术创新人才培养体系成为提升美国国家竞争力的重要产业政策工具。TIP 项目在资助重点、资助方式和组织模式等方面相比 ATP 都有显著的变化（见表 1）。

表 1　ATP 与 TIP 计划重要差异

	ATP	TIP
资助对象	对具有高风险性质的计划进行资助，"高风险性"着重于技术面的挑战及若欲成功解决技术问题所进行的技术研究议题，须能由先前技术跨越障碍并达成重大进展	高风险、高回报性质的计划，"高风险、高回报"计划带有战略性色彩，即技术研究必须能回应国家重点需求领域所面临的问题和社会挑战
资助条件	产业界必须独立或以合资方式共同提出申请；合资方式申请者，包括非营利性研究机构、大学、NIST 以外的国家实验室；以资助中小企业为主，未禁止资助大型企业，但金额有限；以合资方式申请资助者，其主导者必须为企业或非营利研究机构，不得为大学或国家实验室	产业界必须独立或以合资方式共同提出申请；仅资助中小企业，大型企业可以参与 TIP 计划的合资，但不得获得资助；以合资方式申请资助者，除企业外，高等院校也可以为领导者
管理机构特征	纵向管理为主	水平管理，跨学科、跨领域的交叉矩阵式管理

续表

	ATP	TIP
知识产权归属	研究成果获得的知识产权必须归属于美国企业	研究成果取得的知识产权归属不受限制,可归属于任何参与合资的单位,包括大学和非营利性机构
资助金额	对单一企业的研究计划,总经费不超过 200 万美元,最长不超过三年;对联合申请项目,最长不超过 5 年,资助金额无上限	对单一公司的项目,总经费不超过 300 万美元,时间不超过三年;对联合申请项目不超过 900 万美元,时间不超过 5 年
其他内容	大型企业必须负担至少 60% 的研究费用;以联合方式申请 ATP 虽无资助金额的上限,但是必须负担 50% 以上的研究费用;不符合 ATP 目标的费用,不予资助,如:建造新的建筑物或现有实验室的改造或增建、单一公司的非直接费用、管理费用、借款利息、投标和申请费用、委托市场调查或拟定商业化计划的费用	资助金额不得超过计划总费用的 50%;资助的项目限于与计划有关的直接费用

资料来源:吴晓隽、罗楚《从 ATP 计划到 TIP 计划看美国产业技术研发政策的变化及启示》,《科技管理研究》2013 年第 11 期。

3. 聚焦先进制造业阶段(2008年以后)

2008 年美国金融危机爆发,引发全球经济衰退。美国由于产业空心化和过度金融化而陷入经济停滞和高失业率的困境。奥巴马政府重新强调"振兴制造业"的基础理念,出台一系列"再工业化战略"引导美国向实体经济回归。

2009 年,美国政府为刺激经济,出台了复苏经济的一揽子计划方案——《美国复苏与再投资法案》(ARRA 法案),旨在加强科技研发、人才培养和基础设施建设投入,激发国家的创新潜力,促进美国的经济复苏与可持续发展。2011 年提交的《确保美国在先进制造业的领导地位》报告中,提出确保美国全球制造业领先地位的创新政策、路径和行动建议,宣布成立"先进制造伙伴"计划(AMP),创造条件鼓励产业界联合学术界和联邦政府识别并拓展合作机会,激发先进制造业的创新潜力。2012 年 2 月,美国

国家科学技术委员会（NSTC）发布《先进制造业国家战略计划》，确立三大原则和五大目标，从顶层的战略设计层面提出实施美国先进制造业的创新政策方向，倡议要建立健全制造业合作伙伴关系。2012年7月，"先进制造伙伴"计划指导小组发布《抓住国内先进制造业竞争优势》（AMP1.0），着手打造支持先进制造业的创新系统，正式提出创建"国家制造业创新网络"（NNMI）的设想。在2014年10月发布的《加速美国先进制造业发展》（AMP2.0）报告中，不仅强调要加快推进先进制造业合作伙伴步伐，而且细化了具体方案，提出了更具操作性的NNMI组织、运行和评估细则。2014年底的《美国制造业及创新的复兴法案》（RAMI）正式授权国家标准技术研究院（NIST）成立国家制造创新网络（NNMI），作为在全国范围内建设的促进产学研合作的技术服务网络，以支撑国家先进制造的发展。

2018年10月，美国国家科学技术委员会（NSTC）发布《美国先进制造业领导战略》报告，报告展示了新阶段美国引领全球先进制造的愿景，提出开发和推广新的制造技术；教育、培训和集聚制造业劳动力；扩展国内制造供应链能力三大任务，以确保美国国家安全和经济繁荣。针对每个任务，报告确定了若干个战略目标、相应的一系列需要优先发展的任务。由美国国防部、能源部、商务部、卫生部、科学基金会、宇航局、教育部等多个部门负责参与实施。《美国先进制造业领导战略》将"技术、劳动力、供应链"作为保障先进制造业领导地位的核心要素，既提出了目标，又明确了路径，是联邦各机构制定具体计划的上位战略规划。表2列示了《美国先进制造业领导战略》主要内容。报告还对2012年《先进制造业国家战略计划》实施进展情况进行了评估，总结了6年在推进技术研发、完善教育与培训体系、建立多类型的公私合作机制、优化投资模式、提升公私投资强度和投资比例等方面取得的进展，肯定了美国制造业计划（Manufacturing USA）框架下，14个美国制造业创新中心（研究所）成立后在促进技术发展、与中小企业合作、培训制造业劳动力等方面取得的成绩。

表 2   《美国先进制造业领导战略》主要内容

	战略目标	优先发展任务
开发和推广新的制造技术	抓住智能制造系统的未来	智能和数字制造、先进工业机器人、人工智能、工业网络安全
	开发世界领先的材料和加工技术	高性能材料、增材制造、关键材料
	确保通过国内生产制造获得医疗产品	低成本的分布式制造、连续制造、组织和器官的生物制造
	保持电子设计和制造领域的领先地位	半导体设计工具和制造、新材料、器件和架构
	增加粮食和农业制造业机会	食品安全加工、检测和可追溯性、食品安全生产和供应链、改善生物基本产品功能并降低其成本
教育、培训和集聚制造业劳动力	吸引和发展未来的制造业劳动力	以制造业为主的 STEM 教育、制造工程教育、实务界和学术界的伙伴关系
	更新和开拓职业技术教育途径	职业和技术教育、培养熟练的技术人员
	推动学徒制和获得行业认可资质	制造业学徒计划、学徒和资质认证登记制度
	将技能工人与需要他们的行业相匹配	劳动力多样性、劳动力评估
扩展国内制造供应链能力	提高中小制造企业在先进制造业中的地位	延长供应链、网络安全外延及教育、公私合作伙伴关系
	鼓励制造业创新生态系统	制造业创新生态系统、新业务的形成和发展、研发转化
	加强国防制造业基础	军民两用、购买美国制造、利用已有机构
	加强农村先进制造业	促进农村先进制造业、资本准入和商业援助

资料来源：作者整理。

三   美国新经济政策的最新变化对中美合作的影响

特朗普上任美国总统之后，推行"让美国再次变得强大""美国优先"的"特朗普新政"。在对内经济政策方面，特朗普政府积极推动减税、加大基础设施投资、放松金融监管、发展传统能源等措施，加速"制造业回流美国"，创造就业岗位，提振美国经济。在对外经济政策方面，宣布退出或重谈多边贸易协定，采取多样化的贸易保护措施，推行严苛的移民政策，以改善对外贸易逆差，重新定位美国在全球贸易与生产体系中的责任与权利。特别是，美国相继出台了《外国投资风险评估现代化法案》《出口管制改革

法案》等法案对中美经贸合作产生了深远影响。

1. 美国投资审查限制

2018 年 8 月 13 日，美国《外国投资风险评估现代化法案》（FIRRMA）作为 2019 财年《国防授权法案》（NDAA）的一部分，正式由美国总统特朗普签署生效，该法案包含了针对美国外资审查机制的诸多重大改革。①

FIRRMA 是美国外资投资委员会（CFIUS）历经的第四次立法改革，主要包含以下几点核心内容。首先，扩大了 CFIUS 的管辖范围。在以往的实践中，股权比例少于 10% 的被动投资不会受到 CFIUS 的审查，但根据新法案，即使投资者持股不超过 10%，但只要可能获得美国企业的非公开技术信息、董事会成员或观察员权利以及涉及关键技术、关键基础设施或美国公民敏感数据，就属于受审范围。此外还包括靠近港口等敏感军事区的房地产投资、外国投资人就其投资的美国业务享有的权利变更以及某些旨在规避 CFIUS 审查的交易。

其次，修订了 CFIUS 的审查程序。一是新增简易申报选择，允许交易双方在正式的完整书面通知前，先提交一份关于交易基本信息的不超过 5 页的简短通知。二是规定任何由外国政府控制的投资者对美国公司超过 25% 股权的投资，均须强制申报。三是延长审查时限，审查期从 30 天延长至 45 天，其后的 45 天调查期维持不变但允许在"特殊情况"下额外延长 15 天。四是授权 CFIUS 对提交书面通知的交易收取不超过交易价值的 1% 或 30 万美元的申报费用。此外，增强了 CFIUS 的审查权力。如授权 CFIUS 建立某种机制来识别属于其管辖范围但没有提交简短通知或正式通知的交易；授予 CFIUS 中止交易权和豁免权，即可在审查期或调查期内暂停交易而无须获得总统指令，还可自行决定免除对某些交易的审查。

总之，经过这一轮的改革，CFIUS 在审查外国投资时所拥有的审查范围更广、审查权力更大、审查程序更复杂，这意味着美国的外资准入政策发生

---

① 美国对外资的监管开始于 20 世纪 70 年代美国外资投资委员会（CFIUS）的成立，作为审查外资安全风险的专门机构，CFIUS 在历次改革中逐步从一个调研咨询机构扩张为如今权能强大的外资进入的"守门人"。

了趋向严厉的重大变化。尽管这一改革对所有外国投资同等有效，但由于近年来中国赴美投资急剧增加，因而中国投资所遭遇的安全审查数额越来越多。特别是自 2017 年 11 月美国明确否定中国市场经济地位以来，中美经贸关系急转直下，投资领域正悄然成为美国在经济上压制中国的新领域[①]。

2. 出口管制

作为美国政府针对特定国家实施经济制裁的手段之一，出口管制是指美国相关政府部门出于国家安全、反恐以及高新技术保护等目的，限制（许可证）或禁止向某些特定目的地出口含有美国成分产品的制度。美国出口管制的核心在于对物项最终用户和最终用途的控制，即全面控制原则。2018 年 11 月，美国国会通过《出口管制改革法案》（ECRA），该法案在原有的《出口管理条例》（EAR）的基础上，拟制将出口管制扩展到新兴和基础技术的出口、再出口或转让层面。ECRA 法案背后的主要政策动机之一是加强美国的出口和投资控制，以解决关键技术向最终用途、最终用户和目的地转移的担忧。ECRA 背后的另一个动机是为《出口管理条例》建立永久的法定效力。EAR 是 1979 年的出口管理法案，其法定效力早已经不复存在。ECRA 基本上保留了 EAR 自 1979 年以来发展起来的实践、政策和定义。它还使美国商务部工业和安全局（BIS）执法官员有更多权力调查可能违反 EAR 的行为。同时，ECRA 扩大了确定受出口管制的项目的方式，这将对美国国家安全至关重要的新兴和基础技术实施额外限制，例如潜在的人工智能、机器人技术和其他技术。ECRA 建立了一个定期的、持续的跨机构识别流程，旨在"识别新兴和基础技术"。ECRA 禁运措施并非仅限于高科技商品，而是涵盖美国开发、生长或制造的任何及所有物品。[②]

ECRA 的出台无疑增大了那些经营美国商品、许可使用美国技术或软件、雇用美国人作为员工、在美国有业务的中国企业遭受严厉的美国执法行动风险。

---

① 李巍、赵莉：《美国投资审查限制：中美经贸摩擦新领域》，《中国经济时报》2018 年 9 月 28 日。

② http：//www. ccpithebei. com/web/main/sfpx/402886a468db19430168e615e3681253. htm.

3. 实体清单

实体清单是美国为维护其国家安全利益，作为出口管制的一个重要手段。实体清单于1997年2月由商务部首次发布，内容包括实体（企业、研究机构、政府和私人组织、个人以及其他类型的法人）的名称、地址、受限类型等相关信息。一旦进入此榜单实际上是剥夺了相关企业在美国的贸易机会。由于美国在经济、科技等领域处于强势主导地位，欧盟、日本、韩国、我国台湾等科技发达国家和地区的底层核心技术大多依赖美国，美国的制裁将使被制裁企业的合作伙伴被迫站队、划清界限，被制裁企业会遭到技术封锁和国际供应链隔离。2019年5月16日，美国商务部产业与安全局（BIS）将华为及其非美国附属68家公司纳入"实体清单"。全球供应链网络让国家之间、企业之间形成了相互依赖的共同体，华为生产的不仅是手机或者电信设备，客观上在组织全球性电信设备的生产。华为在全球电信设备的市场中占有28%的份额，已经远远超过全球第二、三大巨头爱立信和诺基亚。华为的背后是相互依赖的复杂供应链，其中包括诸多美国企业。美国禁止华为从美国公司购买零部件或软件，而且也禁止外国公司将含有美国零部件的产品卖给华为，势必会影响华为的全球业务，进而影响全球整个供应链。

四　美国新经济政策的未来走向

强化美国优先，将中国作为美国"战略竞争者"。事实上，美国从18世纪独立建国到现在，美国政府的产业政策一直以不同形式存在，表现为战略计划、咨询报告、发展战略、政策评估等形式，并由其立法机构、行政机构和司法机构共同实施。以TIP为例，TIP资助的对象以在美国设立且在美国境内从事主要业务的中小型企业为主，外国企业若要获得资助必须符合美国利益。又如20世纪末，美国政府将量子信息列为"保持国家竞争力"计划的重点课题，持续支持。2017年1月，特朗普在总统就职演说中再次阐述了"美国优先"的施政理念。提出"每一个关于贸易、关于税收、关于移民、关于外交的决定，都会为了美国工人和美国家庭的利益而做出。"进而提出"将遵循两条最简单的原则——买美国商品，雇美国工人"。与奥巴马执政后不断强调要恢复美国在世界上的"领导地位"不同，特朗普上台后并不愿过多宣扬"美国领导世界"的理念，而更为注重"领导实力"，减少"领导成本"，调动各种力量为实现"美国优先"的施政目标而服务。而美国《国家安全战略》对中国作为美国"战略竞争者"的新定位从根本上奠定了美国对华投资政策的负面基调。与此对应，美国对华战略定位也发生了变化，自中美建交以来双方战略关系的总体基调以"合作伙伴"为主，但自特朗普政府执政以来，美国已多次公开明确地称中国为"战略竞争对手"。

更加重视产业安全，采取多样化的手段加强对关键性技术的保护。从美国在国际体系中的整体经济与安全利益来看，为遏制中国的技术赶超与产业升级，行政部门主导下的 CFIUS 将更频繁地借国家安全之名对中国科技企业实施战略打击。FIRRMA 要求美国商务部部长在法案生效后到 2026 年间，每 2 年向国会和 CFIUS 提交中国对美投资的分析报告；指示 CFIUS 建立与盟国和伙伴监管机构的信息共享机制。此外，《外国投资风险评估现代化法案》对"国家安全""关键技术""关键基础设施"等核心概念的解释不够明晰，意味着 CFIUS 拥有自由裁量权，可以更轻易地对特定投资施加主观限制。对美投资会面临更严格、更频繁、更具针对性的审查限制，特别是在人工智能、虚拟现实、机器人、大数据分析、半导体等敏感技术领域，即便外购投资者的资金只占很小部分，且对公司运营没有发言权，也可能遭受审查甚至惨遭否决。

参考文献

刘列励：《新经济：一场无法回避的全球性经济革命》，《北京理工大学学报》（社会科学版）2000 年第 3 期。

蔡则祥：《关于新经济的几个问题》，《兰州商学院学报》2000年第4期。

张保明：《促进美国经济增长的重要计划——美国先进技术计划（ATP）》，《国外科技动态》1995年第11期。

吴晓隽、罗楚：《从ATP计划到TIP计划看美国产业技术研发政策的变化及启示》，《科技管理研究》2013年第11期。

华夏幸福产业研究院：《美国到底有没有产业政策？——从〈美国先进制造业领导战略〉说起》，《功能材料信息》2018年第5期。

李长胜、蔡敏：《产业政策与经济转型：美国20世纪80年代以来的经验与启示》，《改革与战略》2018年第7期。

庞德良、刘金红：《技术创新与财政政策——美国新经济的启示》，《特区经济》2009年第4期。

江飞涛、李晓萍：《产业政策中的市场与政府——从林毅夫与张维迎产业政策之争说起》，《财经问题研究》2018年第1期。

金乐琴：《美国的新式产业政策：诠释与启示》，《经济理论与经济管理》2009年第5期。

陆晓明：《美国的产业政策与制造业复兴的进程与前景》，《国际金融》2019年第2期。

Contents

I General Report

Abstract: This Chapter makes evalution of new economy index composed of innovation index, globalization index, greenization index, digitalization index, networking index and intelligentized index from 2015 to 2017 based on 47 countries. By comparision, It's found that the new econmy index of US twice as much as that of China. Innovation ability, greenization ability, digitalization ability, networking ability and intelligentized ability of US lead over China. Its needed for China to change the unbalance development of new economy. The basis of digitalization and intelligentization are better than innovation, greenization, and networking in China. China should pay more attention to the building ability of innovation, greenization, and networking.

Keywords: New Econmy Competitiveness; Networking; Digitalization; Intelligentalization

II Industry Reports

Abstract: The new energy industry in both China and the United States has

产业蓝皮书

a place in the global market, and their industrial competitiveness is reflected in different sub-sectors and industrial chain links. In the hydrogen energy industry, compared with China, the United States is in an absolute leading position in the national market. It has strong competitiveness in terms of technology, price and scale. In the wind energy industry, the United States is operating more efficiently than China. It has advantages, but it is not competitive in scale and price. In the solar industry, compared with China, the United States still has technological advantages in solar thin film batteries, and has high operational efficiency, but it does not compete in scale and price. In the biomass energy industry, the United States and China have strong international competitiveness in the use of solid biomass energy, but in terms of liquid biomass energy and biomass gas, the United States is more competitive than China. In the shale gas, shale oil and geothermal energy industries, the United States is more competitive than China in mining technology and mining conditions. At the level of listed companies, there are significant differences in the competitiveness of China and the United States in the new energy industry segment. China mainly has strong global competitiveness in the photovoltaic industry and wind power industry, while in other sub-sectors, related Chinese listed companies are less competitive than the United States. The import and export relationship between China and the US new energy industry is greatly affected by trade friction. In addition to re-layout in the global market, China should focus on core technology research and development and system reform to enhance the international competitiveness of China's new energy industry.

Keywords: New Energy; Industrial Competitiveness; China; the United States

B. 3 Competitiveness between China and the US in EVs Industry

Bai Mei / 042

Abstract: This chapter analyzes the competition of Global Electric Vehicle (EV) industry, and studies the key factors and links that affect the EV industry competitiveness, such as policy and market environment, the automobile industry foundation and the industrial supporting capacity of EV industry, core technological innovation competence, and the internationalization ability of the key EV enterprises.

The research finds that: First, the global EV industry still accounts for a small share of the entire automobile industry. The industrial life cycle is still in the initial stage of development, but it is developing rapidly. The scale of EV industry continues to expand, and the global competitiveness of the new energy automobile is improved, compared with the traditional automobile. The market competitiveness of pure electric vehicles is stronger than that of plug-in hybrid electric vehicles. Second, in EV industry chain, China, the United States and Europe have advantages in terminal market. China, the United States and Japan have competitive advantages in the production of new energy vehicles. China, Japan and Korea are strong in supporting capacity of new energy vehicle, China has a competitive advantage in public infrastructure of new energy vehicles while Norway has a prominent performance in replacing traditional vehicles with new energy vehicles. Third, the development paths of EV industry in China and the United States are different, and their respective competitive advantages are also different. The differences in competitive advantage are mainly reflected in three aspects: the Unites states has significant advantages in core technological innovation capability of EV industry, the openness of EV market, and overwhelming share of the single-model vehicle market; China has remarkable advantages in terms of policy support, industry scale, market size, a complete system of industries and overall policy effects.

Keywords: New Energy Vehicles; Electric Vehicles (EVs); Battery Electric Vehicles (BEVs); Plug-in Hybrid Electric Vehicles (PHEVs)

B. 4   The Competitiveness of Integrated Circuit Industry
between China and US   *Deng Zhou* / 064

Abstract: The integrated circuit is the most technologically advanced and

value-added field in the electronic information industry, and it is also a segmented area difficult to catch-up in terms of technology. From the perspective of the entire industry chain, the United States is in a leading position, Japan, South Korea, and China's Tai Wan are in the second group, however with a large gap between them and the United States. Europe has monopoly power in some segments. China is an important player of the global IC industry. Both China and the United States are important import and export countries of IC in the world. China has a huge deficit with the United States, and bilateral trade has shown a downward trend in recent years. Sino-US trade friction has impacted China's IC industry from three aspects: First, the United States restricts China's imports through trade protection policies while supporting related industries in other developing countries. Secondly, the United States has used patents, standards, and other irregular means to hinder China's enterprises from independent technology research and development, global factor layout and global market expansion, seriously undermining China's catch-up pace. Thirdly, by restricting technology transfer and export of core components and high-end equipment, the United States has left China a generation's gap to catch up with, therefore badly hindering the transformation and upgrading of China's integrated circuit industry.

Keywords: Integrated Circuit; Core Components; Catch-up

B. 5　The Competitiveness of Big Data between China and US

Wang Lei / 077

Abstract: Both Chinese and US government attach great importance to the development of the big data industry. They have formulated a national big data development strategy and policy system to create a favorable environment for the development of the big data industry in the two countries, and profound changes in the big data industry in both countries. At present, the United States is still the leader of the global big data industry, but China has been catching up quickly, and has begun to have certain comparative advantages in some areas of the development of big data industry. Comparing the China-US big data industry policy systems, we can see that there is still improvement room in government data opening, enterprise subject status and departmental strategic coordination. We should learn from international experience, fill in policy shortcomings, and continuously improve the competitive advantage of China's big data industry.

Keywords: Big Data; Competitiveness; Industrial Policy

B. 6　The Competitiveness of Cloud Computing Industry between China and US　　　　　　　*Hu Yumeng* / 088

Abstract: This paper starts from the global and Chinese cloud computing industry chain and market structure, and elaborates on the global cloud computing industry ecology and China cloud computing industry ecology. Based on the introduction of the development status of key cloud computing enterprises at home and abroad, this paper analyzes China. The advantages and disadvantages of the cloud computing industry include the scale, technology, and growth of the cloud computing industry. After that, this paper focuses on the relationship between China and the United States in the global cloud computing industry chain, and conducts in-depth discussions on the two aspects of enterprise competition and cooperation and mutual openness. Finally, this paper proposes the future prospect and challenges of China's cloud computing industry: First, cloud computing is less affected by the trade war, and long-term is the optimal solution that can be controlled independently; Second, the 5G revolution puts higher on cloud computing; Third, the cloud environment security in various industries needs to be optimized.

Keywords: Cloud Computing; Industrial Ecology; Industry Chain; Competitiveness; Sino-US Trade War

B. 7　The Competitiveness ofInternet of Things between

China and US　　　　　　　　　　　　*Guo Chaoxian* / 110

Abstract: The global Internet of things industry is in a period of rapid growth, and the next two to three years will be the key development period for the Internet of things industry. At present, IT service providers, industry enterprises, internet enterprises, Telecom Operators rely on their respective advantages to accelerate the layout of the Internet of Things platform from different entry points, forming the Internet of Things industry ecosystem, and competition and cooperation coexist between different camps. China and the United States belong to the first battalion of the Internet of Things industry. However, compared to the United States, China has a large gap in the scale of the Internet of Things, platform influence, industrial ecology, core technology, key equipment, and so on. In the future, China should build an internationally competitive industry ecosystem of the Internet of Things, promote the integrated innovation and large-scale application of the Internet of Things, fill in the shortcomings of core technologies, further promote the "broadband China" strategy, and seize the international competitive commanding heights of the Internet of Things standards.

Keywords: Internet of Things; Industrial Ecosystem; Internet of Things Platform; Sino-US Comparison

B. 8　The Competitiveness of 5G Between China and US

　　　　　　　　　　　　　　　　　Li Cheng / 130

Abstract: Communication technology revolutionizes about every decade. Since the emergence of 4G communication technology in 2008, after more than ten years of endeavor, in 2019, 5G communication started, and the world officially entered the first year of 5G industry development. This paper introduces the concept of 5G industry and the basic situation of the industrial chain, and analyses the 5G global industrial layout from the national and enterprise levels. At the same time, it also analyses the competition and cooperation relationship between China and the United States in the global 5G industrial chain and the mutual openness of the 5G industries between China and the United States. The research shows that the global 5G industry has broad development prospects and will have a revolutionary impact on many industries in the world; China is a global leader in competitiveness in 5G industry, and China has international industrial giants such as China Mobile and Huawei; China and the United States coexist in competition and cooperation in 5G standards, 5G technology and 5G applications; compared with the United States, China faces the development of 5G industry with more openness. In addition, there are still many challenges in the development of China's 5G industry. It is urgent to grasp the leading power of 5G standard, break through the bottleneck of key core technology and create a good environment for industrial development in order to further enhance the competitiveness of industry.

Keywords: 5G; Global Industrial Distribtuion; International Competitiveness

B. 9　The Competitiveness of Platform Economy between

China and US　　　　　　　　　　　　*Yuan Jingzhu* / 166

Abstract: The platform economy has become a typical model of the new economy, and its contribution to economic growth has become more prominent, but there are also problems such as consumer rights protection, taxation and monopoly. Comparing the platform economic development between China and the United States, we can find that, overall, the US platform economy is more competitive with China. However, in concrete terms, China's development momentum is strong, and the future may be evenly divided with the United States in the development of the platform economy. China's Internet industry policy has greater advantages than the US, which is beneficial to Chinese Internet companies to increase market share and enhance international competitiveness. In terms of

产业蓝皮书

Internet industry platforms and Internet platform-based enterprises, China is less competitive than the United States. In terms of the economic development of the platform, China has more problems than the United States. For example, in terms of consumer rights protection, taxation and monopoly, the United States has a more complete legal mechanism, consumer rights protection mechanism, taxation system and anti-monopoly mechanisms that which can better address these issues. China still has a long way to go in these areas. In particular, China is still in the development stage of continuous improvement of market mechanism. In the development of platform economy, it is necessary to deal with the relationship between market supervision and platform governance.

Keywords: Platform Economy; Industrial Competitiveness; China; the United States

Ⅲ Regional Reports

B. 10   Comparision of New Economy among Regions

Yao Peng, Li Lei / 178

Abstract: Since the 2008 financial crisis, countries, especially developing countries, have gradually realized the important role of new economy or new industries in economic development. In 2016, Premier Li Keqiang first put forward the "new economy" in the government work report. He pointed out that it is not in accordance with the economic law that China should continue to keep its traditional momentum high growth. We should let the "new economy" form a new "S-shaped curve" to stimulate the new momentum of China's economy. It can be seen that the new economy plays an important role in transforming the mode of economic growth in China from high-speed growth to medium-high-speed growth. This paper will construct indicators from six aspects: innovation ability, globalization, greening, digitalization, networking and intellectualization, to analyze the development status and regional differences of China's new economic index.

Keywords: China; New Economic Index; New Industries; Regional Differences

B. 11 A Comparative Study of New Economy between Guangdong,
Hong Kong and Macao and San Francisco Bay Area

Hu Wenlong / 193

Abstract: This paper analyzes the characteristics of new economic development in Guangdong, Hong Kong, Macao and San Francisco Bay Areas from three dimensions: industry type, innovation ability and globalization degree. The results show that: (1) The same point in the development of new economic industries in the two major Bay Areas is that the high-tech industry is the leading development industry, and the mature industrial ecology suitable for the development of high-tech enterprises is formed; but the accumulation of technological innovation industry The degree, the complexity of the industrial system, and the degree of government intervention in the development of the new economy are significantly different. (2) The new economic development of the two major Bay Areas has their own advantages in terms of innovation capability: the San Francisco Bay Area has relatively superior advantages in terms of innovation power and source; Guangdong, Hong Kong and Macao Bay Areas are more dominant in terms of innovation strength and potential. On the whole, the San Francisco Bay Area's technological innovation ecology is relatively more mature, and the Guangdong, Hong Kong and Macao Bay Area has greater potential for technological innovation. (3) The degree of globalization of the new economic development in the two major Bay Areas is different: from the perspective of their own basic resource endowments, the scale of various economic factors in Guangdong, Hong Kong and Macao is relatively larger; from the indicators reflecting the degree of economic globalization Look, the Guangdong, Hong Kong and Macao Bay Areas are now far more than the San Francisco Bay Area. This shows that the globalization of the Guangdong, Hong Kong and Macao Bay Areas in the world economy has surpassed the San Francisco Bay Area.

Keywords: Guangdong, Hong Kong and Macao Bay Area; Bay Area Economy; New Economic Index; Industry Analysis

产业蓝皮书

B. 12 Comparision of New Economy among Typical Cities

Xu Juan / 210

Abstract：Large cities provide powerful and important spatial support for the development of new economy. This chapter made a comparative analysis of the New Economy Index of 20 typical large cities both in China and the United States in 2017. The results show that the average level of new economy of typical cities in China lags behind that of the United States. Chinese cities such as Beijing (ranked 4th), Shenzhen (6th), Shanghai (8th), Hangzhou (9th) and American cities such as San Francisco (1st), New York (2nc), Boston (3rd), Seattle (5th), Los Angeles (7th) and Houston (10th) are in top ten. San Francisco ranks first in 20 cities with a total index of 70.93, and shows advantages in almost all indicators, especially in innovation, digitization and intelligence. New York's comparative advantages lie in greening, digitization and networking. Boston shows advantages in innovation and greening. From the perspective of indicators comparison, it is found that Beijing shows comparative advantages in innovation capacity and digitization, Seattle in greening and networking and Shenzhen in globalization and intelligence. Los Angeles shows a balanced distribution of all indicators. Shanghai has the highest globalization level while none of other indicators are in the top five, among which the greening is relatively low. Hangzhou and Houston show relatively high score of intelligence. Networking in Washington D. C. and digitization in Chicago are relative high-ranking indicators in two cities respectively. Intelligence and globalization score in Guangzhou is prominent. The reason for its low ranking among 20 cities is that it is influenced by other indicators, especially innovation capacity. The New Economy Index of Wuhan, Tianjin, Chongqing and Xi'an are far behind those of other cities. Finally, some suggestions were made for the development of China new economy from the practices of San Francisco, New York and Boston. Such as fostering innovative and entrepreneurial environment, building "intellectual core" and accelerating the development of higher education and scientific research institutions, promoting the attraction and global connection of innovative factors, enhancing the spatial agglomeration benefits and expanding the space for industrial development, and combining the characteristics of new economic industry and the corresponding resource endowment advantages of the cities.

Keywords: Cities New Economy; Intelligent Core; Enviroment of Innovation and Entrepreneuship

Ⅳ   Special Reports

B. 13   A Comparison of the Total Factor Productivity of

Chinese and American Enterprises   *Xu Ming* / 231

Abstract: Based on the BVD-OSIRIS global listed company database, this chapter calculates the total factor productivity of Chinese and American listed companies, and compares the total factor productivity of the whole level, the subdivision industry level, the different industry categories and the key listed companies level according to the total factor productivity measurement data. The difference of TFP between the United States and China is obvious, but it tends to narrow, and the growth rate of TFP in Chinese listed companies is faster. China's total factor productivity in food and concrete industries is higher than that in the United States, while that in timber and other industries is lower than that in the United States. In the electronic information industry, the gap between the two countries is smaller. The comparison of total factor productivity in different industries shows that the gap between the two countries lies in labor-intensive industries, while technology. The technological gap is mainly reflected in the fact that the high-tech industry is not a non-high-tech industry. The key companies in China's food-related industries have higher total factor productivity, but the electronic information industry and transportation industry are lower than those in the United States. Through the ranking statistics of the top 50 Chinese and American listed companies in total factor productivity in 2000, 2008 and 2018, it is found that the ranking of listed companies in China fluctuates greatly and their

industries change greatly, while the ranking of listed companies in the United States and their industries remain stable.

Keywords: China; America; Listed Company; Total Factor Productivity

B. 14　Research on China's New Economy Industrial Policies

Wu Yejun / 247

Abstract: The new economy is a new driver of economic growth. Industrial policies have been formulated in China's new economy area. Based on the analysis of the evolution of China's industrial policy and the objectives, means, measures and effects of the new economic industrial policy, this paper concludes that China's new economic policy has achieved remarkable results in infrastructure construction, industrial ecological construction and industrial subject cultivation, but has not received obvious effect in innovation promotion. At the same time, it analyzes the impact of China's new economic industrial policy on China-us cooperation. Combined with the evolution logic of China's industrial policy, this paper makes a preliminary judgment on the future trend of China's new economy industrial policies.

Keywords: The New Economy; Industrial Policies; Industrial Policies Evolution

B. 15　Analysis of New Economic Industry Policy in the

United States　　　　　　　　　　*Zhang Hangyan / 264*

Abstract: The new economy is a sustainable economy facing the world. It is based on the information revolution and globalization, and it is also an economy with continuous adjustment and optimization of industrial structure. The new economy of the United States began in the 1980s. Successive governments have attached great importance to the prominent role of the information-based new economy in the economic growth of the United States and issued a large number of new economic industrial policies. In terms of the efficacy and characteristics of industrial policy, the new economic industrial policy of the United States is based on the premise of respecting the market mechanism and the basic principles of fair competition, is a functional and service-oriented policy tool with the main content of improving the international competitiveness of American industries. The government plays a role in creating an optimal industrial development environment, promoting a better competition and cooperation relationship among innovators.

Keywords: the United States; the New Economy; Industrial Policy Trend

权威报告·一手数据·特色资源

皮书数据库
ANNUAL REPORT(YEARBOOK)
DATABASE

当代中国经济与社会发展高端智库平台

所获荣誉

- 2016年，入选"'十三五'国家重点电子出版物出版规划骨干工程"
- 2015年，荣获"搜索中国正能量 点赞2015""创新中国科技创新奖"
- 2013年，荣获"中国出版政府奖·网络出版物奖"提名奖
- 连续多年荣获中国数字出版博览会"数字出版·优秀品牌"奖

成为会员

通过网址www.pishu.com.cn访问皮书数据库网站或下载皮书数据库APP，进行手机号码验证或邮箱验证即可成为皮书数据库会员。

会员福利

- 已注册用户购书后可免费获赠100元皮书数据库充值卡。刮开充值卡涂层获取充值密码，登录并进入"会员中心"—"在线充值"—"充值卡充值"，充值成功即可购买和查看数据库内容。
- 会员福利最终解释权归社会科学文献出版社所有。

社会科学文献出版社 皮书系列
SOCIAL SCIENCES ACADEMIC PRESS (CHINA)
卡号：534212672468
密码：

数据库服务热线：400-008-6695
数据库服务QQ：2475522410
数据库服务邮箱：database@ssap.cn
图书销售热线：010-59367070/7028
图书服务QQ：1265056568
图书服务邮箱：duzhe@ssap.cn

基本子库
SUB DATABASE

中国社会发展数据库（下设12个子库）

全面整合国内外中国社会发展研究成果，汇聚独家统计数据、深度分析报告，涉及社会、人口、政治、教育、法律等12个领域，为了解中国社会发展动态、跟踪社会核心热点、分析社会发展趋势提供一站式资源搜索和数据分析与挖掘服务。

中国经济发展数据库（下设12个子库）

基于"皮书系列"中涉及中国经济发展的研究资料构建，内容涵盖宏观经济、农业经济、工业经济、产业经济等12个重点经济领域，为实时掌控经济运行态势、把握经济发展规律、洞察经济形势、进行经济决策提供参考和依据。

中国行业发展数据库（下设17个子库）

以中国国民经济行业分类为依据，覆盖金融业、旅游、医疗卫生、交通运输、能源矿产等100多个行业，跟踪分析国民经济相关行业市场运行状况和政策导向，汇集行业发展前沿资讯，为投资、从业及各种经济决策提供理论基础和实践指导。

中国区域发展数据库（下设6个子库）

对中国特定区域内的经济、社会、文化等领域现状与发展情况进行深度分析和预测，研究层级至县及县以下行政区，涉及地区、区域经济体、城市、农村等不同维度。为地方经济社会宏观态势研究、发展经验研究、案例分析提供数据服务。

中国文化传媒数据库（下设18个子库）

汇聚文化传媒领域专家观点、热点资讯，梳理国内外中国文化发展相关学术研究成果、一手统计数据，涵盖文化产业、新闻传播、电影娱乐、文学艺术、群众文化等18个重点研究领域。为文化传媒研究提供相关数据、研究报告和综合分析服务。

世界经济与国际关系数据库（下设6个子库）

立足"皮书系列"世界经济、国际关系相关学术资源，整合世界经济、国际政治、世界文化与科技、全球性问题、国际组织与国际法、区域研究6大领域研究成果，为世界经济与国际关系研究提供全方位数据分析，为决策和形势研判提供参考。

法律声明

　　"皮书系列"（含蓝皮书、绿皮书、黄皮书）之品牌由社会科学文献出版社最早使用并持续至今，现已被中国图书市场所熟知。"皮书系列"的相关商标已在中华人民共和国国家工商行政管理总局商标局注册，如 LOGO（▧）、皮书、Pishu、经济蓝皮书、社会蓝皮书等。"皮书系列"图书的注册商标专用权及封面设计、版式设计的著作权均为社会科学文献出版社所有。未经社会科学文献出版社书面授权许可，任何使用与"皮书系列"图书注册商标、封面设计、版式设计相同或者近似的文字、图形或其组合的行为均系侵权行为。

　　经作者授权，本书的专有出版权及信息网络传播权等为社会科学文献出版社享有。未经社会科学文献出版社书面授权许可，任何就本书内容的复制、发行或以数字形式进行网络传播的行为均系侵权行为。

　　社会科学文献出版社将通过法律途径追究上述侵权行为的法律责任，维护自身合法权益。

　　欢迎社会各界人士对侵犯社会科学文献出版社上述权利的侵权行为进行举报。电话：010-59367121，电子邮箱：fawubu@ssap.cn。

社会科学文献出版社